Christian Jacq

La Vengeance des Dieux

II

La divine adoratrice

ÉDITIONS FRANCE LOISIRS

Édition du Club France Loisirs,
avec l'autorisation de XO Éditions

Éditions France Loisirs,
123, boulevard de Grenelle, Paris
www.franceloisirs.com

ISBN : 978-2-298-00569-1

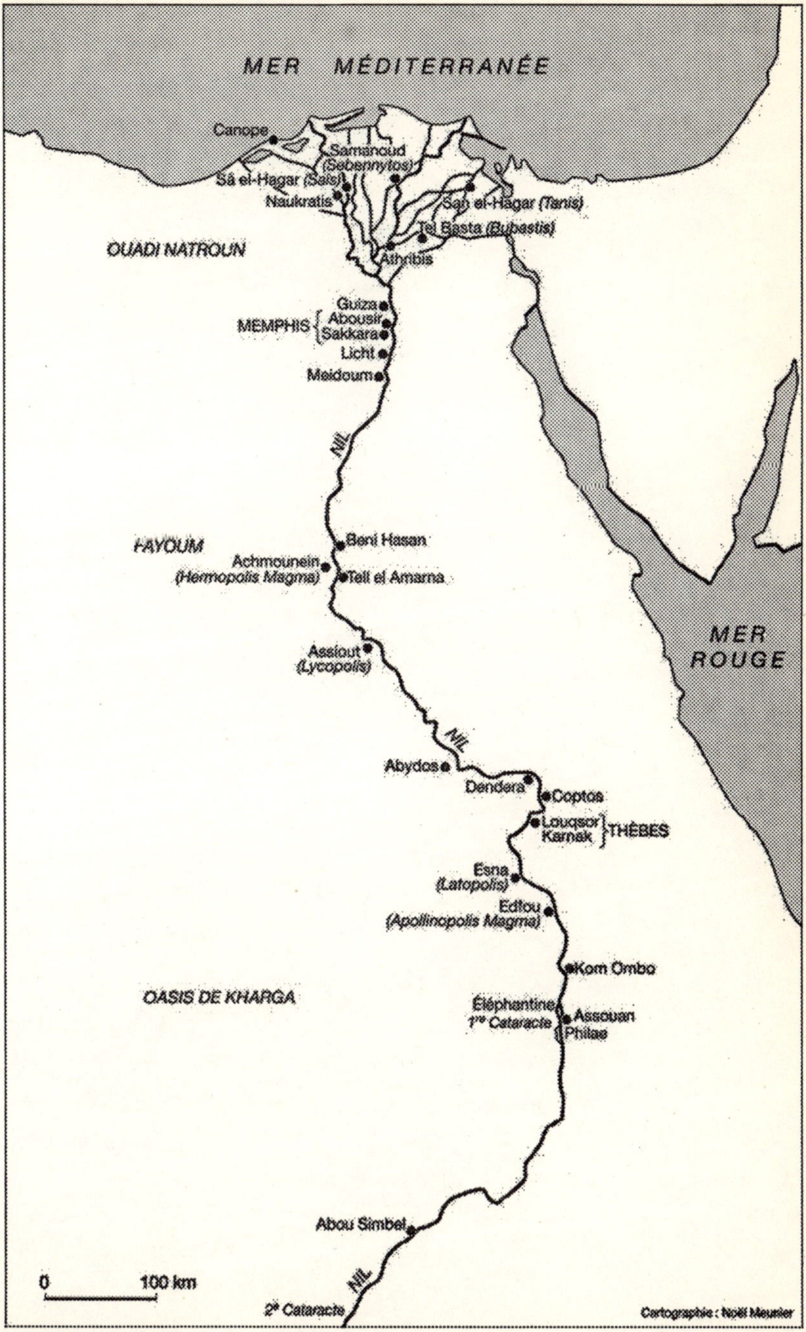
MER MÉDITERRANÉE
Canope
Samanoud
(Sebennytos)
Sâ el-Hagar (Saïs)
Naukratis
San el-Hagar (Tanis)
Tel Basta (Bubastis)
Athribis
OUADI NATROUN
Guiza
Abousir
MEMPHIS
Sakkara
Licht
Meidoum
NIL
FAYOUM
Beni Hasan
Achmounein
(Hermopolis Magma)
Tell el Amarna
Assiout
(Lycopolis)
NIL
MER
ROUGE
Abydos
Dendera
Coptos
Louqsor
Karnak
THÈBES
Esna
(Latopolis)
Edfou
(Apollinopolis Magma)
Kom Ombo
OASIS DE KHARGA
Éléphantine
1re Cataracte
Assouan
Philae
Abou Simbel
0
100 km
NIL
2e Cataracte
Cartographie : Noël Meunier

1.

Sur l'ordre du juge Gem, vieil homme autoritaire et infatigable, les policiers se déployèrent en silence. Armés de gourdins et d'épées courtes, ils s'apprêtaient à arrêter un criminel recherché depuis plusieurs semaines.

Un monstre accusé d'avoir exterminé ses collègues du bureau des interprètes, supprimé ses complices et organisé un complot contre le pharaon Amasis [1].

Insaisissable, le scribe Kel, considéré comme un surdoué promis à un brillant avenir, parvenait à passer entre les mailles du filet tendu par les forces de l'ordre. Au cours de sa longue carrière, jamais le chef de la magistrature égyptienne n'avait été confronté à un tel assassin.

Impitoyable et rusé, le scribe érudit s'était transformé en bête féroce. Aussi des archers d'élite l'abattraient-ils à vue s'il menaçait l'existence des hommes chargés de l'interpeller. Certes, le juge espérait pouvoir l'interroger et connaître les véritables motifs de ses actes ; mais Kel parlerait-il et dirait-il la vérité ? À ce point de barbarie, un individu ne possédait plus toute sa raison.

L'aube ne tarderait pas à se lever.

Envahi d'herbes folles, dont certaines coupantes, le terrain entourant la fabrique abandonnée présentait de nombreux pièges : moules à briques brisés, tessons,

1. Monté sur le trône en 570 av. J.-C.

scorpions… Il fallait progresser lentement sans réveiller le dormeur.

— Tu es sûr qu'il se cache ici ? demanda une nouvelle fois le juge à son informateur, un magasinier du temple de Ptah servant d'indicateur à la police.

— Certain ! Je l'ai repéré aux abords du sanctuaire, grâce au portrait diffusé un peu partout. Et je l'ai suivi.

— Il ne t'a pas remarqué ?

— Heureusement pour moi ! Dès qu'il est entré dans cette fabrique, je me suis éclipsé et j'ai couru en direction de la ville. À chaque instant, je redoutais d'être poursuivi et massacré ! À la caserne principale, j'ai mis longtemps à reprendre mon souffle, et mes explications furent confuses, tant la peur me serrait la gorge. Quand toucherai-je ma récompense ?

— Aussitôt après l'arrestation, promit le juge. As-tu aperçu des complices ?

— Je n'ai vu que l'assassin, précisa l'informateur, mais je n'ai pas osé m'approcher. S'il y avait eu un guetteur, je ne serais plus de ce monde ! De tels risques ne méritent-ils pas une prime supplémentaire ?

— Nous verrons. Maintenant, tiens-toi à l'écart et n'interviens d'aucune manière.

— Juré !

L'homme s'abrita derrière un bosquet d'épineux. Assister à l'exécution d'un monstre le faisait saliver.

Le juge, lui, redoutait la présence d'un ou de plusieurs membres du réseau dirigé par Kel. Anéantir le service des interprètes, vital pour la diplomatie égyptienne, voler le casque légendaire du général Amasis qui lui avait servi de couronne au moment où ses soldats le proclamaient pharaon, et se jouer de ses poursuivants impliquait l'existence d'un groupe de terroristes aguerris et déterminés.

Hénat, le chef des services secrets, n'y croyait pas. Selon ce personnage de l'ombre, aux méthodes discutables, un homme seul pouvait échapper longtemps aux recherches les mieux menées. Néanmoins, il commettait toujours une erreur fatale. Kel avait eu tort de rôder aux abords du temple de Ptah.

Tentait-il de joindre de nouveaux alliés, établissait-il un contact avec un éventuel logeur, recherchait-il seulement de la nourriture ? Bien des aspects de cette terrifiante affaire demeuraient obscurs.

Sur le point d'aboutir enfin à l'arrestation de Kel, le magistrat n'oubliait pas déboires et échecs qui l'avaient conduit à présenter sa démission au roi.

Le monarque lui avait gardé sa confiance. Fidèle serviteur de l'État, intègre, épris de justice, Gem était aussi un enquêteur acharné. Jamais il ne lâchait sa proie.

— Mes hommes sont en place, l'informa le chef des archers. Le criminel ne pourra pas s'échapper.

— S'il tente de s'enfuir, visez les jambes.

— Et s'il nous agresse ?

— Abattez-le.

Tels étaient les ordres du monarque. Il y avait déjà trop de cadavres, et nul policier ne devait être victime d'un fauve déchaîné. Un fauve que le juge Gem avait rencontré, hors de la procédure légale.

Bien entendu, le scribe avait affirmé sa parfaite et totale innocence, en dépit des preuves accumulées contre lui. Comment croire une pareille fable ? Intelligent, bon orateur, vif d'esprit, Kel s'était montré presque convaincant. Mais le magistrat possédait suffisamment d'expérience pour éviter le piège.

Pas un souffle de vent, pas un chant d'oiseau. Tendus à

l'extrême, les membres du commando attendaient l'ordre d'attaquer.

— Allons-y, décida le juge.

L'assaut fut parfaitement coordonné.

Deux hommes pénétrèrent dans la fabrique abandonnée, aussitôt suivis de cinq autres qui se dispersèrent à l'intérieur.

— Là-bas ! cria l'un d'eux.

Repérant une forme humaine armée d'une lance, un archer tira.

En dépit de l'obscurité, il ne rata pas sa cible, touchée en plein cœur.

Aucune réaction d'éventuels complices.

Kel était seul.

Les policiers d'élite s'immobilisèrent. Ils n'imaginaient pas réussir aussi vite et aussi facilement.

Le juge entra à son tour. Lui seul identifierait de manière formelle le scribe assassin et mettrait un terme à l'enquête.

— Il nous a menacés, expliqua le chef du commando.

Précédé de deux archers, le haut magistrat s'approcha du cadavre, étalé sur un monceau de briques cassées.

Malgré la pénombre, pas le moindre doute : un mannequin !

Un mannequin de chiffons et de paille, tenant un bâton pointu.

— En plus, maugréa Gem, ce maudit scribe se paie notre tête !

Au sortir de la fabrique, l'informateur aborda le juge.

— Alors, vous l'avez abattu ? Je peux toucher ma récompense ?

— Arrêtez ce gaillard, ordonna Gem aux policiers. Je dois l'interroger et m'assurer qu'il n'est pas complice de l'assassin en fuite.

2.

Lèvres-douces était une femme plantureuse et autoritaire. La trentaine épanouie, elle dirigeait l'une des plus importantes boulangeries-brasseries de Memphis, la capitale économique de l'Égypte. Levée avant l'aube, elle réunissait son personnel et lui donnait des directives précises. À la première erreur, un blâme ; à la deuxième, diminution de salaire ; à la troisième, renvoi. Et personne ne protestait, car Lèvres-douces se montrait juste et payait bien.

Elle ne manquait jamais d'assister à la livraison quotidienne de céréales et de vérifier qualité et quantité. Si un fournisseur tentait de la tromper, il essuyait une colère d'une telle violence qu'il évitait de recommencer.

Ensuite, broyage, pilonnage, pétrissage et tamisage. Des spécialistes confirmés se chargeaient de ces étapes de la fabrication de pains aux multiples formes. Et Lèvres-douces effectuait elle-même une opération délicate, l'adjonction de levain. Restait à surveiller la cuisson dans les meilleurs fours de la ville.

Voir les pains chauds et croustillants en sortir remplissait Lèvres-douces d'une légitime fierté. Les clients se bousculaient, son entreprise était florissante, et elle avait acquis une superbe maison à proximité du centre de la grande cité où se côtoyaient Égyptiens, Grecs, Syriens, Libyens, Nubiens et autres étrangers.

Pendant que les livreurs se hâtaient d'emporter les pains, leur patronne passait à sa brasserie. Ne produisait-elle pas une délicieuse bière douce, au prix imbattable ? Clés du succès : travail acharné et vigilance permanente. Des costauds pétrissaient longuement la pâte en la foulant aux pieds, des techniciennes aguerries la filtraient et la tamisaient. Les cuves de fermentation venaient d'être améliorées, et Lèvres-douces achetait de nombreuses jarres à fond pointu, enduites d'argile correctement battue afin d'épurer et de clarifier la bière.

Les commandes affluant, elle ne cessait de développer ses services commerciaux et comptables, composés de scribes dont elle se méfiait. Aussi Lèvres-douces engageait-elle volontiers des jeunes qu'elle formait à sa manière et selon ses exigences.

À l'issue d'une matinée épuisante, elle rentrait déjeuner chez elle. Et là, depuis quelques jours, un dessert merveilleux l'attendait : son nouvel amant, un comédien aux ressources infinies !

La boulangère s'était séparée d'un mari chétif et geignard et avait décidé de profiter seule des fruits de son labeur. Amoureuse passionnée, ne désirant pas d'enfant, elle goûtait aux hommes sans s'attacher. Et celui-là lui paraissait succulent !

— Ma chérie ! s'exclama Bébon en accueillant sa maîtresse qu'il embrassa tendrement. As-tu passé une bonne matinée ?

Lèvres-douces méritait son nom.

Le baiser fut interminable et savoureux.

— Le travail était si intense que je n'ai pas vu le temps passer ! Et toi, mon trésor ?

— Conformément à tes désirs, je me suis occupé de ta maisonnée ! Nettoyage à fond, fumigation, parfums, fleurs odorantes, achat de viande et de poisson, retour du linge confié au blanchisseur et préparation du déjeuner... Satisfaite ?

— Tu es un parfait homme de maison !

Ni l'un ni l'autre ne se faisaient d'illusions : leur amourette ne durerait pas longtemps. Ils se donneraient un maximum de plaisir jusqu'au moment où Lèvres-douces se lasserait. En attendant, le comédien devait se rendre utile.

Si Bébon s'acquittait volontiers de ces tâches domestiques, c'était pour remercier les dieux de lui avoir offert un abri inespéré dont bénéficiaient également son ami Kel, jouant le rôle de son domestique, et leur âne Vent du Nord.

Attentif à son instinct, Bébon avait senti que leur refuge, l'ancienne fabrique, n'offrait plus la sécurité nécessaire. Un curieux pouvait signaler leur présence à la police qui ne manquerait pas d'intervenir. Mieux valait regagner Memphis et se noyer dans la population.

En achetant du pain, le regard du comédien avait croisé celui de la patronne. Un coup de foudre sensuel entre une femme aux formes généreuses et un séducteur au sourire ravageur. D'abord une conversation banale, puis un entretien intime et les jeux du plaisir, joyeux et inventifs.

Invité à séjourner chez sa nouvelle maîtresse, Bébon s'était montré hésitant. De convaincantes caresses triomphant de ses réticences, il avait évoqué son prochain voyage au cours duquel, portant les masques des dieux Horus, Seth, Anubis ou Thot, il jouerait la partie publique des mystères sur les parvis des temples.

Réduit au rang de jouet de la vorace Lèvres-douces, Bébon jouissait d'une confortable maison : vaste entrée, salle de réception, quatre chambres, deux salles d'eau, cuisine, cave et terrasse, soit 150 m² aménagés avec goût. Encore fallait-il, selon les ordres de la boulangère, maintenir en permanence une propreté impeccable. L'hygiène n'était-elle pas le secret de la santé ?

Et sa belle santé, Lèvres-douces y tenait.

Lorsqu'elle dévêtit son amant, il ne lui résista pas.

— Aujourd'hui, avoua-t-elle, j'ai trop faim pour attendre le dessert.

Sa gourmandise momentanément rassasiée, la boulangère demanda à Bébon de remplir deux coupes de vin blanc du Delta.

— Buvons à notre plaisir, mon chéri !

Le comédien ne se fit pas prier.

Mais son visage demeura grave.

— Tu sembles contrarié, observa-t-elle.

— Memphis devient une ville dangereuse.

— Que t'est-il arrivé ?

— À moi, rien. Ta cuisinière m'a appris qu'une jeune femme avait été enlevée.

— Où ça ?

— Au port.

— Invraisemblable !

— Interroge-la. Les gens ne cessent de parler de cet effroyable drame, et la police ne semble pas s'y intéresser. Angoissant, non ? Moi, j'aime les endroits tranquilles.

— Ma maison en est un, susurra Lèvres-douces.

— D'accord, mais j'aimais me promener sur le port et fréquenter les petits marchés organisés au pied des passerelles.

Redoutant le départ précipité de son amant, la boulangère s'estima obligée de prendre des initiatives.

— Memphis est ma ville, affirma-t-elle, et je n'ignore rien de ce qui s'y trame. Je connaîtrai bientôt la vérité et tu seras rassuré. La rumeur colporte souvent n'importe quoi ! En attendant, allons déjeuner.

3.

Kel logeait à l'écurie en compagnie de Vent du Nord, un âne vigoureux et futé. Ses congénères respectaient ce dominant et lui laissaient la meilleure place.

Depuis la disparition de la prêtresse Nitis, la femme à laquelle il venait de s'unir pour l'éternité, le jeune scribe ne trouvait plus le sommeil. Qui l'avait enlevée, était-elle encore vivante ?

Fou d'inquiétude, Kel en oubliait son propre cas.

Accusé à tort d'avoir assassiné ses collègues du bureau des interprètes et son pseudo-complice, le Grec Démos, suspecté de fomenter un complot contre le roi Amasis, il aurait dû se rendre immédiatement à Thèbes et solliciter l'aide de la Divine Adoratrice, seule personnalité capable, si elle le croyait, de prendre sa défense.

Jamais il n'abandonnerait Nitis.

C'était ici, à Memphis, qu'il retrouverait sa trace. Et personne ne l'empêcherait de la libérer.

Vent du Nord lécha doucement la joue de Kel. Du brillant scribe promis à de hautes fonctions, il ne restait qu'un garçon mal rasé, vieilli avant l'âge.

Cette attention le réconforta. Il songea au papyrus crypté, à l'origine de tous ses malheurs, dont la seconde partie restait indéchiffrable. Seuls les ancêtres, d'après une voix provenant de l'au-delà, en détenaient la clé. Mais où se trouvaient-ils ?

Peut-être la Divine Adoratrice connaissait-elle la réponse à la question… Selon le texte découvert par Kel dans une chapelle du temps des pyramides, des conjurés niaient les valeurs traditionnelles, voulaient modifier l'exercice du pouvoir et favoriser le progrès technique. Dernier obstacle à écarter : cette Divine Adoratrice, grande prêtresse régnant sur Thèbes et préservant les rites anciens.

Impossible, hélas ! de déchiffrer les noms des comploteurs et de connaître leurs projets précis. Unique certitude : afin de masquer ses abominables crimes, cette cohorte d'assassins avait choisi comme coupable idéal un jeune scribe que venait de recruter le prestigieux service des interprètes. Ils n'avaient pas prévu sa capacité de résistance à l'adversité et sa volonté de rétablir la vérité.

L'amour de Nitis avait donné à Kel davantage de force, et l'amitié indéfectible de Bébon lui avait permis d'échapper à ses poursuivants. Injustice, corruption, complot criminel… À eux trois, Nitis, Bébon et Kel pouvaient-ils vraiment vaincre de pareilles monstruosités ?

La disparition de la jeune prêtresse réduisait à néant leurs fragiles espoirs.

Vent du Nord dressa les oreilles et demeura silencieux. L'arrivant ne les menaçait pas.

— Dîner, annonça Bébon.

— Je n'ai pas faim.

— Soupe de lentilles, purée d'oignons et de poireaux, agrémentée d'ail, d'aneth et de coriandre ; une première bouchée, et ton appétit se réveillera.

L'âne, lui, ne se fit pas prier et mastiqua de la luzerne fraîche.

— Imite-le, conseilla le comédien. Mener à bien notre combat exige de prendre des forces.

— Nitis ne s'est pas rendue au temple de Ptah, rappela

Kel. Le capitaine de l'*Ibis* a menti et s'est enfui. Il obéissait aux comploteurs, et nous sommes tombés dans leur piège.

— Inutile de ressasser le passé ! L'essentiel consiste à découvrir l'indice qui nous mènera à la prison de Nitis.

— Et s'ils l'avaient tuée ?

Bébon prit son ami par les épaules.

— Tu l'aimes ?

— Comment oses-tu en douter ?

— Alors, tu dois ressentir sa présence. Si elle était morte, tu le saurais.

Kel ferma les yeux.

— Non, elle vit.

— Certain ?

— Certain !

— Cesse donc de te lamenter, et poursuivons nos investigations. D'abord, mange ; la cuisinière de notre protectrice est remarquable. Profites-en avant de reprendre la route. Demain, il faudra sans doute se contenter d'une galette et d'un oignon.

— Je veux retourner au port et interroger tous les capitaines ! L'un d'eux connaît forcément celui de l'*Ibis* et nous révélera sa destination.

— Pas de meilleur moyen de te faire arrêter ! Grâce à l'aide involontaire de Lèvres-douces, la police a perdu notre trace. Elle croit que nous tentons de gagner Thèbes et doit fouiller chaque bateau.

— Imagines-tu la détresse de Nitis ?

— Sa force d'âme surpasse la tienne et la mienne réunies ! Jamais elle ne perdra confiance en toi. Et moi, j'obtiendrai des informations intéressantes.

Le regard du scribe reprit de la vigueur.

— Comment procéderas-tu ?

— Lèvres-douces connaît bien Memphis, nul événement marquant ne lui échappe. Or elle n'a pas entendu parler de l'enlèvement d'une jeune femme, un crime rarissime ! Autrement dit, les autorités tentent d'imposer le silence sur une affaire gênante.

— A-t-elle des amis dans la police ?

— Elle en a partout, et surtout parmi les petites gens. Pourtant, quelqu'un a sûrement vu quelque chose. Même au cœur de la nuit, les quais ne sont pas déserts. En jouant les apeurés à cause de cette insécurité, j'ai annoncé mon prochain départ. Lèvres-douces appréciant encore mon charme, elle va tenter de m'en dissuader en découvrant la vérité.

— Elle n'y parviendra pas !

— Peu probable, en effet, mais elle me procurera le nom d'un témoin. Et nous remonterons la filière.

Vent du Nord approuva d'un regard confiant.

La capacité de persuasion du comédien était telle que le scribe voulut croire à la réussite de ce plan improbable.

— Pas trop de curieux autour de toi ? s'inquiéta Bébon.

— Les autres âniers me considèrent comme ton domestique. Vent du Nord et moi faisons les courses en fonction de tes directives et passons le reste du temps à dormir. Vu mon allure actuelle, personne ne m'imagine en scribe.

— Tant mieux ! Désolé, Lèvres-douces m'attend.

Assis, les yeux mi-clos, Kel songeait aux temps heureux où il envisageait une belle carrière de scribe interprète au service du pharaon. L'existence s'annonçait paisible, agréable et passionnante. Et puis la colère des dieux s'était abattue sur lui, brisant son avenir et le plongeant au cœur d'une affaire d'État.

La colère des dieux… Pourtant, ils le protégeaient !

D'abord, ils lui permettaient d'échapper à ses poursuivants, désormais décidés à le supprimer puisque le juge Gem en personne ne croyait pas à son innocence ; ensuite, ils lui avaient fait rencontrer Nitis ! Vivre ce grand amour n'était-il pas un présent inestimable ?

Au tréfonds du malheur, ce bonheur-là ne s'effaçait pas. Et cette minuscule lueur continuerait à le guider.

4.

La présence de la cour à Memphis ne gênait pas les conjurés, bien au contraire. En décidant de séjourner dans la grande cité, la Balance-des-Deux-Terres, point d'équilibre entre le Nord et le Sud, le roi leur facilitait la tâche.

Quand leur chef les réunit, à l'abri des yeux et des oreilles, il connaissait parfaitement leur état d'esprit. Tous entrevoyaient une tâche longue et délicate avant de réussir, et regrettaient la déplorable erreur qui les avait obligés à supprimer la totalité du service des interprètes. Jamais le papyrus codé n'aurait dû parvenir à ces remarquables techniciens, capables de le décrypter, donc de découvrir les noms des comploteurs et leur plan. En faisant accuser de meurtre le jeune scribe Kel, récemment engagé, ils offraient un coupable idéal à la justice et mettaient un terme à cet incident.

Malheureusement, ce scribe se révélait plus coriace que prévu ! En dépit d'un imposant dispositif policier, il réussissait à rester en liberté et osait même clamer son innocence, sans convaincre personne. Preuves et charges accumulées contre lui ne laissaient aucune place au doute. Tôt ou tard, Kel serait arrêté, jugé et condamné à mort.

Néanmoins, le chef percevait une certaine crainte chez ses alliés. Pour échapper ainsi aux forces de l'ordre, le jeune homme ne bénéficiait-il pas de la protection des dieux ? En ce cas, ne résisterait-il pas aux multiples attaques et ne prendrait-il pas le dessus ?

— Ne devenons pas esclaves de vieilles superstitions, recommanda-t-il. Kel a eu beaucoup de chance, mais il n'est qu'un humain en perdition, pourchassé et perpétuellement sur le qui-vive.

— L'éliminer me paraît indispensable, avança un inquiet. Il tente de remonter jusqu'à nous afin de démontrer son innocence et n'a plus rien à perdre.

— Et puis il bénéficie forcément de complicités, renchérit son voisin. Sinon, impossible d'expliquer sa capacité à nous échapper !

— C'est pourquoi j'ai pris une décision radicale, indiqua le chef.

Les conjurés furent suspendus à ses lèvres.

— À l'évidence, reprit-il, Kel avait trouvé des appuis au temple de Neit de Saïs, à commencer par le grand prêtre Wahibrê, heureusement décédé. Le successeur désigné de ce vieillard intègre était sa disciple, Nitis, Supérieure des chanteuses et des tisserandes, une femme intelligente, honnête et déterminée. À mon avis, elle approuvait le grand prêtre et croyait à l'innocence du scribe Kel. Elle est donc devenue son principal appui. Aussi avons-nous intrigué pour l'écarter de la grande prêtrise et nommer à sa place un homme de paille qui ne nous gênera pas. Cette démarche ne m'ayant pas paru suffisante, j'ai décidé de la faire enlever en confiant cette tâche à l'un d'entre vous.

— Mission accomplie, affirma le responsable. L'opération s'est déroulée à merveille.

— Pas de témoins ?

— Apparemment pas. Et si quelqu'un a vu quelque chose, il se taira. D'éventuelles investigations policières ne mèneront nulle part. De plus, là où se trouve la prêtresse Nitis, personne n'ira la chercher !

— Ce maudit scribe ne tentera-t-il pas de la libérer ? questionna l'inquiet.

— Faudrait-il qu'il fût follement amoureux et tout à fait inconscient ! Même en ce cas, Nitis restera hors de portée.

— Son interrogatoire a-t-il commencé ? demanda le chef.

— Cette prêtresse a du caractère. Elle n'a pas encore donné le nom de ses complices et révélé l'emplacement du repaire de Kel. Mais les spécialistes sauront la faire parler.

— Si nécessaire, torturez-la.

L'un des conjurés eut un haut-le-cœur.

— Une prêtresse de Neit ! Vous ne comptez pas…

— Ne joue pas les naïfs. Cette femme est condamnée à disparaître sans laisser la moindre trace, après vérification des informations qu'elle nous aura offertes. Ainsi, nous éliminerons les éventuels appuis de Kel, et il sera un homme seul et une proie facile.

La férocité de leur chef glaça le sang des conjurés. Tous comprirent qu'il ne leur était plus possible de quitter le bateau et qu'il faudrait aller jusqu'au bout.

— Le scribe essaiera d'atteindre Thèbes et de gagner à sa cause la Divine Adoratrice, notre pire ennemie, estima l'anxieux. À mon sens, il a quitté Memphis.

— Cette éventualité n'a rien d'inquiétant, répliqua le chef. Les voies fluviale et terrestres sont étroitement surveillées, et nous tendrons les pièges nécessaires.

— L'habileté de Kel n'est plus à démontrer !

— Il n'atteindra jamais Thèbes. Et même si ce miracle se produisait, il ne rencontrera pas la Divine Adoratrice. J'ai pris les précautions indispensables.

Cette fois, un conjuré s'insurgea.

— Nous avons déjà évoqué un horrible dessein concernant la souveraine de Thèbes, et je m'y oppose formellement !

Le chef sourit.

— Crois-tu qu'elle sera éternellement épargnée ? Rassure-toi, nous ne serons probablement pas contraints de l'éliminer, car le scribe Kel n'aura pas l'occasion d'essayer de la convaincre. Mais, quoi qu'il arrive, personne ne nous empêchera de réussir. Je dis bien : personne.

À un long silence succéda une ultime remarque.

— Le casque du roi Amasis demeure introuvable. Kel ne le conserve-t-il pas soigneusement avec l'espoir de s'en coiffer et de se proclamer pharaon à la tête de sa faction ?

— Projet dérisoire, jugea le chef. Ne vous souciez surtout pas de ce détail. Nous contrôlons la situation qui ne cessera d'évoluer en notre faveur, à condition de poursuivre nos efforts et de garder un secret absolu.

5.

Organisateur des fêtes de Saïs, capitale d'une dynastie brillante, Menk mourait d'inquiétude. Lui d'ordinaire charmeur et affable affichait une triste mine. Pourtant, il menait à bien la mission confiée par le roi : parfaire le déroulement des grands rituels de Memphis en compagnie des prêtres de Ptah et de Hathor. Évitant de les heurter, Menk trouvait les mots justes et s'attirait leur sympathie. Ensemble, ils travaillaient à satisfaire les dieux et le souverain. D'aucuns lui promettaient une prochaine promotion.

En temps ordinaire, Menk aurait pleinement joui de cette réussite professionnelle. Mais la disparition de la ravissante Nitis, une prêtresse dont il était tombé amoureux et qu'il comptait épouser, gâchait son plaisir.

Certes, la jeune femme ne lui avait pas encore donné son consentement. Simple question de temps, car elle comprendrait fatalement qu'un mari comme Menk ne se refusait pas. L'indépendance et la liberté de choix des Égyptiennes posaient parfois de graves problèmes. Les Grecs, eux, savaient imposer les décisions des mâles.

Nitis ne possédait pas un caractère facile. Intelligente et cultivée, elle aurait dû devenir la grande prêtresse du temple de Neit à la suite du décès de son maître. Le roi avait choisi un obscur courtisan, sans doute en raison des imprudences de la belle ritualiste. Ne la soupçonnait-on pas d'avoir cru à l'innocence du scribe Kel, ce monstre coupable d'un nombre incalculable de crimes ?

Sur sa demande, Menk s'était aventuré à parler au roi d'un trafic d'armes imaginaire, fable destinée à disculper l'assassin. Cette démarche aurait pu ruiner la carrière du courtisan, mais il n'éprouvait pas de rancune envers la trop crédule Nitis. Détrompée, elle ne reverrait pas ce redoutable meurtrier et ne prendrait plus sa défense.

Hélas ! ce regrettable impair valait à la jeune femme une disgrâce temporaire. En épousant Menk, elle recouvrerait son honorabilité et prétendrait de nouveau à de hautes fonctions.

Encore fallait-il la retrouver !

Où se cachait-elle ?

Menk se rendit au temple de Ptah et interrogea plusieurs ritualistes. Personne n'avait croisé Nitis depuis quelques jours. On le pria de vérifier la qualité de l'encens récemment livré et la quantité d'huiles sacrées. L'esprit ailleurs, il s'acquitta de ces tâches.

— Du courrier à votre intention, annonça le facteur du temple en lui remettant une missive en provenance de Saïs.

Menk brisa nerveusement le sceau fermant le petit papyrus. Le texte le consterna.

D'après le grand prêtre, Nitis n'était pas revenue au temple de Saïs. Et nulle trace de sa présence dans la capitale.

Affolé, Menk prétexta un accès de fatigue, abandonna sa vérification et courut au bureau du vizir. Toujours chargé d'arrêter le scribe Kel et de mener une enquête approfondie, le juge Gem s'y était installé provisoirement.

Le haut magistrat ne fit pas attendre le dignitaire.

— Vous semblez bouleversé, Menk !

— La prêtresse Nitis a disparu.

— Comme vous y allez !

— Elle ne se trouve ni à Memphis ni à Saïs, et voilà longtemps que personne ne l'a revue !

Le juge grommela.

— Bizarre, je vous le concède... Serait-elle partie en voyage ?

— Nitis devait remplir une mission précise, rappela Menk : m'aider à préparer les prochaines fêtes de Ptah et de Hathor. Sa connaissance des rituels anciens aurait été précieuse. Elle n'avait aucune raison de s'absenter, surtout si elle désirait reconquérir la confiance du roi.

— Songeriez-vous... à une fuite ?

— Une fuite ? Certes non ! Je redoute un enlèvement.

Le juge parut stupéfait.

— Qui aurait commis un pareil délit ?

— Je l'ignore. Je redoute...

— Soupçonneriez-vous quelqu'un ?

— Pourquoi pas le scribe Kel ? Peut-être a-t-il voulu se venger de Nitis ?

— Que lui reprocherait-il ?

— De ne pas l'avoir aidé !

— Intéressant... Des indices concrets ?

— De simples suppositions ! La situation me paraît grave.

— Ne dramatisons pas, Menk. L'imagination nous joue souvent de mauvais tours.

— Nitis a bel et bien disparu ! Ne négligez pas les faits, je vous en prie.

— Ce n'est pas mon habitude.

— Comment comptez-vous agir ?

— En nommant des enquêteurs chargés d'interroger le personnel des temples, les capitaines de bateaux et les surveillants des routes.

— Cela prendra un temps fou !

— Je promettrai une forte récompense à qui me donnera des renseignements sur la prêtresse, et des courriers officiels alerteront mes collègues dans chaque province. Ensuite, il faudra espérer et attendre.

— Espérer, oui… Mais attendre !

— Vu le caractère exceptionnel de l'événement, j'utiliserai tous les moyens dont je dispose.

— Merci, juge Gem.

— Ne commettez pas d'imprudence, Menk. Si Nitis a réellement été enlevée et si l'auteur du rapt est le scribe Kel, le terrain s'annonce dangereux. Mener une enquête parallèle vous conduirait au désastre. Laissez agir les professionnels.

— Je vous le promets.

Les épaules basses, Menk sortit du bureau du juge.

Gem était perplexe.

À l'affaire Kel, qu'il ne parvenait pas à résoudre, s'ajoutait maintenant la disparition d'une prêtresse de Neit, un incroyable événement susceptible de déclencher la colère des dieux ! Jusqu'alors, en dépit des difficultés à rendre une justice équitable, la carrière du magistrat s'était déroulée de manière paisible. À l'orée de la vieillesse et d'une retraite méritée, un épouvantable assassin, doublé d'un séditieux décidé à renverser le trône d'Amasis, défiait l'État et la loi ! Et il revenait au juge Gem de lui briser les reins.

En raison des circonstances nouvelles, il devait interroger l'un des principaux dignitaires du royaume qui en savait peut-être long.

6.

Depuis de nombreuses années, le chancelier royal Oudja avait oublié la notion même de repos. Médecin-chef de la prestigieuse école de Saïs et désormais chargé de veiller sur la santé du pharaon Amasis, il était également gouverneur de la capitale, inspecteur des scribes du tribunal, chef des administrateurs des prisons et responsable du développement de la marine de guerre, une formidable arme de dissuasion à laquelle tenait beaucoup le monarque.

Large d'épaules, autoritaire et énergique, Oudja imposait sa puissance naturelle et assumait ses responsabilités sans jamais se plaindre. Doté d'une santé de fer, dormant peu, il épuisait ses collaborateurs et ne supportait ni la paresse ni l'incompétence.

Le déplacement de la cour royale à Memphis avait entraîné un surcroît de travail, car le chancelier voulait tout vérifier et remettre au labeur certains fonctionnaires assoupis. À chaque instant, le monarque devait pouvoir s'installer dans n'importe lequel de ses palais, en parfait état de fonctionnement.

En dépit du développement de la capitale dynastique, Saïs, l'antique cité de Memphis, fondée par Djéser, demeurait la clé de la prospérité économique des Deux Terres. Aussi, en compagnie du ministre des Finances Péfy, Oudja se réjouissait-il de ce séjour qui lui permettait de redonner du dynamisme à l'ensemble des services publics et de favoriser ainsi le commerce, l'artisanat et l'agriculture.

Soucieux de la sécurité de la personne royale, le chancelier appliquait de strictes consignes : fouille des visiteurs à l'entrée du palais, sévère sélection des gardes relevés toutes les trois heures, vérification de la validité des demandes d'audience, inscription des noms des visiteurs sur un registre de la police et ultime entretien avec l'un des secrétaires d'Amasis avant d'avoir accès au bureau du pharaon. Tant que Kel serait en liberté, il faudrait prendre un maximum de précautions.

— Le juge Gem souhaite vous parler, l'avertit un officier.

— Qu'il vienne.

Oudja se leva pour accueillir le patron de la magistrature.

— De bonnes nouvelles, j'espère ?

— Désolé de vous décevoir.

— Kel aurait-il commis un nouveau crime ?

— Je ne saurais l'affirmer, mais il est peut-être responsable de l'enlèvement de la prêtresse Nitis.

— La disciple du défunt grand prêtre du temple de Saïs ?

— Elle-même.

— Fâcheux !

— Vous ignoriez donc ce drame ?

— Vous me l'apprenez. En Égypte, on n'enlève pas les gens, et moins encore une ritualiste ! Ce crime est-il avéré ?

— Simplement probable, chancelier. L'enquête débute.

— Ah !... Le doute reste permis.

— J'espérais des éclaircissements de votre part.

Oudja se raidit.

— Je ne comprends pas.

— Le roi a souhaité une parfaite collaboration entre Hénat, le chef des services secrets, et la justice. À mon âge, je ne crois plus aux vœux pieux. Jamais Hénat ne me transmettra la totalité des informations dont il dispose et, à la réflexion, je ne le lui reproche pas. Il s'occupe de la sécurité de l'État, moi de l'observance rigoureuse des lois. Dans l'affaire Kel, nos compétences se heurtent. Et si ce scribe dément a bien enlevé Nitis, je dois ajouter ce délit à son dossier et, surtout, réussir à la retrouver. Le chef des services secrets ne disposerait-il pas d'éléments indispensables à ce succès ?

— Je l'ignore.

— Je vous prie de l'interroger.

— Pourquoi ne pas le faire vous-même ?

— Parce qu'il ne me dira pas la vérité.

— Juge Gem, mesurez vos propos !

— Je les mesure, chancelier. Si nous avions coopéré, le scribe Kel serait en prison.

— Accuseriez-vous Hénat d'entraver votre enquête ?

— Certainement pas ! Lui et moi sommes au service de l'État, de l'ordre et de la justice. Néanmoins, nos méthodes divergent, et le manque d'harmonie conduit à l'inefficacité. Le pire des assassins court toujours, et je redoute d'autres crimes. Aussi votre intervention me paraît-elle indispensable.

— À quoi servirait-elle ?

— À persuader le chef des services secrets de me fournir des renseignements qu'il ne désire pas offrir à un juge. Peu m'importent ses sources, quoique cette démarche heurte ma conscience et mon intégrité de magistrat. Kel est un meurtrier dangereux, très dangereux. Nous ignorons encore le nom de ses éventuels commanditaires et son but véritable. S'il ne s'agit que d'un fou furieux, le trône ne risque rien. En revanche, si ce scribe insaisissable commande un groupe de séditieux, notre souverain se trouve visé. Et je ne saurais croire à l'ignorance de Hénat.

— Vous portez là de graves accusations, juge Gem.

— En aucune façon. Je me soucie simplement de la sécurité du royaume et je vous supplie de m'aider à la préserver.

La solennité de cette déclaration impressionna le chancelier.

— Conformément aux exigences de Sa Majesté, assura Oudja, je demanderai au chef des services secrets sa pleine et entière collaboration.

— J'ai peur, murmura le vieux magistrat. Enlever une prêtresse… Jamais un tel crime n'avait été commis. Les dieux ne nous le pardonneront pas.

— Ne soyez pas pessimiste et ne prêtez pas trop de pouvoirs à cet assassin.

— N'a-t-il pas démontré sa capacité de nuisance ?

Le chancelier se rengorgea.

— Je ne la néglige pas. Mais nos institutions sont solides et ont résisté à des assauts beaucoup plus violents. Nous ne baisserons pas la garde et nous mettrons fin aux activités criminelles de ce scribe.

— Les dieux vous entendent, chancelier.

7.

Supérieur de tous les secrets du roi, directeur du palais et prêtre du dieu Thot, patron des scribes et des savants, Hénat avait des cheveux très noirs et un regard inquisiteur. Le chef des services secrets possédait le don de mettre mal à l'aise ses interlocuteurs qui, face à lui, se sentaient aussitôt suspects.

Ce séjour forcé à Memphis lui avait permis de recruter deux nouveaux interprètes parlant couramment cinq langues, dont le grec et le persan. Reformer le service anéanti par le scribe Kel exigeait du temps et de la prudence. Aussi Hénat ne prenait-il aucune décision sans l'accord explicite du roi Amasis. Peu à peu, la cheville ouvrière de la diplomatie égyptienne reprenait force et vigueur. Les spécialistes traduisaient les missives en provenance de l'étranger et adressaient aux monarques alliés du pharaon des textes dans leur propre langue, car les hiéroglyphes, incarnations des paroles divines, ne s'exportaient pas.

Certes, le service des interprètes ne fonctionnait pas encore à plein régime. Néanmoins, son activité s'amplifiait jour après jour, et l'Égypte n'était plus sourde et muette. La tentative du scribe Kel, désireux de l'isoler et de la réduire au silence, avait échoué.

Méticuleux et ordonné, Hénat ne laissait pas s'accumuler les dossiers. Sur sa table de travail, un seul document à la fois, étudié en profondeur et intégralement mémorisé. Le moindre détail pouvait avoir son importance, et le service de l'État exigeait une rigueur absolue.

En se rendant au déjeuner de travail placé sous l'égide du chancelier Oudja, le chef des services secrets croisa Menk, l'organisateur des fêtes.

— Vous paraissez contrarié, cher ami.

— Ignorez-vous le nouveau drame ? La prêtresse Nitis a disparu !

— Disparu... Le terme ne serait-il pas excessif ?

— Je pense même à un enlèvement !

— Des preuves ?

— Non, un pressentiment.

— Un peu léger, mon cher Menk.

— J'ai fait part de mes craintes au juge Gem.

— Excellente idée. Il est l'homme de la situation.

— Vous aussi, Hénat !

— Mes compétences ne s'appliquent pas à ce genre de problème.

— Mais vous êtes au courant de tout !

— N'exagérons pas.

— Vous m'aviez confié la tâche d'espionner les dignitaires du temple de Neit, à Saïs, en particulier le grand prêtre et la Supérieure des chanteuses et des tisserandes. Wahibrê est mort, Nitis a été enlevée. Il faut la retrouver.

— Vos rapports ne contiennent aucune charge contre ces personnes qui n'ont pas porté atteinte à la sécurité de l'État. Laissez donc agir le juge Gem, il dispose d'excellents enquêteurs.

Abandonnant un Menk désemparé, Hénat se rendit à la salle de réception où l'attendaient le chancelier Oudja, quelques scribes royaux et le juge Gem.

Un repas frugal leur fut servi. Hénat ne but qu'une coupe

de bière légère et mangea peu. On parla de différents dossiers qui requéraient l'intervention du chancelier et du directeur du palais, puis les scribes se retirèrent.

— Nous avons failli arrêter Kel, déclara le magistrat.

— J'en doute, objecta Hénat.

— Expliquez-vous, demanda Gem.

— Quelqu'un se cachait dans la fabrique abandonnée, j'en conviens, mais s'agissait-il de cet assassin ?

— Lui seul pouvait narguer les forces de l'ordre en laissant sur place un leurre, affirma le juge.

— En ce cas, il a été prévenu de notre intervention.

Un lourd silence succéda à cette déclaration.

— Ne nous voilons pas la face, recommanda Oudja. Si Hénat a raison, le scribe Kel dispose d'alliés et d'informateurs au sein même de la police. Et voilà pourquoi il continue à nous échapper.

— Nous serions donc en présence d'un véritable complot aux ramifications insoupçonnées, estima le juge. Ce Kel vise à détruire l'État et à renverser notre souverain. Il revient au directeur du palais de s'assurer de la fidélité absolue de chacun des gardes chargés de la sécurité du roi.

Hénat eut un demi-sourire.

— Je n'ai pas attendu votre injonction, juge Gem, et j'ai passé chaque dossier au crible. Deux soldats douteux ont déjà été renvoyés. Soyez certain que je ne prendrai aucun risque. M'estimant personnellement responsable de la sauvegarde du roi en toutes circonstances, je placerai autour de lui des hommes parfaitement sûrs, prêts à donner leur vie pour le défendre.

Le visage fermé, le magistrat vida une coupe de vin rouge des oasis.

— Es-tu au courant de la disparition de la prêtresse Nitis ? questionna le chancelier.

— L'un de mes informateurs vient de me l'apprendre, révéla le chef des services secrets.

— Menk, je suppose ? avança Gem.

— Permettez-moi de préserver le secret de mes sources.

— Le roi a exigé votre entière et parfaite collaboration !

— Je respecte ses ordres.

— Alors, que savez-vous à propos de cette nouvelle tragédie ?

— Absolument rien.

— Impossible, Hénat !

— Je ne suis pas omniscient, juge Gem. S'il s'agit d'un enlèvement, il a été soigneusement préparé, et mes services n'en ont pas été avertis. Bien entendu, je vais déclencher une enquête et vous tiendrai informé des résultats. En revanche…

Hénat hésita.

— Parle, je te prie, exigea le chancelier.

— N'excluons pas la fuite d'une complice du scribe Kel. Nitis a milité en faveur de son innocence. Peut-être appartient-elle à son réseau.

— Des preuves ou des indices ? interrogea le juge.

— Simple présomption, reconnut Hénat.

— Nous sommes en présence d'une affaire encore plus grave que nous ne le supposions, conclut le chancelier. Un ennemi de l'intérieur menace l'intégrité du royaume, et nous devons le combattre avec la dernière énergie. Oublions les querelles de personnes et les rivalités mesquines entre les services de l'État. Éliminer le scribe Kel et ses partisans reste notre priorité.

L'irruption de la reine interrompit le discours d'Oudja. Tanit semblait bouleversée.

— J'ai besoin de votre intervention immédiate !

— Que se passe-t-il, Majesté ?

— Le roi a disparu.

8.

La présence de Bébon ravissait Lèvres-douces. Aux petits soins pour elle, jamais ronchon, toujours prêt à lui faire l'amour et à satisfaire ses moindres désirs, il était presque trop parfait. Pas question, bien entendu, de songer au mariage, mais la rupture serait douloureuse. Au moins garderait-elle un excellent souvenir d'un amant dévoué et attentif. En attendant ce pénible moment, elle profitait pleinement de ce beau mâle.

Alors qu'ils se prélassaient, nus, sur des coussins, Bébon eut un regard inquiet.

— Je n'ose plus me promener à Memphis, avoua-t-il. Cette histoire d'enlèvement me terrorise. As-tu récolté des informations ?

— Rien de réjouissant, reconnut-elle.

— Ce drame s'est-il réellement produit ?

— D'après une rumeur persistante, aucun doute.

— La police enquête-t-elle ?

— Justement pas. Elle aurait même refusé d'enregistrer les témoignages, sous prétexte qu'ils n'étaient pas sérieux. Officiellement, pas de disparition à signaler.

— Toi, tu en sais davantage !

— À quoi bon se préoccuper de ces horreurs ? Désormais, chacun tiendra sa langue, et l'on oubliera cet incident.

— Pas moi ! Demain, l'assassin recommencera, et toi ou moi serons peut-être sa prochaine victime.

Lèvres-douces fut troublée.

— J'ai un ami dans la police, révéla Bébon. Si je lui parle, il m'écoutera. Mais je dois lui apporter des éléments concrets. Quelqu'un acceptera-t-il de témoigner ?

— Une marchande, dont la boutique se trouve sur les quais, consentira sans doute à te parler. En cas d'échec, n'insiste pas.

— Je te le promets, dit le comédien en l'enlaçant.

***

Bébon se sentait un peu honteux de profiter d'un tel confort, tandis que son ami devait se contenter de l'écurie. Du moins il était en sécurité, grâce à la vigilance de Vent du Nord.

— J'ai une piste ! annonça Bébon. Rendons-nous au port.

Les propos de Lèvres-douces ne laissaient pas subsister d'ambiguïté : la police obéissait à des ordres supérieurs. Pas d'enlèvement, pas d'enquête. La puissance des comploteurs prenait d'énormes dimensions. Comment deux individus isolés parviendraient-ils à lutter ? Préférant ne pas y songer, Bébon suivit l'âne et Kel, très nerveux.

— On jouera les colporteurs, décida-t-il. Reste en retrait et garde ton calme.

— Lèvres-douces t'a-t-elle décrit la marchande ?

— Petite, rouquine, poitrine avantageuse.

— Que vend-elle ?

— De la laitue de Memphis, des oignons et des pots de graisse.

Sur les quais, le marché battait son plein. Il y avait des

boutiques et des étals temporaires, autorisés à s'installer lors du débarquement des bateaux livrant des denrées fraîches.

Vent du Nord se figea.

Deux policiers fendaient la foule. L'un d'eux tenait en laisse un babouin, chargé de repérer les voleurs et de les interpeller en leur mordant le mollet.

Le trio changea de direction.

— Un babouin policier pourrait nous juger suspects, murmura Bébon. Commençons tout de suite une transaction.

Une vieille dame apostrophait un graveur. Furieuse, elle s'éloigna.

— Puis-je vous aider ? demanda Bébon.

— Je veux une inscription sur ce bol d'albâtre, à la mémoire de mon mari. Ce gredin me demande un prix exorbitant !

— Mon collègue sait dessiner à l'encre noire, indiqua le comédien. Fixez vous-même sa rémunération.

— Deux belles paires de sandales, ça ira ?

— Parfait.

Kel sortit le matériel nécessaire d'une des sacoches en cuir portées par l'âne et, sous la dictée de la veuve, traça de beaux hiéroglyphes.

— Magnifique ! constata la vieille dame, ravie.

— Le babouin s'est éloigné, murmura Bébon à l'oreille du scribe. Ne traînons pas, il va revenir.

L'atmosphère joyeuse d'un marché égyptien dissipait toutes les tristesses. On babillait, on marchandait pour le plaisir, on se racontait des histoires de famille, on râlait contre les abus des fonctionnaires et l'on recherchait les bonnes affaires... Assises sur des tabourets à trois pieds, de nombreuses femmes tenaient boutique, à l'abri d'un toit dont les poutrelles s'ornaient de pièces de tissu, de ceintures, de tuniques et de pagnes. À l'issue d'un heureux achat, on se précipitait à la buvette où de ravissantes jeunes filles, court vêtues, servaient de la bière fraîche.

La petite rouquine à la poitrine avantageuse siégeait en face de l'emplacement de l'*Ibis*, remplacé par un autre bateau.

— Elle est belle, elle est belle, ma laitue de Memphis ! clamait-elle afin d'attirer les badauds que séduisait cette merveille au goût exquis.

— Votre salade me paraît superbe, susurra Bébon, et vous, vous êtes délicieuse.

Le compliment surprit la commerçante.

— Vous… vous achetez ?

— Bien sûr ! Voici deux paires de sandales neuves. En échange, donnez-moi ce qui vous semble convenable.

Troublée, la rouquine sélectionna plusieurs belles laitues.

— Je suis un ami intime de la boulangère Lèvres-douces, révéla le comédien. Acceptez-vous de m'aider ?

— À quel propos ?

— Il vient de se produire un événement d'une exceptionnelle gravité. Un membre de ma famille, une jolie jeune femme, a disparu. La rumeur prétend qu'elle aurait été enlevée.

La vendeuse de laitues baissa la tête.

— Je ne sais rien.

— Je vous crois, mais comprenez ma détresse : la police refuse d'enquêter, et je meurs d'angoisse ! Cette jeune femme était ma sœur. Nous avons eu une enfance merveilleuse et nous ne nous quittions presque jamais. À cause de la maladie de ma mère, condamnée à une fin prochaine, elle s'était rendue à Memphis, en vue de lui porter secours. Et soudain, elle disparaît ! La vie n'est-elle pas trop dure ?

La rouquine essuya une larme.

— Quelqu'un a tout vu, confessa-t-elle.

— L'un de vos proches ?

— Non, mon fournisseur de pots de graisse.

— Ne se vante-t-il pas ?

— Il boit beaucoup et, la nuit, il arpente les quais en cuvant sa bière. Même ivre, il ne manque pas de lucidité. Et ce qu'il m'a raconté était épouvantable. Moi, je préfère l'oublier.

— Je désire retrouver ma pauvre sœur ! Où pourrais-je rencontrer ce marchand ?

— En fin de soirée, il se soûle à l'auberge de la Bonne Chance. Mais votre démarche est inutile : il ne parlera pas.

— Que redoute-t-il ?

— Les indicateurs de la police ont délivré un message : silence total. Sinon, les bavards auront de graves ennuis.

Bébon embrassa tendrement la rouquine.

— Merci de votre aide.

9.

En dépit d'un caractère tranchant, voire brutal, le général en chef Phanès d'Halicarnasse était apprécié à la fois des officiers supérieurs et des hommes de troupe. Passant son temps à voyager de garnison en garnison, il s'assurait du bien-être des mercenaires grecs, dont la solde venait d'être augmentée, de leur capacité à combattre et de la qualité du matériel.

Ses tournées d'inspection ne se réduisaient pas à une banale besogne administrative. À l'issue de grandes manœuvres où nombre d'incapables périssaient, il affrontait les meilleurs fantassins et sortait toujours vainqueur des duels. Malgré les conseils de prudence des membres de son état-major, Phanès d'Halicarnasse tenait à fréquenter le terrain. Sous son commandement, pas question de tirer au flanc en oubliant les devoirs militaires.

Conscient du peu de goût des Égyptiens pour les activités belliqueuses, le roi Amasis avait confié à des professionnels grecs le soin d'assurer la défense des Deux Terres. D'éventuels agresseurs, tels les Perses, connaissaient la détermination du général et la valeur de ses soldats. À l'infanterie et à la cavalerie s'ajoutait maintenant une impressionnante marine, grâce aux efforts incessants du chancelier Oudja.

Phanès d'Halicarnasse appréciait la puissance de ces forces de dissuasion mais estimait qu'elles devaient être améliorées et, surtout, maintenues sur le pied de guerre. Le premier relâchement pouvait se révéler fatal. L'anéantissement du service des interprètes et la fuite de l'assassin, le scribe Kel, soupçonné de complot, ne représentaient-ils pas des menaces bien réelles ? Et subsistait l'ennuyeuse disparition du casque d'Amasis, symbole de sa prise de pouvoir. D'après le général, aucun officier n'avait l'intention ni la possibilité de renverser le trône et de déclencher une guerre civile. Néanmoins, il demeurait vigilant, prêt à trancher la gorge du premier séditieux.

Le séjour à Memphis lui permettait de scruter de fond en comble l'énorme caserne de la capitale économique du pays et de rectifier les manquements à la discipline. Phanès d'Halicarnasse développait également le plan de défense de la ville, en collaboration avec les amiraux.

Alors qu'il assistait à l'entraînement des archers, un scribe le pria de se rendre immédiatement au palais. Il y fut reçu par le chancelier Oudja, au visage sombre.

— Le roi a disparu. Mettez nos troupes en état d'alerte.

— Disparu… Dans quelles circonstances ?

— Il semble avoir quitté sa chambre pendant la nuit. La reine ne l'y a pas trouvé ce matin.

— Et les gardes ?

— Aucun ne l'a aperçu.

— Invraisemblable ! Laissez-moi les interroger.

— Je vous y autorise, général.

— Mes soldats d'élite vont fouiller Memphis de fond en comble. Ne perdons pas un instant.

Oudja se rendit auprès de la reine Tanit, désemparée.

— Rien de nouveau ?

— Rien encore, Majesté. La police et l'armée se déploient.

— Avez-vous fouillé le palais ?

— Nous explorons le moindre recoin.

Hénat les interrompit.

— Enfin un témoignage crédible ! Un jardinier a vu le roi, seul, emprunter l'allée de tamaris et se diriger vers le canal.

Oudja, Hénat, la reine et quantité d'hommes armés empruntèrent le même chemin.

Le responsable de l'embarcadère sommeillait. Le chancelier le réveilla brutalement.

— Sa Majesté est-elle venue jusqu'ici ?

— Je ne sais pas, moi… Faut demander à mon chef.

Le chef nettoyait l'un des bateaux de plaisance de la cour, destiné à d'agréables promenades.

— Le roi ? Oui, il s'est embarqué tôt ce matin.

— Combien d'hommes l'y ont obligé ?

— Il n'y avait que des jeunes filles, un peu délurées. Et j'ai procuré à Sa Majesté une dizaine de jarres de vin rugueux. Regardez, voici le bateau !

Plutôt habile, l'équipage féminin réussit un accostage correct.

Oudja grimpa la passerelle.

— Le roi se trouve-t-il à bord ?

— Dans la cabine, répondit une superbe brune.

Le chancelier força la porte.

— Toi, déjà ! s'exclama Amasis.

— Majesté, nous étions très inquiets !

— N'ai-je pas le droit de m'amuser ? Ah, quelle horreur !

Le monarque prit sa tête entre ses mains.

— Une effroyable migraine… J'ai trop bu, et du sévère ! Au moins, les filles étaient contentes, et elles ne m'ont pas assommé avec leur bavardage.

Le chancelier fut obligé de soutenir le roi, incapable de se tenir debout.

— Désirez-vous rentrer au palais ?

— Tu as sans doute préparé un conseil des ministres ?

— Phanès d'Halicarnasse attend votre accord à propos du nouveau plan de défense de Memphis.

Amasis se redressa.

— La sécurité de l'État ne saurait être négligée. Allons-y.

Au bas de la passerelle, la reine accueillit tendrement son mari.

— J'étais folle d'inquiétude.

— Une simple promenade en barque. Un roi qui ne se distrait pas devient sinistre et perd le sens des réalités.

— Comment vous sentez-vous ?

— À part la migraine, fort bien. J'avais besoin d'échapper à l'atmosphère étouffante des appartements officiels.

— Souhaitez-vous rentrer à Saïs ?

— Pas encore, ma douce Tanit. Je veux visiter la grande caserne, rencontrer mes mercenaires grecs, écouter leurs doléances et leur donner satisfaction. Organisez quelques beaux banquets afin d'oublier les réunions de travail et les innombrables tâches administratives. Et que mon échanson sélectionne les meilleurs vins !

10.

Le rôtisseur de l'auberge de la Bonne Chance ne chômait pas. Dépourvu d'états d'âme, il tordait le cou de canards et d'oies grasses, les plumait et les mettait à la broche au-dessus d'un brasier qu'attisait son assistant grâce à un éventail. Ensuite, le rôtisseur salait les volailles et ajoutait des fines herbes.

La qualité de la cuisine attirait de nombreux clients qui appréciaient aussi de beaux morceaux de bœuf bouillis dans une énorme marmite. Les prix demeurant abordables, on se pressait pour avoir une table basse et un siège rustique.

Client régulier, le vendeur de pots de graisse ne se lassait pas de ces plats copieux et savourait chaque bouchée. Le déjeuner était le meilleur moment de la journée. Il oubliait les tracas, la mauvaise humeur de son épouse et les caprices de ses enfants.

— Pouvons-nous nous asseoir en face de vous ? demanda Bébon, accompagné de Kel.

— La place est libre.

— Les odeurs nous mettent en appétit, dit le comédien. Que nous recommandez-vous : oie, canard ou bœuf ?

— L'oie rôtie est insurpassable. Quand vous reviendrez, vous essaierez le canard. Et le bœuf vaudra un troisième repas.

— Merci des conseils ! En échange, permettez-nous de vous offrir une coupe de vin rouge.

— Ce n'est pas de refus. Votre métier ?

— Marchands ambulants. Nous vendons des tissus, des sandales et des nattes.

— Un rude labeur !

— On ne se plaint pas, à condition d'aimer les voyages.

— Moi, je vends des pots de graisse de taureau, de chèvre et d'oie, et deux sortes de beurre : l'un à consommer rapidement et l'autre à conserver. Mes pots sont numérotés et datés, et la clientèle aisée se les arrache. Je fournis également les meilleures auberges de Memphis.

— Belle réussite, constata Bébon, admiratif. Vous ne devez pas compter vos heures de travail !

— On ne badine pas avec la qualité.

— Vous parlez comme la boulangère Lèvres-douces. Quand on a goûté son pain, les autres paraissent médiocres. Heureusement, la vie nous réserve ce genre de plaisirs ! À cause de l'insécurité grandissante, on redoute parfois d'arpenter les chemins, voire même les quais de Memphis.

Le vendeur de pots cessa de mastiquer.

— Auriez-vous eu des ennuis ?

— Moi, non, mais ma petite sœur a récemment disparu.

Kel fixa leur interlocuteur : toute bonhomie s'effaça de son visage épais.

— La police la retrouvera.

— Elle refuse de s'occuper de cette affaire. Étrange, non ?

— Chacun son métier et ses problèmes.

— Vous aimez vous promener sur les quais, le soir, avança le scribe.

— Ça me regarde.

— N'auriez-vous pas vu des hommes enlever une jeune femme ?

— Vous divaguez !

— À votre attitude, je suis persuadé que vous avez été témoin de la scène.

— Ne racontez pas n'importe quoi !

— Nous sommes bien renseignés, prétendit Bébon. Je veux retrouver ma petite sœur, et vous allez nous aider.

L'artisan regarda autour de lui.

— Venez à l'extérieur. Ici, il y a trop d'oreilles curieuses.

Il les emmena près d'une marmite où cuisait du lard, à l'abri d'un toit en paille.

— Vous nc seriez pas des policiers, par hasard ?

— Rassurez-vous, déclara Kel.

— J'ai compris votre jeu : si je ne me tais pas, vous m'enverrez en prison !

— Détrompez-vous, nous n'appartenons pas aux forces de l'ordre et nous désirons simplement retrouver un être cher.

— Menteur !

S'emparant de la marmite, l'artisan en jeta le contenu au visage du scribe.

Bébon eut juste le temps de pousser son ami.

Le liquide bouillant les frôla, le vendeur de pots de graisse détala.

Se croyant hors d'atteinte, il fut percuté par Vent du Nord. Le temps de reprendre ses esprits et de se relever, il tomba entre les mains de Bébon et de Kel, décidés à ne plus le lâcher.

— Ne serais-tu pas complice de ce rapt ? demanda le comédien, furieux.

— Vous êtes fou !

— Et toi, tu voulais nous ébouillanter !

— J'ai peur de la prison !

— Combien de fois faudra-t-il te le répéter ? Nous ne

sommes pas des policiers ! Tu as tout vu, n'est-ce pas ? Alors, parle !

— Si je refuse ?

— Je te défonce le crâne à coups de pierre et nous recherchons un autre témoin. Parle, et nous te laisserons filer.

Paniqué, l'artisan avala sa salive. La bouche sèche, tremblant, il céda.

— J'étais un peu ivre et je ne suis pas certain de...

— Dépêche-toi, l'ami ! Notre patience est épuisée.

— Ça se passait à la hauteur de l'*Ibis*, un bateau de commerce. La jeune femme abordait la passerelle quand quatre costauds se sont emparés d'elle. La malheureuse n'avait aucune chance de s'échapper.

— Ces costauds, tu les connais ?

L'artisan hésita.

Kel sentit qu'il détenait une information essentielle et ramassa une pierre.

— Non, non, attendez ! J'en connais un.

— Son nom ?

— Palios.

— Un Grec ?

— Oui, un... un...

— Un soldat ?

Le vendeur de pots de graisse hocha la tête affirmativement.

— Quatre mercenaires grecs, avança Kel. C'est bien ça ?

Nouvelle approbation.

— On le trouve où, ton Palios ? interrogea Bébon, menaçant.

— Il réside à la grande caserne de Memphis mais,

pendant ses permissions, il fréquente la maison de bière proche du quartier des potiers.

— Une fille attitrée ?

— Guigua, une gentille petite.

— Tu la fréquentes aussi ?

— Rarement, très rarement ! Je suis marié et…

— On ne dira rien à ton épouse. Surtout, oublie-nous. Si tu prenais la mauvaise initiative de prévenir Palios ou d'alerter la police, tu ne survivrais pas longtemps.

11.

Le pharaon Amasis ne cessait de songer à ce moment décisif où, simple général, il avait accepté de se laisser coiffer du casque qui, par la grâce de l'armée égyptienne, s'était transformé en couronne royale.

Ne désirant pas régner, mais seulement remporter au plus vite la guerre civile qui l'opposait au pharaon Apriès, discrédité et détesté, il avait accepté son destin et pris en main les destinées des Deux Terres, avec une idée fixe : ne pas subir le sort de son prédécesseur.

Aussi s'était-il entouré d'hommes sûrs, fidèles serviteurs de l'État et rétribués à la hauteur de leurs efforts. Néanmoins méfiant, Amasis ne cessait de les observer et de jauger leurs actes. Jusqu'à présent, ils appliquaient ses directives à la lettre.

Ce fameux casque, qu'était-il devenu ? Un usurpateur aurait déjà dû tenter un coup de force ! À moins, comme le laissait entendre l'enquête, qu'il ne s'agît du scribe Kel, assassin et voleur trop affaibli pour réussir.

Le monarque aimait résider à Memphis. Même s'il lui préférait sa capitale, Saïs, il appréciait le caractère cosmopolite de la grande cité, toujours apte à se transformer en fonction des événements.

Comprendre l'évolution et s'y adapter : tel apparaissait le génie d'Amasis. Et la clé de l'avenir, c'était la Grèce. La vieille Égypte manquait d'esprit d'innovation et se complaisait dans le respect des ancêtres. En confiant la sécurité de son pays à une armée de mercenaires grecs bien entraînés et bien payés, le roi dissuadait d'éventuels prédateurs de s'attaquer aux Deux Terres, dont la richesse faisait beaucoup d'envieux. Et il avait pu entreprendre une importante réforme juridique, sans oublier d'instaurer un impôt nominatif sur le revenu auquel aucun Égyptien n'échapperait. L'entretien d'une machine de guerre dissuasive coûtait fort cher, et la réduire aurait été une erreur grave.

Amasis continuait à se méfier de Mitétis, la fille du défunt pharaon Apriès, mariée au riche Crésus, devenu le chef de la diplomatie perse. Ami de l'Égypte, ce dernier prônait la paix, mais son épouse ne ressentait-elle pas une haine tenace envers Amasis, qu'elle accusait d'avoir assassiné son père ? Lors de leur dernière rencontre officielle à Saïs, Mitétis avait promis d'oublier le passé. Émouvante sincérité ou mensonge diplomatique ?

Au milieu de la matinée, Hénat apporta au roi une pile de dossiers à lire.

— Quoi d'important ?

— Seulement une lettre de Crésus.

— Rassurante ?

— Il nous propose d'abaisser certaines taxes douanières afin de favoriser le développement des échanges commerciaux entre l'Asie et l'Égypte. Idée intéressante, à examiner de près. Ne nous dépouillons pas de nos prérogatives et ne détruisons pas notre système de protection. Si vous en êtes d'accord, nous pourrions lui accorder quelques miettes, examiner les résultats puis rediscuter.

— Entendu, répondit le roi en parcourant l'ensemble des rapports.

Capable d'une brève mais intense concentration, Amasis

voulait être tenu au courant de tout, notamment de la moindre initiative de ses ministres. Habitué à lire vite et à repérer l'essentiel, le monarque ne déléguait qu'en apparence, même s'il négligeait parfois certains détails.

— La réorganisation du service des interprètes avance-t-elle ?

— J'ai deux nouveaux candidats à vous proposer, Majesté. Ils parlent plusieurs langues asiatiques et ont séjourné dans nos protectorats. Après examen attentif de leur dossier, je n'ai rien décelé d'inquiétant.

— Les as-tu interrogés ?

— Longuement.

— Présente-les-moi demain, et je te donnerai ma décision. Des nouvelles de nos agents en Perse ?

— Des messages codés selon la procédure habituelle.

— Informations rassurantes ?

— Elles corroborent les dires de notre grand ami Crésus. L'empereur Cambyse semble oublier tout désir de guerre et de conquête territoriale pour se consacrer à l'économie et au commerce.

— Tu parais sceptique !

— C'est la base de mon métier, Majesté.

— Quels indices t'incitent à douter ?

— Honnêtement, aucun. Je n'en demeure pas moins vigilant. Le volume de nos transactions commerciales avec la Perse a bel et bien augmenté, et nos échanges diplomatiques s'amplifient.

— J'espère qu'il ne s'agit que d'un début.

Accompagné d'ambassadeurs grecs chargés de cadeaux, le général en chef Phanès d'Halicarnasse demanda audience.

Le roi les reçut dans la grande salle à colonnes du palais de Memphis et les salua chaleureusement un par un.

Jamais les relations entre l'Égypte et ses alliés grecs n'avaient été meilleures. La reine offrit un somptueux banquet aux diplomates et, jusqu'au milieu de la nuit, on parla poésie et musique en comparant les traditions culturelles. Les Grecs étaient ivres depuis longtemps lorsque Amasis fit apporter une jarre datant de l'an 1 de son règne.

— Permettez-moi de goûter ce vin le premier, suggéra Phanès d'Halicarnasse à voix basse.

Le souverain fut étonné.

— Que crains-tu ?

— La fête est réussie, l'atmosphère détendue, l'amitié règne… Un guerrier doit se méfier de ces moments-là.

— Redouterais-tu…

— Je préfère vérifier.

— Pas toi.

Amasis se tourna vers le plus âgé des ambassadeurs grecs.

— Me ferez-vous le plaisir d'estimer la qualité de ce cru exceptionnel ?

— C'est un immense honneur, Majesté !

Le diplomate fut ébloui.

— Je m'y connais en vin… Exceptionnel, en effet !

Les invités d'Amasis apprécièrent ce nectar que le pharaon savoura en dernier.

Au terme de cette belle soirée, Amasis fit trois annonces : d'abord, il créait des centaines de postes de mercenaires dans les garnisons du Delta et de Memphis ; ensuite, les troupes d'élite grecques seraient exonérées d'impôts ; enfin, la solde serait une nouvelle fois augmentée.

Ces décisions soulevèrent l'enthousiasme.

Et le roi fit déboucher une nouvelle jarre afin de fêter les liens renforcés entre l'Égypte et ses alliés.

La puissance militaire ainsi formée découragerait tout agresseur éventuel, à commencer par les Perses.

12.

En compagnie de Vent du Nord, chargé de légumes achetés sur un marché de la vieille ville, Kel repéra la maison de bière que fréquentait le mercenaire grec qui avait participé à l'enlèvement de Nitis.

L'endroit était animé. De nombreux clients, en majorité des Grecs, franchissaient le seuil de l'établissement où l'on pouvait boire de la bière forte, rire et plaisanter à loisir, et surtout profiter des charmes de Libyennes, de Syriennes et de Nubiennes s'ornant volontiers de tatouages, caractéristique des femmes de mauvaise vie.

En peu de temps, le scribe nota le passage de deux rondes de police. À la moindre rixe, les forces de l'ordre intervenaient et appréhendaient les querelleurs.

Alors qu'il s'éloignait, une vingtaine de policiers armés de gourdins et accompagnés d'une compagnie d'archers envahirent le quartier.

Stupéfaites, les ménagères cessèrent de discuter au milieu des ruelles, rentrèrent les enfants et fermèrent portes et volets. Les vendeurs ambulants et les badauds, eux, furent pris dans la nasse, ainsi que les clients des auberges, des tavernes et des lieux de plaisir.

Aucun quartier de Memphis n'échapperait à la gigantesque opération de contrôle ordonnée par le juge Gem.

Sentant les archers prêts à tirer, le scribe n'esquissa pas de mouvement de fuite. La parfaite immobilité de Vent du

Nord, oreilles basses, l'enjoignait à ne pas bouger, même si ses nerfs étaient à vif.

D'ici peu, il serait entre les mains des accusateurs et perdrait la liberté à jamais. Nitis enlevée, lui condamné à mort... leur bonheur n'avait été qu'un rêve très bref.

Un gradé à l'œil mauvais s'approcha de Kel.

— Ton nom ?

— Bak.

— Qui t'emploie ?

— Lèvres-douces, la boulangère. Je vais chercher de la nourriture pour sa maisonnée et je la livre au cuisinier.

— Je lui achète du pain, à cette boulangère, et je ne t'ai pas remarqué à sa boutique.

— Normal, je ne me rends qu'à son domicile.

— Où se trouve-t-il ?

Kel donna les précisions nécessaires.

— Tu reviens du marché ? demanda le policier, toujours soupçonneux.

— En effet.

— Alors, ton âne transporte de la nourriture.

— Exact.

— Ouvre les paniers.

Kel s'exécuta.

À la vue des légumes, le gradé parut déçu.

— L'un de mes hommes va t'accompagner chez la boulangère et vérifier tes dires.

La catastrophe.

Kel était le domestique de Bébon, pas celui de Lèvres-douces. Elle nierait le connaître, parlerait de son amant, et la police arrêterait les deux amis.

— Allons-y, ordonna le solide gaillard préposé à la surveillance du livreur.

Le scribe n'aurait pas la force de se débarrasser de lui.

Armé d'un lourd bâton et d'une épée courte, l'adversaire le terrasserait aisément.

Conscient de la gravité de la situation, Vent du Nord traînait les pattes. Et le trio ne cessait de croiser soldats et policiers, déployés dans toute la ville afin d'interroger un maximum de suspects.

L'âne prendrait-il une mauvaise direction, tenterait-il d'égarer leur gardien ? Le bonhomme s'en apercevrait et interviendrait brutalement.

Alors que le scribe cherchait désespérément une solution, des cris fusèrent.

Deux soldats hélèrent le policier.

— Un fuyard ! Viens avec nous, rattrapons-le !

— J'ai des ordres, je...

— On les change, urgence absolue !

Le policier obéit.

Soudain libres, Kel et Vent du Nord s'élancèrent en direction de la demeure de Lèvres-douces. Il fallait prévenir Bébon au plus vite et quitter cet abri devenu un piège.

***

Le juge Gem avait frappé fort. Ne supportant pas de voir la justice bafouée par un meurtrier insaisissable, il s'était acharné à organiser une vaste opération de police, en espérant un résultat spectaculaire.

Si le scribe Kel et ses éventuels complices se cachaient à Memphis, ils n'échapperaient pas à cette rafle ou à la dénonciation des habitants qu'affolait le déploiement de forces. Enfin, les langues se délieraient, et personne n'oserait abriter un criminel recherché avec autant de détermination.

Au terme de cette journée animée, les responsables de

l'opération se présentèrent devant le juge Gem. Ils confièrent à un général d'infanterie le soin d'être leur porte-parole.

— Résultats positifs. Aucune bavure et de nombreuses arrestations : une vingtaine de voleurs, dont cinq récidivistes, des étrangers en situation douteuse, des asociaux tentant d'échapper à la corvée, des pères de famille indignes refusant de verser une pension alimentaire et des vendeurs ambulants non soumis à l'impôt. Quelques délinquants ont vainement tenté de s'enfuir.

— Excellent, estima le juge, morose. Avez-vous arrêté le scribe Kel ?

— Malheureusement non.

— Des informations le concernant ?

— Pas la moindre.

— Et la prêtresse Nitis ?

— Même constat. Mais votre initiative est un brillant succès, juge Gem. La pègre de Memphis ne se sent plus en sécurité et nous sait capables d'intervenir à tout instant. Grâce à vous, son moral est au plus bas et celui des forces de l'ordre au plus haut.

— Félicitez vos soldats et les policiers, général.

Les gradés se retirèrent.

Seul, Gem se demanda comment il présenterait ce cuisant échec au chancelier Oudja. Une seule solution : la vérité, assortie de sa démission. Après un tel impair, le vieux juge ne pouvait pas rester en fonction.

Tant d'affaires résolues, tant de procès menés à bon terme, tant de coupables mis sous les verrous... Et ce scribe assassin le narguait en mettant une fin honteuse à sa carrière ! Non, Gem ne sombrerait pas ainsi.

Au lieu de s'humilier, il soulignerait l'aspect positif de cette vaste opération de police et en tirerait les conclusions : soit Kel avait quitté Memphis, soit il disposait d'un énorme réseau de complicités capable de mettre l'État en péril.

Le papyrus codé découvert dans la chapelle de Khéops demeurait indéchiffrable. Et pas trace du casque d'Amasis.

L'existence de ce texte semblait plaider en faveur du scribe... Mais il s'agissait plutôt d'un leurre !

Trop de zones d'ombre subsistaient.

Fort de son expérience et de sa persévérance, le vieux juge mènerait ce combat jusqu'au bout. Ce serait sans doute le dernier, mais il terrasserait le monstre qui menaçait son pays.

13.

Par bonheur, Bébon se trouvait chez Lèvres-douces. Sortant d'une longue sieste, il ne se doutait pas du gigantesque déploiement de forces destiné à capturer son ami.

Kel livra les légumes au cuisinier.

— J'ai un message pour l'hôte de la patronne.

— Je vais le prévenir.

Le comédien ne tarda pas. Kel lui exposa la situation.

— As-tu repéré la maison de bière ?

— Oui, mais elle est inaccessible !

— Pas de panique, policiers et soldats rentreront bientôt dans leurs casernes. Nous ferons une tentative au milieu de la nuit.

— Je ne peux pas rester ici !

— Au contraire, personne n'ira te chercher à l'écurie. Moi, j'attends le retour de Lèvres-douces, nous dînons, j'honore mes devoirs d'amant, je regagne ma chambre, je m'échappe par le toit et je passe te prendre.

— Et si la ville est toujours quadrillée ?

— Nous aviserons.

Vent du Nord ne manifestant pas d'inquiétude, Kel s'allongea sur la paille et patienta. Au moindre danger, l'âne l'alerterait.

Nitis vivait encore, le scribe en était certain. Il ressentait son angoisse et son appel, et le temps jouait contre eux.

Enfin, Bébon apparut.

— Allons-y. Lèvres-douces me croit endormi, le quartier me paraît calme. S'il reste trop de policiers, nous battrons en retraite.

— Pour aller où ?

— On verra. Libérer Nitis n'est-il pas notre priorité ?

Piqué au vif, Kel bondit hors de l'étable.

— Doucement ! recommanda Bébon.

Vent du Nord avait déjà pris la direction de la maison de bière, en choisissant le plus court chemin.

Vu son allure, pas de danger.

Les policiers et les soldats s'étaient effectivement retirés, redonnant à la ville sa tranquillité et sa joie de vivre. Soulagés, les habitants sortaient de chez eux et discutaient de cette journée particulière. Chacun émettait son avis, et les critiques se faisaient virulentes.

À l'approche de la maison de bière, l'âne ralentit l'allure.

Tous les sens en alerte, Kel et Bébon examinèrent les alentours.

Pas de policiers à l'affût.

— Mettez-vous à l'angle de la ruelle, recommanda le comédien. Je vais me renseigner.

Bébon frappa à la porte de la maison de bière.

Elle s'ouvrit lentement, une tête de Nubien apparut.

— Tu veux quoi ?

— Boire et m'amuser.

— Tu es seul ?

— Trop seul.

— Tu peux payer ?

— Je connais les prix.

Le Nubien scruta la ruelle.

— Entre.

La grande salle était pleine de fêtards, la plupart ivres.

— Guigua est-elle libre ? demanda Bébon au Nubien.

— Pas de chance, mon brave ! La petite se trouve entre de bonnes mains.

— Celles de mon ami Palios, je parie !

— Ah, tu le connais ?

— Un sacré gaillard, ce Grec ! Donne-moi à boire, je l'attends. Et c'est lui qui paiera.

— Pas de fille pour le moment ?

— On verra après.

Confortablement installé, Bébon sirota de la bière.

Une demi-heure plus tard apparut un couple formé d'une jolie brune et d'un costaud à l'allure martiale. Il embrassa la fille de joie, vida une coupe d'alcool de dattes et se dirigea vers la porte.

Bébon se porta vivement à sa hauteur et, de la pointe de son couteau, piqua le flanc du mercenaire.

— On sort ensemble, Palios. Si tu résistes, je te tue.

Fatigué, la tête vide, le Grec obéit.

Kel lui sauta à la gorge, Vent du Nord l'écrasa contre le mur de la maison de bière.

— Parle, ordure ! Où as-tu conduit la prêtresse Nitis ?

— Éloignons-nous, recommanda Bébon.

Le trio emmena son prisonnier dans une ruelle obscure.

— Vous vous trompez, protesta mollement Palios.

— Tu es bien mercenaire ?

— Oui, mais…

— Et tu as bien enlevé une femme avec l'aide d'autres mercenaires grecs ?

— Non, je suis innocent !

Le Grec tenta de s'enfuir.

D'une ruade au bas des reins, Vent du Nord le fit tomber face contre terre. Bébon l'immobilisa et passa sa lame sur sa nuque.

— Si tu mens, je te découpe en morceaux ! Et je suis pressé, très pressé.

— C'est un ordre, on m'a obligé !

— Qui a donné cet ordre ?

— Je l'ignore. Moi, je me contentais d'obéir au chef de groupe !

— Son nom ?

— Je l'ignore aussi.

— Tu te moques de moi, Palios !

— Je vous jure que non ! Mes collègues, je ne les avais jamais vus auparavant.

— Comment avez-vous agi ? demanda Kel.

— On a intercepté la fille au bas de la passerelle de l'*Ibis*.

— Nitis n'est pas une fille, s'insurgea Kel, mais la Supérieure des chanteuses et des tisserandes de Neit !

— D'accord, d'accord ! Je n'en savais rien, moi. Chez les mercenaires, on exécute une mission sans discuter les ordres.

— Où l'avez-vous emmenée ?

— À une grande villa, au sud de la ville.

— Allons-y ! exigea Bébon.

— Je ne peux pas, je dois rentrer à la caserne !

La pointe du couteau grec s'enfonça dans sa nuque.

— J'ai dit : allons-y.

14.

Sous la lumière de la pleine lune, le quatuor progressait à vive allure. Soudain, Vent du Nord stoppa.

Kel comprit aussitôt.

— Tu cherches à nous égarer, Palios ! Encore un mauvais tour, et tu ne verras pas l'aube se lever.

— Comprends bien un détail, précisa Bébon : pour nous, un mort de plus ou de moins, peu importe. En nous emmenant à la bonne villa, tu as une chance de survivre.

Vaincu, la tête basse, le Grec prit le bon chemin.

Pas de policier en vue.

Au débouché d'une ruelle endormie, une somptueuse propriété que protégeaient de hauts murs. Des palmiers centenaires donnaient de l'ombre à une villa de deux étages, bâtie au cœur d'un vaste jardin.

Les oreilles dressées, Vent du Nord s'immobilisa.

— Qui habite ici ? demanda Kel au mercenaire.

— Je l'ignore. Des collègues nous attendaient à l'entrée. On leur a remis la fille, la... prêtresse, et l'on s'est dispersés.

— Comme tu ne sais rien, observa Bébon, tu deviens inutile.

— Vous aviez promis...

D'un des sacs de l'âne, le comédien sortit un chiffon qu'il enfourna dans la bouche du mercenaire, puis un cordage de bateau avec lequel il ligota solidement le kidnappeur. Kel et Bébon le déposèrent au fond d'un entrepôt de jarres.

— On finira par te retrouver, lui dit le comédien. Prends soin de garder ta langue. Sinon, les membres de notre réseau t'exécuteront. Compris ?

Le Grec cligna des yeux.

— Maintenant, préconisa le scribe, on fonce !

— Je te le déconseille, objecta son ami. À mon avis, il s'agit d'une souricière. Examinons soigneusement les lieux. Ensuite, nous envisagerons un plan d'action.

Bouillant d'impatience, Kel se rendit à la raison. Il ne voulait pas gâcher la moindre chance de délivrer Nitis.

Persuadé que des mercenaires gardaient la villa, Bébon dut reconnaître son erreur. Ni policiers ni soldats à proximité de la propriété, seulement un portier à l'abri d'un édicule en bois couvert d'une toile grossière. Ainsi le bonhomme échappait-il aux morsures du soleil.

— Trop beau pour être vrai, estima le comédien. Refaisons le tour.

L'endroit était particulièrement tranquille, à l'écart des ruelles passantes et des quartiers animés.

— Une parfaite prison, jugea Kel.

— En ce cas, les mercenaires se trouvent à l'intérieur. Combien sont-ils ?

— Débarrassons-nous du portier et entrons !

— Ce gaillard sert d'appât. Au moindre incident, une meute de Grecs nous tombera dessus.

— Alors, tentons d'escalader les murs !

— Même résultat. Il y a forcément des rondes et des guetteurs. Et nous ne saurons pas où nous diriger. Il nous faut des informations précises.

— Le portier nous les donnera.

— Sûrement pas !

— Nitis a déjà tant attendu !

— Si l'on nous tue, elle n'aura plus aucun espoir.

Une nouvelle fois, le scribe réfréna son désir de se ruer à l'intérieur de cette maudite villa.

Nitis ressentait-elle sa présence, croyait-elle encore à sa libération ?

— Même des mercenaires grecs doivent manger et boire, précisa Bébon. Autrement dit, des livreurs vont se présenter à la porte de la villa. Eux connaissent peut-être des détails importants.

— Et s'ils ne savent rien ?

— Montre-toi optimiste !

La patience de Kel fut mise à rude épreuve.

Enfin, un porteur d'eau !

Il échangea quelques mots avec le portier qui le laissa pénétrer à l'intérieur de la propriété d'où il ressortit presque aussitôt.

Kel et Bébon l'interpellèrent dans une ruelle voisine pendant que Vent du Nord montait la garde.

— On a soif, dit le comédien.

— Désolé, j'ai tout vendu.

— Aux gens de la grande villa ?

— Exact.

— Ce sont des Grecs, non ?

— Je l'ignore. Je remplace mon patron, malade, et je connais mal le quartier.

Le scribe et son ami reprirent leur poste d'observation.

Arriva un livreur de galettes chaudes fourrées aux pois chiches. Lui aussi fut autorisé à franchir le seuil.

Kel l'aborda peu après sa sortie, hors de la vue du portier. Bébon se tint en retrait, s'assurant qu'on ne les suivait pas.

— J'aurais aimé une galette.

— Il ne m'en reste plus. Non loin d'ici, tu trouveras plusieurs marchands.

— Ces Grecs ont vraiment de la chance !

Le marchand parut étonné.

— Je ne comprends pas…

— Tu leur as vendu toutes tes fameuses galettes ! Et ces Grecs-là doivent être très riches pour occuper une si belle villa.

Le marchand se détendit.

— Ah, tu te trompes complètement ! Le propriétaire de cette villa n'est pas un Grec.

— Connais-tu son nom ?

— Il s'agit du ministre des Finances, Péfy. Son personnel me paye bien. D'après la quantité de galettes, il y a au moins une dizaine de serviteurs. Bonne journée, l'ami.

15.

Toujours d'une élégance remarquable, maquillée à la perfection, se contentant d'un collier de lapis-lazuli et de bracelets en or, la reine Tanit organisa un banquet le soir même du retour de la cour à Saïs, la cité du Delta devenue la capitale de la XXVIe dynastie. Le pharaon Amasis appréciait ces moments de détente qui lui faisaient oublier les devoirs de sa charge. Certes, il buvait trop et se livrait parfois à de regrettables fantaisies ; néanmoins, il continuait à tenir le gouvernail d'une main ferme et à poursuivre ses objectifs : prospérité économique, alliances avec les royaumes et les principautés grecs, renforcement de la puissance militaire égyptienne.

— Vous êtes ravissante, constata Amasis. Moi, je souffre de nouveau d'une effroyable migraine.

— N'avez-vous pas oublié de prendre les remèdes prescrits par Oudja ?

— Possible... Je leur préfère un vin blanc léger et fruité, capable de dissiper tous les maux.

— La cour est enchantée de notre retour à Saïs. Memphis reste une belle ville, mais notre capitale ne présente-t-elle pas des charmes incomparables ?

— Et elle n'a pas fini de grandir, je vous l'assure ! Ici, désormais, se jouera le sort du monde. Memphis continuera d'être un centre économique, et Thèbes un conservatoire de traditions désuètes.

— La Divine Adoratrice ne jouit-elle pas d'une grande popularité ?

— Notre peuple apprécie le glorieux passé de la cité du dieu Amon et se souvient de l'époque fastueuse des Thoutmosis, des Amenhotep et des Ramsès. L'avenir est ailleurs, ma chère Tanit ; désormais, il faut se tourner vers la Méditerranée et vers la Grèce. Grâce à des intellectuels comme Pythagore, nous renforcerons ses liens avec l'Égypte qui ne sera pas tenue à l'écart du progrès.

— Ce soir, à votre table, sont invités plusieurs ambassadeurs grecs.

— Excellent ! Que notre chef cuisinier se montre à la hauteur.

— Comptez sur ma vigilance.

Tout en l'admirant, le personnel de la cour connaissait la rigueur de la reine Tanit. Elle ne supportait pas les fautes professionnelles et tenait au strict respect de l'étiquette. La réputation de l'Égypte en dépendait. Et le roi Amasis se félicitait chaque jour de l'avoir à ses côtés. Tanit n'avait-elle pas réussi à dompter Mitétis, l'épouse de Crésus, chef de la diplomatie perse, et surtout fille de son malheureux rival Apriès, détrôné par Amasis ?

En apaisant les ressentiments de cette lionne, Tanit s'était révélée parfaite négociatrice.

— Avant ce banquet, déplora le roi, j'ai quantité de tâches ennuyeuses à remplir.

Tanit sourit.

— La prospérité des Deux Terres en dépend.

Les époux se séparèrent, et Amasis reçut le juge Gem.

— Malgré des résultats non négligeables, estima le haut magistrat, la vaste opération de police organisée à Memphis ne m'a pas permis d'arrêter le scribe Kel. Certes, la sécurité s'en trouve améliorée et la criminalité sera fortement réduite. J'ai mis sous les verrous des individus dangereux et obtenu une certitude : Kel a quitté la ville et tente de gagner le Sud. S'il réussit à franchir la frontière d'Éléphantine, il se réfugiera en Nubie et tentera de soulever une tribu contre vous.

— As-tu pris les mesures indispensables ?

— J'ai demandé au général Phanès d'Halicarnasse et au chef des services secrets, Hénat, de mettre leurs effectifs en état d'alerte permanente. De mon côté, j'ai ordonné à toutes les polices du royaume de redoubler de vigilance. Les voies terrestres et le fleuve n'auront jamais été aussi étroitement surveillés. Je ne vois pas, Majesté, comment une insurrection pourrait prendre corps.

— Pourtant, ce maudit scribe nous file entre les doigts, et mon casque demeure introuvable !

— Puisque vous m'accordez votre confiance, je me montrerai à la hauteur de ma tâche, et je vous ramènerai cet assassin mort ou vif. Son intelligence ne triomphera pas de ma patience.

— Grâce à la nomination d'un nouveau grand prêtre de Neit, moins rétif que le précédent, le temple de Neit nous est désormais grand ouvert, annonça Amasis, et il ne servira plus d'abri à des contestataires. Entreprends une nouvelle fouille approfondie, juge Gem. Peut-être aurons-nous de bonnes surprises.

— Une fouille… vraiment approfondie ?

— N'épargne aucun édifice.

— Même les chapelles des tombes royales ?

— J'ai dit : aucun.

Le magistrat sembla embarrassé.

— La disciple du grand prêtre défunt a disparu, Majesté. Pas d'indices, pas de témoins.

— Disparition… ou fuite ?

— En dépit de l'absence de preuves concrètes, l'attitude de cette Nitis, une jeune femme remarquable promise à une brillante carrière, m'a toujours paru suspecte. Si l'on estime que son maître a protégé le scribe Kel d'une manière ou d'une autre, elle lui a obéi aveuglément.

— Devenue complice d'un criminel, l'aurait-elle rejoint ?

— Telle est ma conviction, Majesté.

— Étrange démarche ! N'était-elle pas Supérieure des chanteuses et des tisserandes de la déesse Neit ?

— Certes, mais la nomination d'un nouveau grand prêtre l'a convaincue qu'elle serait bientôt démise de ses fonctions et ramenée à un rang subalterne. À mon avis, il existe une explication déterminante à cette curieuse disparition.

— Laquelle, juge Gem ?

— Une sinistre histoire d'amour, Majesté.

— Nitis tombée amoureuse du scribe Kel ?

— Et réciproquement, à moins qu'il ne l'utilise comme alliée pour se déplacer et se cacher. Nous recherchons un homme seul, pas un couple.

— Explication convaincante ! estima le roi. Distribue de nouvelles consignes.

— C'est déjà fait, Majesté. L'habileté de Kel ne repose pas sur le hasard, mais sur une aide efficace et discrète. En voilà sans doute l'un des aspects. S'il en existe d'autres, je les découvrirai.

— Je te renouvelle ma confiance, juge Gem.

Le vieux magistrat avait rajeuni. Il redevenait un chasseur impitoyable, patient et perspicace, auquel les plus rusés des délinquants n'échappaient pas. Oubliant les honneurs, les titres et le confort d'une existence douillette, il retrouvait l'énergie et la férocité du jeune enquêteur désireux de faire appliquer la justice et de combattre le mal. Heureusement surpris, Amasis sut que les jours du couple de fuyards étaient comptés.

16.

Kel et Bébon demeuraient abasourdis.

Ainsi, ils connaissaient le nom du chef des comploteurs, celui qui avait donné l'ordre d'anéantir le service des interprètes et n'hésitait pas à recourir au meurtre pour satisfaire ses ambitions : Péfy, le ministre des Finances !

Administrateur de la Double Maison de l'argent et de l'or, Directeur des champs et Supérieur des rives inondables, ce haut dignitaire gérait l'économie égyptienne et donnait toute satisfaction au roi Amasis.

— Péfy a servi Apriès, le prédécesseur du pharaon actuel, rappela Bébon. Peut-être lui est-il resté fidèle et désire-t-il se venger en prenant à son tour le pouvoir. L'âge et la richesse n'éteignent pas forcément l'ambition.

— D'après Nitis, précisa Kel, le ministre Péfy connaissait bien ses parents. Il a facilité son entrée au temple de Neit. Elle le considérait comme un protecteur et n'a donc pas discerné le piège qu'il lui tendait ! Et c'est Péfy qui m'avait invité au banquet au cours duquel, selon ses instructions, j'ai été drogué afin de dormir trop longtemps, d'arriver en retard au bureau des interprètes et de devenir ainsi un assassin aux yeux de la justice.

— Détail supplémentaire : Péfy se rend souvent à Abydos où séjourne une garnison de mercenaires grecs ! Il y a probablement recruté les kidnappeurs.

Le jeune scribe bouillait de colère et d'impatience.

— Ce monstre a commis une erreur fatale en s'attaquant à Nitis, décréta-t-il. Maintenant, je sais comment la libérer.

Redoutant le pire, Bébon se mordilla les lèvres.

— D'abord, retrouver Péfy en espérant qu'il n'a pas quitté Memphis ; ensuite, l'enlever et l'échanger contre Nitis. Après, nous aviserons.

— Sauf ton respect, ce plan me paraît insensé et irréalisable.

— Rendons-nous immédiatement au palais.

Conformément à son habitude, Vent du Nord choisit le plus court chemin et, vu l'urgence de la situation, hâta l'allure.

Kel se présenta au premier poste de garde.

— Je viens d'Abydos, déclara-t-il avec un calme qui le surprit lui-même, et je dois remettre un message en mains propres au ministre Péfy.

Impressionné par l'allure et le sérieux du scribe, la sentinelle ne traita pas l'affaire à la légère.

Non loin, Bébon était rongé d'inquiétude.

Cette démarche ne semblait-elle pas suicidaire ? Si un soldat identifiait Kel, ce serait la ruée !

Mastiquant de la luzerne, Vent du Nord paraissait serein.

Le comédien vit un gradé arriver, pénétré de son importance. Kel et lui discutèrent longuement, sans animosité apparente. Puis le scribe s'éloigna, d'un pas tranquille. Personne ne l'interpella.

— Nous allons au port, annonça-t-il au comédien. Le bateau du ministre Péfy s'apprête à partir de Memphis. Il nous reste une chance de l'intercepter.

— Impossible ! Une kyrielle de gardes assure sa protection.

— Nous verrons bien.

L'âne accepta d'interrompre son repas et choisit un itinéraire dégagé.

Bébon ne se trompait pas.

L'accès à l'embarcadère officiel était impossible. Seul le personnel autorisé pouvait franchir les barrages militaires.

Les marins d'un magnifique bâtiment préparaient l'appareillage. Au centre, une vaste cabine dont le décor, composé de fleurs et de damiers, ravissait le regard.

— Le bateau de Péfy, commenta Bébon. Malheureusement inaccessible.

— Donne-moi le couteau grec.

— Qu'as-tu encore imaginé ?

— Trop de soldats sur le quai, d'accord. Mais il reste le fleuve. Et je suis un excellent nageur.

— Ou bien tu te noieras, ou bien les archers t'abattront en te voyant monter à bord !

— Aucun ne surveille le côté bâbord de la cabine. Donne-moi le couteau.

— Renonce, Kel, c'est de la folie !

Le regard du scribe était si impérieux que Bébon fut contraint de s'exécuter.

— Ne bouge pas d'ici. Nous emmènerons Péfy à la villa et libérerons Nitis.

Interloqué, le comédien regarda son ami s'éloigner, pensant qu'il ne le reverrait pas vivant. Nager longtemps sous l'eau ne serait pas facile, atteindre le bateau du ministre sans être repéré frisait l'exploit, grimper à bord relevait du miracle. Quant à la suite éventuelle, elle sombrait dans l'impossible !

Jamais Péfy n'accepterait de suivre Kel. Il alerterait les soldats, et le scribe, incapable d'égorger un homme, serait abattu.

Vent du Nord et Bébon gardèrent les yeux fixés sur le bateau. L'équipage commençait à hisser les voiles, on embarquait de la bière et de la nourriture, le capitaine s'adressait aux rameurs.

Le comédien regretta de ne pas avoir retenu son ami. Mais comment le raisonner ? Son amour fou effaçait le sentiment du danger, et Kel préférait mourir en tentant de délivrer Nitis plutôt que d'accepter la réalité.

Ils n'étaient pas de taille à lutter contre des mercenaires grecs et un ministre doté de pouvoirs étendus.

Un instant, Bébon songea à semer la confusion en hurlant des propos incompréhensibles. Il attirerait quelques gardes, on l'arrêterait, et Kel poursuivrait sa tentative insensée. Drôle de bonhomme, en vérité ! En apparence maître de lui, pondéré, taillé pour les hautes fonctions administratives, et capable d'un amour immense qui le transformait en aventurier.

Soudain, il le vit !

D'un coup de reins digne d'un athlète, Kel escalada une véritable muraille et, s'aidant d'un cordage, parvint à gagner le pont.

Aucune réaction, ni à bord ni sur le quai.

Personne n'avait remarqué l'intrus.

Accroupi, le jeune homme hésita un instant. Il fallait à présent traverser un espace découvert et foncer vers la porte de la cabine en espérant qu'elle n'était pas fermée de l'intérieur.

— Renonce, murmura Bébon. Renonce et reviens !

Kel s'élança.

L'effet de surprise fut total.

Marins et soldats aperçurent une sorte de fauve, plus rapide qu'un chacal, s'engouffrer dans la cabine du ministre.

Le temps d'intervenir, elle s'était déjà refermée.

Assis, occupé à consulter un papyrus comptable, Péfy sursauta.

Le scribe brandit son couteau.

— Qui… qui êtes-vous ?

— Mon nom ne doit pas vous être inconnu : Kel, l'assassin officiel des interprètes.

On frappait des coups violents à la porte.

— Dites-leur de ne pas intervenir, Péfy. Sinon, je vous égorge immédiatement.

— Restez tranquilles ! ordonna le ministre d'une voix forte. Tout va bien.

— Vous en êtes sûr ? s'inquiéta le capitaine.

— Obéissez et attendez mes instructions.

Le vacarme cessa.

— Que voulez-vous ? demanda Péfy dont le regard ne vacillait pas.

— Vous ne vous en doutez pas ?

— Expliquez-vous.

— Je connais votre rôle exact, Péfy. Vous allez m'aider à libérer la prêtresse Nitis. Si vous refusez, je vous tue.

17.

Imperturbable, le ministre des Finances fixa son agresseur.

— Ainsi, vous êtes bien un assassin.

— Je n'ai encore commis aucun crime. Vous, en revanche, avez ordonné un massacre.

— Vos preuves ?

— L'enlèvement et la séquestration de la prêtresse Nitis.

— La Supérieure des chanteuses et des tisserandes de Neit ?

— Elle-même.

— Vous divaguez, mon garçon !

— Inutile de nier, Péfy. J'ai retrouvé la trace des mercenaires grecs qui l'ont enlevée et je sais qu'elle est détenue dans votre somptueuse villa de Memphis.

Le ministre parut troublé.

— Absurde ! J'éprouve une grande estime pour cette femme remarquable et je suis fier de l'avoir aidée à vivre sa vocation. Le grand prêtre défunt espérait qu'elle lui succéderait, mais le roi en a décidé autrement. Regrettable erreur, à mon avis. Tôt ou tard, elle sera réparée.

— Trêve de beaux discours, Péfy ! Vous ne songez qu'à renverser Amasis et à prendre sa place. Aussi avez-vous conçu un plan diabolique en me choisissant comme parfait coupable ! J'aurais dû être arrêté, jugé rapidement et condamné à mort. Et me voici libre, face à vous. Vous attaquer à Nitis fut stupide. Vous me transformez en prédateur impitoyable.

— Seriez-vous... amoureux d'elle ?

— Nous sommes mariés.

— Nitis, épouse d'un assassin ! À moins... à moins que vous ne soyez innocent et qu'elle s'acharne à le prouver !

— N'essayez pas de jouer au plus fin. Nous nous rendons ensemble à votre villa, et vous ordonnez aux mercenaires grecs de la libérer. Sinon, je vous le répète, je vous tue.

— Vous vous trompez, Kel. Je n'ai ni fomenté un complot contre le pharaon ni organisé l'enlèvement de Nitis.

— Je m'attendais à ce mensonge. Ne misez pas sur ma naïveté, Péfy. En m'invitant à votre banquet, moi, un jeune scribe novice qu'un médecin a drogué selon vos instructions, vous pensiez parvenir à vos fins, sans supposer que j'échapperais au juge Gem, votre complice.

— Vous le connaissez mal ! Il a consacré son existence à rechercher la vérité et à châtier les coupables. Personne, pas même le roi, ne réussirait à l'influencer.

— Vous continuez à me considérer comme un simple d'esprit !

— Au contraire, je m'interroge. Seriez-vous victime d'une effroyable machination ?

— Très habile, ministre Péfy ! Vos doutes et votre compassion me bouleversent.

— Réfléchissez, Kel. Je suis âgé, riche et respecté, et j'ai fidèlement servi le pharaon pendant de longues années. Bientôt, il me remplacera. Et mon unique souci, aujourd'hui, consiste à restaurer le temple d'Abydos et à célébrer le culte d'Osiris. La maison de la mort, la demeure d'éternité, n'appartient-elle pas à la vie ? Je n'approuve pas la politique d'Amasis, trop favorable aux Grecs, et je ne cache pas mes opinions. Le pouvoir et la politique ne m'intéressent plus, l'Égypte prend un mauvais chemin, et je n'ai pas la capacité de m'y opposer. Grâce à ma position et à ma fortune, j'encourage les artisans qui s'inspirent de l'âge d'or des pyramides et maintiennent la tradition. Si le roi ne réclame pas ma démission, je la lui donnerai et me retirerai en Abydos, auprès d'Osiris. Voilà ma véritable ambition.

Désorienté, Kel serra son couteau.

— Vous tentez de me charmer, à la manière d'un magicien ! Abydos abrite une caserne de mercenaires grecs que vous avez engagés pour enlever Nitis.

— Amasis exige leur présence dans un maximum de localités, grandes ou petites. D'après lui, la sécurité des Deux Terres est à ce prix.

— En douteriez-vous ?

— Je gère les finances du pays et son agriculture, non sa stratégie défensive.

Le ministre se leva.

— Afin de vous démontrer mon innocence, rendons-nous à la villa.

— Enfin, vous avouez ! Au moindre geste déplacé, au moindre appel au secours, je vous poignarde.

— Je vous confie une palette de scribe, et vous marcherez deux pas derrière moi. Sur le nom de Pharaon, je vous jure de ne pas vous livrer à la police.

Ce serment ébranla le jeune homme. Péfy connaissait les conséquences d'une violation de la parole donnée : âme déchiquetée par les démons et condamnée au néant. Le ministre était-il assez cynique et pervers pour s'en moquer ?

Il lui donna une palette.

Kel l'accepta.

— Pendant le séjour du gouvernement à Memphis, expliqua Péfy, je ne me suis pas rendu à ma villa et j'ai habité l'un des appartements de fonction du palais. Si des événements anormaux se sont produits chez moi, nous le découvrirons ensemble.

Le ministre semblait sincère.

Tendait-il un nouveau piège ?

— Allons-y, décida Kel.

Péfy ouvrit la porte.

Face à lui, le capitaine, des marins et des soldats. Un mot, un signe du ministre, et Kel était abattu.

— Tout va bien, confirma le haut dignitaire.

— Cet homme... Pourquoi s'est-il engouffré dans votre cabine ? demanda le capitaine.

— C'est un émissaire d'Abydos en proie à de graves menaces de la part d'une bande de malfaiteurs. Il tenait à m'avertir personnellement et redoutait d'être intercepté. Je l'emmène à ma villa afin d'y consulter des documents. Notre départ sera donc retardé.

— Quand comptez-vous revenir ?

— Le plus tôt possible.

— Désirez-vous une escorte ?

— Ce ne sera pas nécessaire.

Estomaqué, Bébon vit le ministre des Finances descendre lentement la passerelle, suivi d'un scribe portant une palette.

Kel paraissait libre de ses mouvements.

— Incroyable, murmura le comédien. Il ne menace même pas son otage ! Que lui a-t-il raconté ?

Méfiant, Bébon s'attendait à une intervention des forces de l'ordre.

Le ministre et le scribe passèrent à quelques pas de lui et de Vent du Nord, qui joua à la perfection les indifférents.

Pas de suiveur.

Le comédien et l'âne prirent le duo en filature, à bonne distance. Si des policiers tentaient d'arrêter Kel, ils interviendraient.

Mais aucun incident ne se produisit.

Et le ministre, accompagné du scribe, atteignit sa belle villa où Nitis était retenue prisonnière.

18.

D'une main ferme, Péfy secoua le portier, assoupi.

— Seigneur ! C'est vous ? Je vous croyais parti.

— Et tu en profitais pour paresser et ne plus surveiller ma maison.

— Ne pensez pas ça ! Un simple moment de fatigue.

— Des incidents à signaler ?

— Non, non, pas le moindre !

— Une jeune femme a été amenée ici, intervint Kel, impatient, et des mercenaires grecs la retiennent prisonnière.

Le portier ouvrit des yeux ébahis.

— Qu'est-ce que vous racontez ?

— Ne mens pas, je suis au courant de tout !

L'employé regarda son maître.

— Seigneur, cet homme a perdu l'esprit !

— D'après toi, personne ne s'est introduit chez moi en mon absence.

— Personne, à l'exception de l'équipe de ménage qui travaille chaque matin, selon vos instructions, et de votre intendant, chargé de vérifier le parfait état des lieux.

— Entrons, proposa le ministre, et interrogeons-le.

L'intendant, un maigrichon aux yeux noirs, vint à la rencontre des arrivants et s'inclina devant son maître.

Redoutant un traquenard, Kel ne cessait de regarder autour de lui.

— Heureux de votre retour, seigneur. Dînerez-vous seul ou avez-vous des invités ?

— Nous verrons plus tard. Une jeune femme et des mercenaires grecs ont-ils séjourné ici ?

L'intendant resta bouche bée.

— Je ne comprends pas…

— Si l'on t'a menacé, avoue-le.

— Menacé… Non, certes, non ! J'ai fait mon travail, comme d'habitude, sans oublier de surveiller les jardiniers et de commander des jarres de bière.

— Pas de visite inhabituelle ?

— Aucune, seigneur !

Ressentant l'irritation et le scepticisme de Kel, Péfy l'invita à visiter la grande demeure, de la cave à la terrasse. Le scribe inspecta même les chambres et les cabinets de toilette.

Pas trace de Nitis.

— Vous avez été abusé, Kel.

— Impossible ! Le mercenaire grec avait trop peur pour inventer une fable.

— Rendez-vous à l'évidence : il cherchait à vous égarer en racontant une histoire absurde.

— Non, je continue à le croire. Vos domestiques sont complices, et c'est vous qui mentez.

Le scribe brandit à nouveau son couteau.

— Ma patience s'épuise, Péfy. Où cachez-vous Nitis ?

— Je ne l'ai pas enlevée.

À bout de nerfs, Kel devenait menaçant.

Un braiment le figea sur place.

— Ainsi, c'était un guet-apens !

— Je n'ai pas averti la police, assura Péfy.

D'une fenêtre, Kel jeta un œil au jardin.

L'âne précédait Bébon qui tenait par le col de leur tunique le portier et l'intendant, commotionnés.

— Ils tentaient de s'enfuir, expliqua le comédien. Nous avons dû les intercepter.

Étonné, le ministre sortit de la demeure, accompagné du scribe.

Une belle bosse ornait le front du portier, et l'intendant saignait du nez et de la bouche.

— Deux superbes coups de sabot, précisa Bébon. Ces domestiques-là ne semblent pas avoir la conscience tranquille.

Kel posa son couteau sur la gorge du portier.

— Parle, fripouille ! On a bien amené une jeune femme ici, n'est-ce pas ?

— Oui, oui... Mais je ne suis pas coupable ! J'ai obéi aux ordres de l'intendant.

Les yeux dans le vague, ce dernier semblait à moitié évanoui. Bébon le gifla et lui tira les cheveux.

— On se réveille, mon gars, et on répond aux questions ! Sinon, mon âne te refera le portrait.

L'intendant eut un haut-le-cœur.

— Des mercenaires grecs m'ont menacé, avoua-t-il. À ces gens-là, on ne refuse rien.

— Menacé... et payé ?

— Un peu.

— Ton patron était-il au courant ? demanda Kel en regardant le ministre Péfy.

— Non, ils ont profité de son absence pour amener ici une prisonnière et l'interroger une nuit entière.

— L'ont-ils malmenée ?

— Je l'ignore.

— Comment as-tu osé piétiner ainsi ma confiance ?

intervint Péfy dont les yeux s'emplissaient d'une colère froide.

— Seigneur, les Grecs ne me laissaient pas le choix !

— Le nom de ces mercenaires ?

— Je l'ignore !

— Où ont-ils conduit leur otage ?

— Je l'ignore aussi !

— Tu es vraiment très mal informé. Les sabots de cet âne te rafraîchiront la mémoire.

L'intendant s'agenouilla.

— Je dis la vérité, seigneur !

— Quand les mercenaires ont emmené la femme, glapit le portier, l'un d'eux a parlé de leur camp de Saqqara.

— Quoi d'autre ?

Le portier s'agenouilla à son tour.

— J'ai tout dit, seigneur !

— Toi et ton complice, disparaissez.

— On peut... on peut partir ?

— Disparaissez !

L'intendant et le portier détalèrent.

— N'auriez-vous pas dû les remettre à la police ? demanda Kel.

— Ils se tairont. Et moi, je ne veux pas être mêlé à l'enlèvement d'une prêtresse. Puisque vous avez obtenu le renseignement recherché, agissez.

— Si nous vous laissons libre, estima Bébon, vous nous ferez arrêter. À présent, vous en savez trop.

— C'est pourquoi je me tairai aussi en me gardant d'intervenir. Je doute de la culpabilité du scribe Kel, mais je n'ai pas l'intention de mener ma propre enquête et de m'immiscer au sein d'une affaire d'État qui me dépasse. Au juge Gem d'établir la vérité. Je dois retourner à Saïs et gérer au mieux l'économie égyptienne. Nous ne nous sommes jamais rencontrés.

Kel et Bébon se consultèrent du regard.

— Entendu, dit le scribe.

Le ministre Péfy s'éloigna sans hâte.

— Tu viens de commettre une erreur fatale, jugea Bébon. Chef des comploteurs ou non, il fallait l'éliminer.

19.

Nommé par le pharaon Amasis, le nouveau grand prêtre du temple de Neit ouvrit grandes les portes au juge Gem et à son équipe d'enquêteurs. Le magistrat entreprit une fouille approfondie des différents édifices composant le vaste sanctuaire, cœur sacré de la ville de Saïs, en pleine expansion.

Cette fois, il eut aisément accès aux endroits réservés, telles les cryptes et la Maison de Vie, et fut conforté dans son pressentiment : le défunt grand prêtre et sa disciple Nitis avaient aidé le scribe Kel à se cacher. Il s'agissait donc bien d'un complot auquel avait été mêlé un dignitaire religieux de premier plan. Était-il la tête pensante, entretenait-il des complicités au palais, Kel prenait-il sa suite ? De nombreuses questions restaient encore sans réponse.

Constat positif : le temple n'abritait plus un nid de conjurés, et les prêtres se cantonnaient à leurs tâches rituelles.

Gem inspecta la « maison du matin », lieu des purifications, la salle du silex où l'on conservait les objets du culte, le « château des tissus de lin », les chapelles de Neit, de Râ et d'Atoum, et le sanctuaire de l'Abeille. Là se célébraient les mystères de la résurrection d'Osiris. Au centre du naos, le coffre mystérieux contenant la momie divine.

— Ouvrez-le, ordonna Gem au grand prêtre.

Malgré sa docilité, ce dernier protesta.

— Il faut attendre la prochaine célébration, car…

— Je dispose des pleins pouvoirs.

Les mains tremblantes, le grand prêtre s'exécuta et s'écarta. Violer ainsi le secret des grands mystères provoquerait la colère des dieux.

Et leur vengeance serait terrifiante.

Gem vit ce qu'il n'aurait pas dû voir, un sarcophage en or d'une coudée contenant l'être de lumière d'Osiris, enveloppé d'un tissu qu'avaient créé Isis et Nephtys.

Aucun document concernant l'enquête.

Décomposé, le grand prêtre sollicita l'autorisation de se retirer. Mal à l'aise, le juge continua à remplir sa mission. Il en allait de la sécurité et de l'avenir du royaume.

Dernière étape : les tombes des pharaons qui avaient fait de Saïs leur capitale. Reposant à l'intérieur de l'enceinte de Neit, ils bénéficiaient de la protection de la déesse. Portiques, colonnes palmiformes, vaste salle précédant une chapelle, tombeau voûté : les demeures d'éternité des monarques ne manquaient pas de grandeur. Récemment terminée, celle d'Amasis était magnifique. Le juge Gem y pénétra à pas lents, traversa la cour et marcha jusqu'à l'oratoire.

Dotée d'une vie intense, la statue de *Ka* du monarque le contemplait.

S'inspirant des œuvres de l'Ancien Empire, le sculpteur avait su capter la puissance et la sévérité des souverains de l'âge d'or.

Le juge s'approcha.

À la mort d'Amasis, cette chapelle serait remplie d'offrandes. Chaque jour, un prêtre du *Ka* célébrerait la mémoire du défunt. Incarnée dans cette statue, son âme prendrait son envol afin de s'y régénérer puis reviendrait habiter son inaltérable corps de pierre.

Le magistrat voulut lire les textes inscrits sur le pilier dorsal.

Il se figea.

Soigneusement roulé et déposé derrière la statue, un papyrus.

Intrigué, Gem s'en empara. Pas de sceau, une simple ficelle, vite dénouée.

Et un texte totalement incompréhensible ! Des hiéroglyphes, certes tracés d'une main habile, mais dont l'assemblage ne donnait aucun sens.

Le magistrat songea aux dernières paroles qu'aurait prononcées le chef du service des interprètes, agonisant : « Déchiffre le document codé. » Venait-il de le retrouver, et ce papyrus était-il la cause du massacre ? Et l'évidence s'imposa : c'était le même texte que celui déjà en possession du juge et appartenant au scribe Kel ! Qui avait dissimulé ici l'original ? Soit le grand prêtre défunt, soit sa disciple Nitis. À leurs yeux, une certitude : personne n'oserait fouiller cet endroit. Et voilà la preuve de leur culpabilité et de leur complicité !

Le document devait resservir aux conjurés, peut-être au moment de prendre le pouvoir. Mais que contenait-il de si important ?

— Une trouvaille, juge Gem ? demanda une voix glaciale.

Le magistrat se retourna.

— J'ignorais la présence de ce papyrus, affirma Hénat. Soyez certain qu'il ne s'agit pas d'une offrande.

— Que faites-vous ici ?

— Je veille à l'achèvement de la demeure d'éternité du pharaon. Certains détails ne le satisfont pas, et nous devons atteindre la perfection.

— Sa Majesté m'a ordonné d'explorer toutes les parties

de ce temple avec l'espoir d'y découvrir un indice, expliqua le juge.

— Beau succès, reconnut le chef des services secrets.

— Oui et non. Le texte de ce papyrus est incompréhensible.

— M'autorisez-vous à tenter de le déchiffrer ?

Le juge hésita.

— Mon cher Gem, le roi nous a ordonné de coopérer. En échange de votre bonne volonté, je vous communiquerai d'intéressantes informations.

Le magistrat lui remit le document.

Au terme d'un long examen, Hénat avoua son échec.

— Incompréhensible à première vue, en effet. Un texte codé qu'il conviendrait de confier aux spécialistes du service des interprètes, si vous en êtes d'accord...

— Après l'avoir montré au roi, je le leur remettrai moi-même. Vos informations ?

— Vous aviez interrogé le ministre Péfy, me semble-t-il, et vous doutiez de son intégrité. Remarquable intuition, juge Gem. Cet excellent gestionnaire critique la politique de notre roi, trop favorable aux Grecs et au progrès technique. Aussi ai-je demandé à mes services de le surveiller discrètement.

Gem fit la moue.

— Vous auriez dû m'en parler.

— Démarche un peu illégale, je l'admets. Ne recherchons-nous pas un criminel au service de redoutables comploteurs ?

— Je n'approuve pas vos méthodes, Hénat. Violer la procédure peut entraîner de graves abus.

— Vous connaissez ma modération, ma prudence et ma fidélité à l'État. De mon point de vue, en cas de crise grave, seul le résultat compte. Or Péfy était l'ami du défunt grand prêtre de Neit, probable complice du scribe assassin. Un doute suffisant pour le considérer comme l'éventuelle tête pensante d'un groupe de comploteurs.

— Auriez-vous obtenu une preuve ?

Hénat hésita.

— Terme excessif. Néanmoins, le comportement du ministre Péfy continue à m'intriguer. Juste avant de regagner Saïs, il a retardé le départ de son bateau et s'est rendu à sa villa en compagnie d'un émissaire venu d'Abydos. Ensuite, la propriété a été fermée.

— Péfy remplit scrupuleusement ses fonctions, me semble-t-il.

— Exact, mais ne cherche-t-il pas à donner le change ? Haut fonctionnaire modèle, parfait ministre des Finances, ne tisse-t-il pas sa toile dans l'ombre ?

— Je ne dispose d'aucune charge contre lui.

— Ou bien nous sommes en présence d'un fidèle serviteur de Sa Majesté, ou bien d'un esprit diabolique capable d'aller jusqu'au crime pour assouvir son ambition. Vous n'avez pas les moyens d'agir ; moi, je peux l'observer et l'empêcher de nuire. Et j'ai besoin de votre appui moral.

— Demandons audience au roi, décida le juge.

20.

En dépit d'une sévère migraine, le pharaon Amasis écouta attentivement les rapports du juge Gem et du chef des services secrets, Hénat. À ce conseil restreint participaient la reine Tanit, le chancelier Oudja et le général en chef Phanès d'Halicarnasse.

— À la demande d'Hénat, précisa le monarque, je n'ai pas convoqué Péfy, le ministre des Finances. Vous comprenez maintenant la raison de son absence.

— Il revient à Hénat de douter de tout et de tout le monde, observa le chancelier, et je l'encourage à demeurer vigilant. Cependant, malgré l'hostilité de Péfy à l'égard des Grecs, je n'ai pas entendu d'argument décisif prouvant sa participation à un complot. Le fonctionnement de son ministère demeure exemplaire, notre économie est florissante. Pourquoi serait-il complice d'un assassin ?

— En raison de son hostilité déclarée envers les Grecs, estima le chef des services secrets, il a peut-être conçu de sinistres projets.

— Péfy détiendrait-il le casque du pharaon ? demanda la reine.

— Je l'ignore, Majesté. Il revient au juge Gem de l'arrêter et de le faire parler.

— Je ne dispose pas d'indices suffisants, objecta le magistrat. Une telle démarche causerait de graves troubles au sommet de l'État, surtout en cas d'injustice, et je ne veux agir qu'à coup sûr.

— Je t'approuve, déclara Amasis.

— Permettez-moi de vous mettre en garde, Majesté, insista Hénat, et autorisez-moi à maintenir une étroite surveillance autour du ministre des Finances.

— Accordé.

— Péfy vient de partir pour son cher Abydos et, à Memphis, il a paru fort troublé par la venue d'un messager en provenance de cette ville. Abydos ne risque-t-elle pas de devenir un foyer insurrectionnel ?

— Ça m'étonnerait, réagit le général en chef Phanès d'Halicarnasse. Abydos n'est qu'une bourgade endormie où de vieux prêtres se consacrent aux mystères d'Osiris, loin de l'évolution du monde actuel. Et une caserne de mercenaires veille au maintien de l'ordre.

— Double l'effectif, ordonna Amasis, et durcis les consignes de sécurité. Au moindre discours subversif de la part des prêtres d'Osiris, à la moindre action douteuse, je veux être prévenu.

— À vos ordres, Majesté.

— Le service des interprètes a-t-il réussi à percer le code du papyrus caché derrière la statue de *Ka* ? demanda le roi au juge Gem.

— Malheureusement non, Majesté. Je l'ai également montré à plusieurs scribes royaux et, malgré leur érudition, ils ont également échoué. Même déception en ce qui concerne le document analogue découvert dans la chapelle de Khéops. À mon sens, un seul homme possède la clé de lecture : le scribe Kel. Ces textes lui servaient probablement à communiquer avec les membres de son réseau et, comme il parlait plusieurs langues, il a inventé un système indéchiffrable sous l'apparence trompeuse des hiéroglyphes.

— Quand j'ai rencontré cet assassin, rappela la reine, émue à l'évocation de ce souvenir, il a déclaré posséder un papyrus codé, cause de l'anéantissement du service des interprètes, et affirmé l'existence de comploteurs, tout en proclamant son innocence.

— Moi aussi, j'ai vu ce Kel, reprit le roi, lorsqu'il a tenté de se blanchir en me remettant un faux casque ! À l'évidence, nous en revenons toujours à lui. À la fois tête pensante et bras agissant, il demeure un redoutable adversaire et tentera de fédérer contre moi l'ensemble des éventuels opposants. Voici mes décisions afin d'empêcher ce désastre : toi, juge Gem, continue à pourchasser ce monstre en utilisant un maximum de policiers. Un décret royal t'autorise à inspecter les temples et à mettre sous les verrous quiconque s'opposera à tes démarches. Kel tente de gagner le Sud, j'en suis à présent persuadé. Je mets à ta disposition une flottille de bateaux de guerre. Sillonne nos provinces et traque ce fauve.

— Je partirai dès demain, Majesté.

— Toi, général Phanès, poursuivit le monarque, tu te rendras à Éléphantine dont la garnison m'inquiète. Trop de Nubiens, pas assez de Grecs. Kel et ses alliés ne l'ignorent pas. Nomme un nouveau commandant de forteresse, établis une discipline de fer, élimine les mous et engage des mercenaires d'élite. Éléphantine doit demeurer une frontière infranchissable. Ensuite, inspecte l'ensemble de nos garnisons du Sud et ne tolère aucun laisser-aller.

— Comptez sur moi, Majesté.

Le souverain se tourna vers Hénat.

— Voilà longtemps que nous aurions dû résoudre le

problème thébain. La Divine Adoratrice désapprouve ma politique, et son existence même affaiblit mon autorité.

— Ne songez pas au pire, recommanda la reine Tanit, inquiète. La grande prêtresse d'Amon jouit d'une forte popularité, son intégrité et son respect des anciens rituels lui valent l'estime de la population.

Amasis prit tendrement les mains de son épouse.

— J'en suis conscient et, malgré mon irritation, je crois nécessaire de conserver cette institution désuète. Il faut cependant empêcher la Divine Adoratrice de nous nuire. Toi, Hénat, tu vas te rendre à Thèbes et lui exposer la situation.

— Tâche délicate, Majesté !

— Apprends-lui l'existence d'un complot et l'identité du meneur, le scribe Kel, décidé à la contacter afin de la dresser contre le pouvoir légitime. Qu'elle ne se laisse pas abuser par cet assassin et reste fidèle à la couronne. Ainsi, elle conservera son minuscule royaume thébain et continuera à célébrer ses rites ancestraux.

Hénat s'inclina.

— À toi, chancelier Oudja, indiqua Amasis, je confie la gestion de l'État. Tu resteras à mes côtés, ici, à Saïs, et tu continueras à développer notre force de dissuasion, notamment notre marine de guerre. Tu rassembleras les rapports des membres de ce conseil restreint et me signaleras le moindre incident.

— Je ne faillirai pas, Majesté.

Les dignitaires se retirèrent.

Fatigué, Amasis se servit une coupe de vin rouge.

— Diriger m'épuise, confia-t-il à son épouse, mais je n'ai pas le droit d'abandonner mon pays.

— Rassurez-vous, dit-elle en souriant. Vous venez, au contraire, de conforter votre autorité.

— Un ministre finit toujours par se prendre pour le chef de l'État. Il était temps de leur rappeler qui dirige ! Je m'interroge encore à propos de Péfy.

— Un homme riche, âgé, préoccupé du bien-être de la population, désireux de se retirer à Abydos et de se consacrer aux mystères d'Osiris… Je le vois mal à la tête d'une bande de comploteurs.

— Ne s'agit-il pas d'une ruse suprême ? Le scribe Kel a besoin d'appuis, et mon ministre des Finances pourrait lui fournir une aide efficace en feignant de me servir avec loyauté.

La reine parut perplexe.

— Un homme tant attaché à la tradition ne respecte-t-il pas la fonction pharaonique ?

— L'ambition efface toute retenue, ma chère épouse. Péfy a connu mon prédécesseur, peut-être le regrette-t-il. Et son opposition à ma politique étrangère ne plaide guère en sa faveur. D'un autre côté, sa sincérité traduit le comportement d'un responsable honnête et courageux.

— Comment trancher ?

— Hénat découvrira la vérité.

21.

Bébon ne se faisait aucune illusion : si Kel, Vent du Nord et lui s'approchaient du camp de mercenaires grecs de Saqqara, ils seraient immédiatement arrêtés. Bien entendu, le ministre Péfy les avait alertés et se vanterait de la capture de l'assassin en fuite depuis trop longtemps.

— J'ai confiance en lui, affirma Kel.

— L'amour t'aveugle ! Ce brave dignitaire nous envoie dans un traquenard. Et cette fois, les sabots de Vent du Nord ne nous en sortiront pas.

— Péfy aurait pu me réduire au silence sur son bateau. Il n'appartient pas au cercle des comploteurs.

— Ruse suprême ! Le ministre ne se salit pas les mains.

— Saqqara est notre seule piste, Bébon, et…

— Pas de leçon de morale ! Je n'avais nullement l'espoir de te retenir et je désire seulement prendre quelques précautions avant de mourir bêtement.

— Détends-toi, je ne compte pas attaquer à trois une garnison entière.

— Ah bon ! Et que proposes-tu ?

— Examinons les parages et emparons-nous du mercenaire chargé de la corvée d'ordures.

— Et s'ils sont plusieurs ?

— Ne te montre pas pessimiste.

— Et ça nous mènera où ? À supposer que le

bonhomme nous apprenne la présence de Nitis à l'intérieur du camp, il faudra nous battre à un contre vingt !

— Les dieux nous aideront.

Bébon préféra ne pas répondre.

Parfaits colporteurs, les deux amis se dirigèrent vers le campement de Saqqara, en compagnie de leur âne chargé d'outres d'eau.

Ils croisèrent d'autres commerçants, les saluèrent et s'immobilisèrent face à une sentinelle.

— Salut, soldat ! La garnison a-t-elle besoin d'eau fraîche, excellente et pas chère ? lui demanda un Bébon jovial.

— Désolé, mon gars, la hiérarchie nous impose nos fournisseurs.

— Vu votre nombre, un petit supplément serait le bienvenu !

— On n'est qu'une cinquantaine ici et on ne manque de rien.

— Ce ne doit quand même pas être drôle tous les jours. Surveiller la nécropole, quel ennui ! Tu préférerais sûrement vivre à Memphis. Là-bas, on ne manque pas de distractions.

— Éloigne-toi, l'ami. Mon chef interdit aux sentinelles de parler aux étrangers.

— Mon eau…

— Va la vendre ailleurs.

Le trio repéra le dépôt d'ordures des mercenaires. Une partie était brûlée, l'autre enfouie. Kel, Bébon et Vent du Nord se dissimulèrent dans une palmeraie où l'âne trouva de quoi manger. Les deux hommes se contentèrent de dattes.

À la tombée du jour, un soldat portant de lourds paniers apparut.

La sentinelle chargée de la corvée.

Seul, le mercenaire pestait contre cette tâche pénible.

Lorsque la pointe du couteau de Bébon lui piqua les reins, il lâcha ses paniers.

— Avance vers la palmeraie, ordonna le comédien. Si tu cries, je t'embroche.

Rageur, Kel obligea le Grec à s'allonger sur le dos. Vent du Nord lui posa un sabot sur la poitrine.

— Notre âne est particulièrement agressif, précisa Bébon. Tu ne seras pas le premier adversaire qu'il met en pièces. Réponds à nos questions, et nous t'épargnerons.

Le mercenaire roula des yeux affolés.

— Pour l'eau, je ne suis pas responsable ! Moi, j'exécute les ordres et…

— L'eau, on s'en moque. Ce campement vient de connaître un événement exceptionnel, n'est-ce pas ?

— Je n'ai pas remarqué, je…

Soudain plus accentuée, la pression du sabot arracha un gémissement au soldat.

— Mentir ne te sauvera pas, intervint Kel. Protéger tes supérieurs t'oblige-t-il à mourir ?

À la réflexion, le mercenaire ne se sentit pas responsable des ordres reçus. Et il n'avait guère apprécié les derniers.

— Malgré l'interdiction formelle figurant dans le règlement, révéla-t-il, des collègues ont introduit une femme dans le camp. Jeune, très belle, bâillonnée et ligotée. Le commandant les a reçus longuement.

— Était-elle blessée ? s'inquiéta Kel.

— Je ne crois pas.

— L'as-tu revue ?

— Oui, quand ils l'ont sortie de la tente du commandant. Ils discutaient ferme, et j'ai tendu l'oreille. Une si belle fille ainsi malmenée, ça me peinait. Moi, je l'aurais traitée autrement !

Bébon redouta un accès de colère de Kel. Le scribe parvint à se contenir.

— Qu'as-tu appris ?

— L'interrogatoire n'ayant rien donné, les collègues voulaient un abri sûr afin de le prolonger. Le commandant leur a indiqué la galerie qui vient d'être creusée du côté sud de la pyramide à degrés. Là, personne ne les dérangera.

— Combien sont ses tortionnaires ?

— Trois. Des types redoutables, à mon avis.

— On leur porte à manger et à boire ?

— Au lever et au coucher du soleil.

Estimant l'interrogatoire terminé, Vent du Nord s'écarta.

— Déshabille-toi, ordonna Kel. Nous avons besoin de ton uniforme.

— Vous… vous allez me tuer ?

— Juste t'empêcher de bouger et de parler. Ici, tu seras au frais. Quelqu'un finira bien par te retrouver. Un conseil : oublie-nous.

La nuit fut interminable. Solidement entravé et remerciant les dieux d'avoir la vie sauve, le mercenaire s'endormit.

Kel ne songeait qu'à bondir, Bébon lui conseilla de prendre un peu de repos. Délivrer Nitis ne s'annonçait pas facile. Cette fois, le scribe serait obligé de tuer.

22.

L'arrivée de leur chef n'apaisa pas les conjurés, en proie à une vive agitation.

Face à cette fronde, il les regarda un à un, sans se départir de son calme.

Alors, ils se turent et s'assirent.

— Nous voici rassemblés avant une longue période de séparation, déclara le chef. Nous devons donc adopter une stratégie rigoureuse à laquelle chacun se tiendra.

— Le papyrus codé est tombé entre les mains de la police ! rappela le plus inquiet des conspirateurs. Et je ne parle pas de celui de Guizeh ! À présent, les forces de l'ordre disposent de deux documents essentiels.

Le chef sourit.

— Encore faudrait-il les déchiffrer. Le seul technicien capable d'y parvenir était le défunt directeur du service des interprètes que nous avons été contraints de supprimer. À présent, aucun risque. Ces papyrus demeureront muets.

— Et le scribe Kel ? interrogea un autre conjuré.

— Peut-être a-t-il trouvé la première clé et lu quelques lignes. Un succès mineur, dépourvu de conséquences graves.

— Et s'il parvient à Thèbes où est cachée la seconde clé ? Alors, il comprendra !

— Hypothèse absurde, estima le chef. Néanmoins, nous continuerons à la prendre en considération et dresserons tant de barrages entre lui et la Divine Adoratrice que leur rencontre sera impossible.

— Les dieux semblent protéger ce scribe !

— La disparition de sa bien-aimée Nitis le brisera et le rendra fou. Oubliant toute prudence, il tombera aux mains de ses poursuivants.

— Et si, cependant…

— Nous ferons le nécessaire, affirma le chef. Jamais la Divine Adoratrice n'écoutera les élucubrations d'un assassin.

Le sang-froid et la détermination de la tête pensante rassurèrent les conjurés. Et puis ils n'avaient pas le choix. Impossible, désormais, de reculer.

***

Dès son retour à Saïs, Menk, l'organisateur des fêtes, avait été accablé de travail. Incompétent, le nouveau grand prêtre comptait sur lui pour assurer le parfait déroulement des grands rituels en l'honneur de Neit.

À la vue de la Supérieure des chanteuses et des tisserandes nommée à la place de Nitis, le mondain et courtois Menk s'était presque emporté ! Une vieille bique, acariâtre et pointilleuse, à la voix aigre et aux gestes saccadés. À cause de cette horreur, la chorale chanterait faux et les ateliers péricliteraient.

Dégoûté, Menk évita de lui donner des directives qu'elle n'aurait pas suivies. Lui, l'adepte du compromis et de la négociation, devrait signifier au grand prêtre sa désapprobation. Hélas ! les inévitables erreurs lui seraient reprochées et ruineraient sa réputation. Quelqu'un cherchait-il à l'évincer ?

Au comble de l'irritation, Menk se rendit au tribunal où

siégeait le juge Gem. Ne supportant plus l'absence de Nitis, il exigerait des explications claires et nettes.

C'était un autre juge qui présidait les débats.

— Je désire voir Gem, dit Menk au scribe assistant.

— Il part en voyage. Son bateau va quitter le port.

L'organisateur des fêtes de Saïs courut jusqu'à l'embarcadère officiel. Il déclina son titre à l'officier de surveillance. On prévint le juge, et il fut autorisé à monter à bord.

Assis à la poupe, il buvait de la bière légère et contemplait la capitale de l'Égypte.

— Juge Gem, je suis venu vous demander des nouvelles de l'enquête concernant la disparition de la prêtresse Nitis.

— La loi m'interdit de vous répondre.

— Elle était ma principale collaboratrice, et son absence me cause de graves soucis !

— Oubliez-la, Menk.

— Voulez-vous dire que…

— Nitis n'a pas été enlevée, elle s'est enfuie.

— Enfuie ! Pour quelle raison ?

— Cette prêtresse n'est pas une victime, mais la complice d'un assassin. Et je les arrêterai tous les deux. Je réitère mon conseil : oubliez-la.

Blême, Menk se sentit au bord du malaise. En descendant la passerelle, il faillit tomber.

Ainsi, le scribe Kel avait forcé Nitis à le suivre. Elle, amoureuse d'un meurtrier… Non, impossible ! Face à un drame aussi atroce, il ne pouvait rester inactif. Puisque le vieux juge, enfermé dans sa légalité, ne parvenait pas à retrouver le monstre, il fallait agir autrement.

Menk se rendit au palais et demanda à être reçu par Hénat, lui aussi sur le point de quitter Saïs.

— Mon temps est compté, précisa le chef des services secrets. Triste visage, cher ami ! Des problèmes de santé ?

— Nitis se serait enfuie avec Kel.

Hénat parut gêné.

— C'est l'opinion du juge Gem, en effet.

— Ce monstre l'a forcée à le suivre.

— Possible.

— Certain ! Le juge se trompe, et son intervention risque d'être désastreuse. Nitis blessée, voire tuée ! Je dois intervenir.

— De quelle manière ?

— J'ai déjà travaillé pour vous, rappela Menk, en observant les agissements du défunt grand prêtre de Neit. Confiez-moi une nouvelle mission : retrouver Nitis et la libérer. J'ai besoin d'un petit nombre de mercenaires expérimentés, d'un bateau rapide et d'un début de piste. Ensuite, je me débrouillerai. Officiellement, je serai en congé maladie. Mes assistants me remplaceront, et les nouveaux dirigeants du temple seront les principaux responsables de l'organisation des prochaines fêtes.

— Vous transformer brutalement en agent de renseignements… Cela me paraît délicat.

— Nitis devait devenir mon épouse, révéla Menk. Comprenez-vous ma détermination, à présent ?

Hénat hocha la tête.

— J'admire votre courage, Menk. Si j'accepte, me promettez-vous de ne pas prendre de risques ? Le scribe Kel est un redoutable criminel.

— Je vous le promets.

— L'assassin a quitté Memphis en direction du sud, indiqua le chef des services secrets. Il tentera de gagner Thèbes, de rallier la Divine Adoratrice à sa cause, puis de fomenter une insurrection en Nubie. Parvenir à le repérer s'annonce difficile, mais la chance vous servira peut-être. En ce cas, contentez-vous de transmettre l'information aux autorités.

— Entendu.

— Mon secrétaire s'occupe des problèmes matériels. Dès ce soir, ils seront réglés.

— Merci, Hénat. Je me montrerai digne de cette mission.

— Je vous le souhaite.

Menk omit de préciser qu'il n'avait qu'un but : tuer le scribe Kel et libérer Nitis afin de l'épouser sur-le-champ.

Le chef des services secrets, lui, ne doutait pas des véritables intentions de son nouvel agent. Parfois, un amateur réussissait.

23.

Bébon n'en menait pas large. D'après une rumeur insistante, des esprits agressifs protégeaient le site de Saqqara et veillaient sur le repos de l'âme du pharaon Djéser dont la pyramide à degrés, escalier joignant le ciel à la terre, dominait la nécropole. Personne ne s'aventurait ici.

— Toi, un scribe érudit, dit-il à son ami, devrais tenir compte du danger. La magie de l'au-delà nous environne, et nous ne sommes que de pauvres humains, incapables de lutter contre une telle force.

— Aurais-tu peur ?

— Évidemment non ! J'évoquerais plutôt le respect et la prudence.

— Libérer Nitis ne mécontentera pas les dieux. Sans leur aide, nous n'aurions pas obtenu la vérité. Pourquoi nous abandonneraient-ils ?

Le comédien renonça à débattre. L'entêtement de Kel ruinait d'avance ses arguments.

D'un pas solennel, Vent du Nord traversa le domaine sacré de Djéser. Recueilli, l'âne mit ses pas dans ceux des ritualistes qui avaient célébré la fête de régénération du *Ka* et de l'union des Deux Terres, fournissant ainsi à l'Égypte un socle inaltérable.

Kel se souvenait des moments intenses vécus à l'intérieur de la crypte du temple de Neit, à Saïs. Au cœur du silence et de l'obscurité, environné des puissances divines, il s'était dépouillé d'une peau profane. Habité d'un nouveau regard, il se sentait prêt à affronter les démons désireux de le détruire.

Bébon, lui, avait la chair de poule et aurait volontiers battu en retraite. Il ressentait la présence d'esprits rôdant autour des intrus, hésitant à les frapper. Les oreilles basses, Vent du Nord se déplaçait avec une incroyable légèreté, comme s'il ne pesait pas davantage qu'un oiseau. Le comédien participait à une étrange procession où le mortel touchait l'invisible.

Enfin, le trio parvint à l'entrée de la galerie saïte. Une porte de bois en fermait l'accès.

L'orient commençait à rougeoyer.

Bébon respirait mieux. Les démons de la nuit retournaient dans leurs cavernes, et il ne restait plus que trois mercenaires grecs à affronter.

Kel parut soudain déprimé.

— Et s'ils l'ont torturée et violée… Jamais Nitis ne s'en remettra ! Elle préférera mourir.

— Désires-tu le savoir ou l'ignorer ? Nous pouvons encore l'abandonner.

L'œil du scribe flamboya.

— Frappe à cette porte, Bébon, et prépare-toi à exécuter la première partie de notre plan.

Le poing du comédien fut vigoureux.

— Qui est là ? demanda, en grec, une voix grasse.

— Livraison d'eau et de galettes chaudes.

La porte s'entrouvrit. Le mercenaire était râblé et barbu.

D'abord, la vue de Kel en uniforme et de l'âne porteur de nourritures le rassura. Puis sa méfiance s'éveilla.

— Tu es nouveau, toi.

— Je viens d'être engagé.

— Bizarre. On ne confie pas ce genre de mission à un novice.

— J'ai beaucoup d'expérience, et tu ne m'échapperas pas.

— Ça signifie quoi ?

Le gourdin de Bébon, en bois de palmier, fracassa le crâne du mercenaire.

— Un de moins, constata-t-il, mais mon arme s'est cassée en deux.

Kel posa sur le sol les braises recueillies au dépôt d'ordures du camp militaire. À l'aide d'un morceau de palme, il ranima la flamme.

La fumée emplit la galerie.

— Au feu ! cria-t-il en grec. Sortons d'ici, camarades ! Sinon, on mourra asphyxiés.

Avec une parfaite coordination, l'âne et le comédien percutèrent le deuxième mercenaire qui se retrouva cul par-dessus tête. Vent du Nord le neutralisa d'un coup de sabot à la nuque.

Le troisième traînait Nitis, résistant de toutes ses forces.

Fou de colère, Kel lui sauta à la gorge, l'obligea à lâcher prise et le bourra de coups de poing rageurs. Le tortionnaire s'effondra, évanoui.

Jamais le scribe ne se serait cru capable d'une telle violence.

— Nitis...

Pleurant de joie, elle l'étreignit à l'étouffer.

— C'est fini, tu es libre !

— Ce fut atroce, confessa-t-elle.

— T'ont-ils violentée ?

— Non, juste de l'intimidation. Mais ils ont détruit tout ce que je possédais et, à chaque instant, j'ai redouté le pire. Le capitaine de l'*Ibis* m'a remise à trois mercenaires grecs qui m'ont emmenée dans une belle villa où j'ai subi les premiers interrogatoires.

— As-tu rencontré le ministre Péfy ?

La question étonna la jeune femme.

— Non... Aurait-il joué un rôle dans mon enlèvement et ma séquestration ?

— Je ne crois pas. Que voulaient les tortionnaires ?

— Connaître nos relations exactes, tes repaires et tes alliés. J'ai fourni des réponses vagues et contradictoires. Excédés, ils ont décidé de me confier à des spécialistes.

— Ne traînons pas, intervint Bébon. L'endroit m'inquiète.

— Allons jusqu'au bout de la galerie [1], recommanda la prêtresse. Elle contient un trésor.

— Je fais le guet, décida le comédien. Si je crie, accourez.

Long d'une soixantaine de mètres, le vaste couloir horizontal était soutenu, au milieu, par une rangée de puissantes colonnes. Et des charpentiers avaient renforcé la sécurité en disposant des poutres.

— Nous sommes au cœur de la pyramide, estima Nitis. Ressens-tu l'énergie qui s'en dégage ?

Impressionné, Kel éprouvait un intense sentiment de vénération. Loin d'un enfermement, ce voyage au centre de la pierre ressemblait à une libération.

— Regarde ces merveilles.

Le scribe admira une cohorte de Répondants [2], figurines

1. Elle fut creusée à l'époque saïte pour évacuer le blocage remplissant le puits central de la pyramide de Djéser. Vu la qualité des colonnes, formées de blocs et de fûts réemployés, et celle du plafond en bois et des poutres, on peut exclure toute volonté de pillage et songer à un véritable souci archéologique, d'ailleurs caractéristique de cette époque. Cette galerie est malheureusement inaccessible au public.

2. Les *oushebtis* ou *shaouabtis*.

de faïence bleue déposées dans les tombes pour effectuer certains travaux à la place des ressuscités. Coiffés d'une perruque, vêtus d'une tunique courte à manches longues, les Répondants, bras croisés sur la poitrine, tenaient deux houes. D'après le texte dont ils étaient les exécutants magiques, ils se chargeaient d'ensemencer les surfaces cultivables, d'irriguer les berges, de transporter l'engrais issu de la décomposition du limon de l'occident à l'orient et de l'orient à l'occident.

— Ils sont dédiés au pharaon Amasis ! remarqua le scribe.

— Sans doute un vol, jugea Nitis.

— Plutôt le paiement de ces mercenaires qui revendront de tels objets à prix d'or. Ces merveilles ne confirment-elles pas que le roi est notre principal adversaire ?

— Ne concluons pas trop vite. Prenons l'un des Répondants et cette amulette : deux doigts en obsidienne, glissés par l'embaumeur dans l'incision pratiquée sur le corps osirien, lors de la momification. Séparant le ciel de la terre, elle permet à l'âme d'atteindre les paradis en perçant les nuées et la met à l'abri du mauvais œil[1].

La maîtrise de la jeune femme stupéfiait Kel. Après tant d'heures d'angoisse, elle avait retrouvé joie de vivre et dynamisme avec une incroyable rapidité !

— Toi et moi avons perdu notre copie du papyrus codé, déplora-t-il.

Elle lui sourit.

— La copie, pas notre mémoire. Je connais par cœur cet assemblage incompréhensible de hiéroglyphes. Toi aussi, je suppose ?

L'une des sacoches en cuir de Vent du Nord contenait une palette et du matériel d'écriture.

1. Cf. S. Aufrère, *Hommages Daumas*, Montpellier, 1986, p. 35.

Malgré les protestations de Bébon, impatient de quitter les lieux, les amants rédigèrent en aveugle leur propre version du document. Les deux coïncidaient.

— Partons, insista le comédien.

— Seule la Divine Adoratrice peut nous sauver, rappela Nitis.

24.

Le livreur d'eau et de galettes frappa plusieurs coups à la porte de la galerie saïte. Surpris de ne pas obtenir de réponse, il la poussa.

Elle s'ouvrit en grinçant.

Une fumée âcre lui agressa les yeux et les narines.

— Vous êtes là ? s'inquiéta-t-il.

Anxieux, il avança et buta contre le corps d'un mercenaire inanimé. Les deux autres gisaient un peu plus loin.

Affolé, le livreur abandonna jarres et paniers, et courut alerter le commandant du camp. En compagnie de deux soldats, celui-ci se rendit immédiatement sur place.

L'un des blessés venait de reprendre connaissance.

— Que s'est-il passé ?

— Une attaque-surprise.

— Combien d'agresseurs ?

— Je l'ignore... La fumée nous a empêchés de voir et de nous défendre. Tout s'est déroulé très vite.

Le commandant explora la galerie. Le trésor semblait intact, mais la fille avait disparu. Il ignorait son identité et ne voulait surtout pas la connaître, tant cette mission secrète lui déplaisait.

L'officier se contentait d'exécuter les ordres à la lettre, sans rechercher leur origine ni leur finalité. Chez les mercenaires, on ne discutait pas.

Les trois blessés seraient soignés et mutés dans une

garnison lointaine où ils oublieraient cet incident en prenant soin de garder leur langue. Quant au commandant, il s'empresserait de rédiger un rapport circonstancié et de l'adresser aux autorités.

Le reste ne le concernait pas.

***

Lorsque le chef des conjurés apprit la libération de Nitis, il ne put s'empêcher d'éprouver une certaine admiration pour le scribe Kel. Il n'était vraiment pas un homme ordinaire et faisait preuve d'un amour fou, capable de déplacer les montagnes.

D'après son dossier, cependant, il aurait dû se comporter comme un parfait petit fonctionnaire, frileux, incapable de prendre une décision, et former une proie facile. L'adversité le changeait en fauve, à la fois aux aguets et conquérant. Échapper aux forces de l'ordre et remonter la filière afin de libérer la prêtresse étaient deux authentiques exploits. Au service des conjurés, ce brillant sujet aurait accompli des merveilles.

Trop tard. Vu les circonstances, il fallait éliminer Kel et Nitis d'une manière ou d'une autre. L'un des prédateurs lancés à leur recherche finirait par réussir.

Des complices… L'évidence s'imposait. En premier, l'ex-grand prêtre de Neit, heureusement disparu, qui avait forcément procuré plusieurs contacts à sa disciple Nitis. Les temples serviraient donc de relais aux fuyards et devraient être surveillés de manière étroite.

Thèbes et la Divine Adoratrice : des buts inaccessibles ! Le chef des conjurés détestait cette ville couverte de sanctuaires et cette vieille prêtresse, presque l'égale du pharaon, consacrée au service des dieux. Stupide, le peuple continuait à la vénérer, croyant à ses pouvoirs magiques et à sa capacité de le protéger du malheur ! Tant de superstitions devenaient insupportables, et l'action engagée les balaierait.

L'Égypte méritait mieux. En dépit de son courage et de sa chance, le scribe Kel ne parviendrait pas à interrompre le processus.

***

« Bon Voyage », le port principal de Memphis, ressemblait à une fourmilière. On chargeait, on déchargeait, on accostait, on partait, on cherchait la meilleure place, on vérifiait le bon état des bateaux, on vendait des marchandises, on protestait contre les mesures de sécurité excessives, on discutait les prix des voyages. Toujours plus nombreux, les Grecs se révélaient de redoutables commerçants.

Bébon se fondait dans la foule des badauds et repérait les policiers en patrouille, accompagnés de babouins chargés d'arrêter les voleurs en leur mordant les mollets. Les délinquants étaient emmenés à la prison centrale et sévèrement condamnés.

Mal rasé, à la manière d'un homme en deuil, vêtu d'une médiocre tunique syrienne, chaussé de sandales à bas prix, Bébon ressemblait au Memphite moyen, ni riche ni pauvre, à la recherche d'une bonne affaire.

Depuis l'imposante descente de police organisée par le juge Gem, les malfrats se faisaient discrets, redoutant contrôles et interpellations. Boutiquiers et marchands ambulants s'en félicitaient, voyant leurs affaires prospérer.

Au pied de la passerelle d'un imposant bateau de

commerce, cinq soldats et un officier. Bébon s'approcha lentement, tête basse.

— J'aimerais parler à un responsable, dit-il au gradé.

— Responsable de quoi ?

— De la sécurité de l'État.

— Va-t'en, l'ami. Nous avons du travail.

— C'est très sérieux. Écoutez-moi, vous ne le regretterez pas.

L'officier soupira.

— Ta femme t'a quitté ? Tu as perdu ton travail ? Ne désespère pas, ça s'arrangera.

— Je possède un renseignement qui intéressera le pharaon en personne.

Le gradé sourit.

— Tu me parais fatigué, bonhomme, et c'est bientôt l'heure de la sieste.

— Kel, l'assassin, ça vous intéresse ?

Le sourire s'estompa.

— Je déteste les mauvaises plaisanteries !

— Je veux connaître le montant de la récompense.

— Ne bouge pas d'ici, je reviens.

Comme l'ensemble de ses collègues, l'officier avait reçu l'ordre de collecter toutes les informations, même d'apparence fantaisiste.

Il ne tarda pas à réapparaître, en compagnie d'un supérieur au menton fendu.

— Mon gars, autant te prévenir : je hais les affabulateurs.

— La prime ?

— Une villa, deux domestiques, cinq ânes et une belle quantité de denrées alimentaires, sans oublier la reconnaissance des autorités.

— Vous pourriez rajouter des terres cultivables.

— On en reparlera, si tu es sérieux !

— Sérieux, moi ? À l'heure de faire fortune, on ne plaisante pas.

— Tu as bien prononcé le nom du scribe Kel ?

— Il s'apprête à quitter Memphis pour gagner la ville de Thèbes, et je sais comment.

Menton fendu retint son souffle.

— J'exige des garanties, reprit Bébon. L'État promet beaucoup et tient rarement.

— Que désires-tu ?

— Un sac de pierres précieuses.

— N'exagère pas, bonhomme !

— Un simple acompte, précisa Bébon. Ensuite, le reste de la prime. Je ne patienterai pas longtemps. D'autres policiers seront sûrement plus intéressés.

— Assieds-toi et patiente. On va te donner à boire.

Menton fendu revint avec un sac de pierres précieuses.

— Ça te convient ?

Le comédien examina longuement le contenu.

— Ça peut aller.

— Alors, cette information ?

— Le scribe Kel s'est laissé pousser une petite moustache et porte une perruque à l'ancienne. Il embarquera après-demain matin à bord d'un bateau de commerce, le *Solide*, à destination de Thèbes. Le bâtiment transporte des tissus, des jarres de vin et des vases d'albâtre destinés à la Divine Adoratrice. J'ignore le nom et le nombre des membres d'équipage qu'il a achetés, mais il se fera passer pour un scribe public capable de rédiger des dossiers administratifs et paiera ainsi le prix de son voyage.

Menton fendu tenta de contenir son exaltation.

— Bien entendu, l'ami, tu restes auprès de nous.

— Si je ne reviens pas, Kel ne prendra pas ce bateau.

Il croit que je vérifie les derniers détails, et je dois lui rendre compte de la situation. N'essayez surtout pas de me suivre : des guetteurs vous repéreraient et l'alerteraient. Demain, après son arrestation, je viendrai chercher le reste de ma prime.

25.

Bébon n'en doutait pas : on le suivait. Si le policier pouvait surprendre Kel et ses complices dans leur repaire, l'exploit serait d'autant plus apprécié. À la clé, une belle promotion !

Le comédien emprunta une ruelle tortueuse, au milieu de laquelle avait été aménagé un passage très étroit la reliant à une large artère. À la sortie, il courut en direction de l'échoppe d'un vendeur de paniers, la traversa et en ressortit par l'arrière.

Filature rompue.

Bébon tâta le sac de pierres précieuses. Une jolie petite fortune ! Et le reste de la prime aurait fait de lui un homme riche dont l'unique activité consisterait à jouir de l'existence. Sa trahison rapportait gros…

D'un pas tranquille, il gagna le port et se dirigea vers un bateau de luxe en instance de départ, le *Scarabée*.

Un marin lui interdit l'accès à la passerelle.

— On ne passe pas, mon gars. Équipage au complet, on n'embauche pas.

— Je suis le porte-sandales de la maîtresse de domaine Néféret.

Le garde alla prévenir l'intéressée et, son approbation recueillie, autorisa le domestique à embarquer.

Bébon s'inclina devant Nitis.

— Pari gagné, déclara-t-il, et voici le résultat : avec ces

pierres précieuses, nous nous débrouillerons un bon moment !

— Kel et moi mourions d'angoisse ! avoua la jeune femme. Les risques étaient considérables.

— On a connu pire, et ce n'est pas fini ! Les forces de l'ordre désirent tellement une information décisive qu'elles sont prêtes à gober n'importe quoi.

Le capitaine donna l'ordre de lever l'ancre. Un bon vent du nord permettrait de quitter rapidement Memphis, pendant que les autorités préparaient leur souricière autour du *Solide*, un transporteur tout à fait innocent.

Sur l'ordre de sa patronne, l'intendant Kel paya le capitaine du *Scarabée*, réservé à une clientèle aisée. Le juge Gem recherchait un couple contraint à une extrême discrétion, non une maîtresse de domaine détendue et rayonnante, accompagnée de deux serviteurs. Officiellement, elle descendrait à Khéménou, la cité de Thot, en Moyenne-Égypte, où elle possédait de nombreuses terres. Certes, elle aurait pu emprunter son propre bateau, mais ce voyage, en compagnie de personnes de sa condition, la distrayait.

Cinq confortables cabines étaient réservées à quatre grandes dames et à un inspecteur des digues. Réunis à la proue, ils papotèrent en buvant de la bière légère et en dégustant des figues charnues, avant d'apprécier un excellent repas, assis sur des sièges bas à dossier, à l'ombre d'un parasol. Les mets, oie grillée, viande de bœuf séchée, salée, fumée et enduite de miel, poisson préparé à bord, furent servis dans des feuilles de plante à fève, larges, creuses et solides.

Moins gâtés, les domestiques et les serviteurs se contentèrent de conserves de volaille, de poisson séché, d'une laitue de Memphis et de dattes. Vent du Nord, en compagnie de deux autres ânes, savoura de la luzerne fraîche.

— J'aimerais bien jouer les riches de temps en temps, confessa Bébon. Enfin, l'ordinaire est mangeable et la bière passable.

— Le ministre Péfy ne nous a pas trahis, observa Kel. Sinon, nous serions déjà arrêtés. Il ne fait donc pas partie des comploteurs.

— En apparence, tu as raison. Néanmoins, je redoute un coup tordu. Peut-être tient-il à nous capturer lui-même, sans l'aide de la police et de l'armée, de manière à apparaître comme le sauveur. Beau début pour un futur pharaon, non ?

— En ce cas, le juge Gem serait manipulé, mal informé et intègre.

— Impossible ! Il revêt sa traque du manteau épais de la légalité et obéit aux ordres du pouvoir.

— À savoir le pharaon Amasis, rappela le scribe. Future victime ou tête pensante des comploteurs ?

Bébon se gratta la joue.

— Le roi organiserait un complot afin de se renverser lui-même… Quelque chose m'échappe.

— Et s'il cherchait à se débarrasser de certains ministres, devenus encombrants, en leur tendant un piège ? Une certitude : Amasis vend peu à peu le pays aux Grecs, et des notables influents, tel Péfy, le désapprouvent. En inventant une conjuration à laquelle ses opposants seraient mêlés, le monarque les discréditera et les éliminera.

— Il n'y a vraiment rien de pire que la politique !

— Si, l'injustice.

— C'est pareil. Moi, je m'offre une sieste. Les turpitudes de l'âme humaine m'épuisent.

Bébon s'endormait n'importe où en un instant. Kel, lui, n'appréciait guère le petit jeu de l'inspecteur des digues qui, à l'évidence, faisait la cour à Nitis. Au moindre geste déplacé, le scribe interviendrait de manière brutale.

Par bonheur, le repas s'acheva et la jeune femme s'éclipsa, sous prétexte de travailler avec son intendant.

— Je déteste ce bonhomme.

Nitis sourit.

— Serais-tu jaloux ?

— En doutais-tu ?

— Je ne peux malheureusement t'embrasser, mais j'en meurs d'envie.

Ne pas la prendre dans ses bras fut une épreuve terrible. Il leur fallut se contenter de la complicité du regard, empreint d'un amour si vaste et si profond que le temps, au lieu de l'altérer, le renforcerait.

Ensemble, ils examinèrent à nouveau le texte codé en essayant diverses combinaisons, y compris les plus fantaisistes.

Peine perdue.

— Sans doute la clé sera-t-elle offerte par des symboles comme des amulettes de la chapelle de Khéops, avança le scribe. Et ils se trouvent forcément à Thèbes, chez la Divine Adoratrice. Aussi tentera-t-on de nous empêcher de l'atteindre. Te voir risquer ta vie m'est insupportable, Nitis.

— À présent, il s'agit de *notre* vie. La seule chance de la sauver consiste à découvrir la vérité, et les dieux ne nous abandonneront pas.

— Une chance si mince !

— Nous ne manquons pas d'armes, estima la jeune femme. D'abord, les relations de Bébon en Haute-Égypte ; ensuite, les lieux de puissance de la déesse Neit que m'a révélés mon maître disparu. Nous y trouverons une aide précieuse et nous arrivons bientôt au premier d'entre eux.

Nitis contrainte de rejoindre ses amis de circonstance, Bébon endormi, Kel s'accouda au bastingage et contempla le Nil, projection terrestre du fleuve céleste véhiculant l'énergie au sein de l'univers. En irriguant les rives, il fournissait aux humains de quoi vivre heureux et en paix. Mais si le roi était injuste, nul bonheur possible.

***

À l'escale du Fayoum[1], les passagers déjeunèrent à terre, et l'équipage nettoya de fond en comble le bateau de luxe. Le capitaine surveilla la livraison de bière, de vin, de conserves et de nourritures fraîches. Le poisson, lui, était pêché quotidiennement. Ses hôtes ne devaient manquer de rien et se déclarer satisfaits de leur voyage.

À son grand étonnement, le domestique de la jolie maîtresse de domaine équipait l'âne de sacoches en cuir comme s'il s'apprêtait à prendre la route. Et son intendant, sac au dos, tenait un bâton de marcheur.

La jeune femme sortit de sa cabine. Elle avait troqué sa robe raffinée contre une simple tunique.

— Dame Néféret, nous quitteriez-vous déjà ? Seriez-vous mécontente de nos services ?

— Au contraire, capitaine, tout était parfait. Mais mon intendant m'a signalé une déclaration anormale d'un de mes fermiers, proche d'ici. Je tiens à vérifier immédiatement, et nous repartirons ensuite pour Memphis après une petite halte dans un village voisin où je possède une exploitation. Lors de mon prochain déplacement à Khéménou, je choisirai le *Scarabée*, tant votre navire m'apparaît confortable.

1. Une centaine de kilomètres au sud du Caire.

— Je dois vous rembourser et…

— Hors de question, capitaine. La qualité de vos services mérite cette petite prime.

Dieux, quelle femme merveilleuse ! Le vague à l'âme, le marin songea aux manœuvres de départ.

26.

Alerté par l'officier supérieur responsable de la sécurité du port de Memphis, Phanès d'Halicarnasse prévint aussitôt le chancelier Oudja, conformément à la voie hiérarchique. Ce dernier convoqua Hénat, le chef des services secrets, et fit rappeler le juge Gem, à peine parti de la capitale.

Les quatre dignitaires n'osaient y croire : allaient-ils enfin arrêter le scribe Kel grâce à une information digne de foi ? Jamais renseignement n'avait été aussi précis.

— Faut-il avertir le roi ? demanda le général en chef.

— En cas d'échec, objecta le juge, nous risquons de le décevoir. Je ne compte plus le nombre de fausses rumeurs et de vérifications infructueuses à propos de l'affaire Kel.

— Celle-ci paraît sérieuse, avança Hénat.

— Prenons-la en considération, décida le magistrat, sans nous vanter à l'avance du résultat.

— Selon les rapports de l'officier de sécurité, révéla Phanès d'Halicarnasse, le *Solide* est un bateau ancien, régulièrement vérifié, capable de transporter de lourdes charges. Sa prochaine cargaison semble plutôt légère : tissus, jarres de vin et métaux précieux.

— Destination ? interrogea Hénat.

— Le domaine de la Divine Adoratrice, à Thèbes.

Chacun retint son souffle.

— Indice probant, conclut le chancelier. Que sait-on du capitaine ?

— Un cinquantenaire expérimenté, père de quatre enfants, bon vivant.

— Des vices ?

— Un joueur.

— Donc, des dettes. Kel n'aurait pas eu de peine à le convaincre d'accepter une belle somme pour l'emmener clandestinement à Thèbes. Reste le problème de l'informateur lui-même.

— Hélas ! peu d'indications précises, déplora le général en chef. Pas de nom, des descriptions vagues et, plus ennuyeux, une filature rompue. Après avoir empoché un sac de pierres précieuses, avance sur sa prime, le gaillard a semé le policier chargé de le suivre.

— Rien d'étonnant, estima le juge Gem. Il ne voulait pas le conduire jusqu'à l'assassin, de peur d'être arrêté avec lui et de tout perdre. Ce comportement m'incite à penser que nous sommes en présence d'un professionnel, peut-être un mercenaire dévoyé au service du scribe Kel. Lassé de se cacher, l'homme aurait décidé de vendre son patron afin de devenir riche.

— Bel optimisme, ironisa Hénat. L'expérience ne vous a pas rendu sceptique.

— Traîtres et délateurs n'ont jamais manqué, rétorqua Gem.

— L'heure n'est pas aux débats, trancha le chancelier Oudja, mais à l'action. Bien entendu, le *Solide* se trouve déjà sous surveillance ?

— Affirmatif, répondit le général en chef.

— Le scribe Kel est un criminel particulièrement rusé qui a forcément prévu un moyen de s'enfuir en cas de coup dur. Mettons ce bateau au centre d'une nasse dont personne ne pourra s'échapper.

— Remplaçons les marins par des policiers, proposa Hénat.

— Trop risqué, affirma le juge. Kel les observera avant de monter à bord et, s'il ne reconnaît pas l'équipage habituel, il s'éloignera. Ne prévenons pas le capitaine, et laissons-le jouer son rôle. En revanche, bouclons toutes les issues, y compris le fleuve. Et puis, essayons de prendre cet assassin vivant. Son interrogatoire ne manquera pas d'intérêt.

— S'il menace la vie d'un de nos hommes, rappela Phanès d'Halicarnasse, vous avez donné l'ordre de l'abattre.

— Je le confirme.

***

L'aube s'était levée sur le port de Memphis, et les dockers entrèrent en activité. La fraîcheur ne durerait pas, et mieux valait profiter des bonnes heures pour charger et décharger les bateaux. Vingt en partance, autant à l'arrivée, et la suite de la journée s'annonçait bousculée. Les premiers commerçants disposaient fruits et légumes, les premiers clients examinaient les produits avant d'entamer le marchandage.

Une bonne centaine de policiers en civil observaient la passerelle du *Solide*. Beaucoup avaient les nerfs à vif, surtout ceux de l'escouade d'intervention, chargée d'interpeller l'assassin. S'il refusait de lâcher ses armes, les archers dissimulés derrière un empilage de paniers tireraient. Et s'il se jetait à l'eau, plusieurs barques remplies de soldats convergeraient vers lui.

— Il ne viendra pas, dit Hénat au juge Gem. C'est un leurre.

— Détiendriez-vous des informations complémentaires ?

— Malheureusement non !

— Kel doit rencontrer la Divine Adoratrice, rappela le magistrat, et ce bateau se rend à Thèbes pour lui livrer sa cargaison.

— Et la prêtresse Nitis ? L'abandonnerait-il à son triste sort ?

— Kel a compris que nous recherchions un couple, aussi se sont-ils séparés. Je ne me fais pas d'illusions : vu l'activité incessante du port de Memphis, impossible de contrôler tous les bateaux.

À l'extrémité du quai apparut un jeune homme, de taille moyenne, à la démarche pondérée. Coiffé d'une perruque à l'ancienne et arborant une petite moustache finement taillée, il se dirigeait vers le *Solide*.

— Notre informateur n'avait pas menti, murmura le juge Gem.

L'étau se resserra aussitôt.

En apparence fort paisible, l'homme aborda la passerelle.

Cinq policiers, le dominant d'une bonne tête, se jetèrent sur leur proie, lui saisissant en même temps les épaules, les bras et les jambes.

— On l'a ! rugit le chef du groupe, surpris d'une si faible résistance.

Le capitaine du *Solide* et son équipage assistaient à la scène, stupéfaits.

— Ne bougez pas, ordonna un archer. Vous êtes en état d'arrestation.

À l'arrivée du juge Gem, les policiers lui présentèrent l'assassin, mains et chevilles menottées.

— Qui es-tu ?

Tremblant, l'interpellé eut de la peine à trouver ses mots.

— L'un des comptables des conserveries de Memphis. Je viens vérifier le nombre de jarres chargées à bord de ce bateau afin d'établir une facture, comme d'usage à chaque voyage.

Le capitaine confirma.

— Je pars pour Thèbes, annonça Hénat. Nous avons assez perdu de temps ici.

Délaissant le malheureux comptable, le juge Gem tint à interroger les soldats qui avaient rencontré l'informateur.

— Fameux comédien, estima l'un d'eux. Il nous a vraiment convaincus.

« Comédien » : le mot résonna étrangement. Le juge n'avait-il pas arrêté un comédien, suspecté de complicité avec le scribe Kel, puis relâché, faute de preuves ?

Il se rendit à son bureau, consulta ses dossiers et retrouva le nom du sympathique personnage : Bébon.

Sympathique, mais retors. D'après un rapport de police, il avait rompu une filature. Rapport tardif, négligé par Gem.

Le magistrat venait de franchir une étape importante : il connaissait le nom d'un des complices du scribe, peut-être son agent de liaison, voire l'un de ses principaux adjoints.

Un comédien ambulant disposait de nombreuses relations. Aussi Bébon offrait-il à l'assassin un véritable réseau ! Enfin une explication à la chance insolente de Kel, en réalité habile stratégie lui permettant d'échapper à la police.

En creusant le dossier Bébon, le juge trouverait-il le moyen d'atteindre Kel ?

Désormais, il traquait deux hommes et une femme.

27.

Irrigué par un vaste lac, sorte de mer intérieure, le Fayoum était une région verdoyante, réserve de chasse et de pêche. De gigantesques travaux entrepris au Moyen Empire avaient permis de transformer le site en un paradis luxuriant.

À l'entrée du Fayoum, la pyramide du pharaon Amenemhat III[1] montait une garde vigilante pour éloigner les mauvais esprits et garantir la prospérité de cette riche province. Dominant le grand canal qui amenait les eaux du Nil, elle rappelait la gloire d'une époque prospère que magnifiait également un immense temple dédié au *Ka* du pharaon et à Sobek, le dieu crocodile. S'inspirant de l'ensemble architectural de Djéser, à Saqqara, l'édifice comprenait de nombreuses cours bordées de chapelles à toit voûté, des antichambres à chicanes, des sortes de cloîtres, des couloirs occultés dans la maçonnerie, et ressemblait à un véritable labyrinthe[2] où seule l'âme justifiée du pharaon pouvait trouver le juste parcours.

— Voici le premier lieu de puissance, précisa Nitis. Jadis, les génies de toutes les provinces se rassemblaient ici afin de reconstituer le corps d'Osiris et de permettre ainsi la résurrection du roi.

1. 1842-1797 av. J.-C. (XIIe dynastie).
2. C'est le nom que lui donneront les Grecs.

— Intentions louables, commenta Bébon, mais l'endroit me semble abandonné et peu rassurant.

Kel franchit le premier le portail d'accès, passant brusquement de la lumière du jour à la pénombre. Il se heurta à un mur, fut obligé d'emprunter un passage étroit et découvrit une première cour bordée de colonnades.

Un silence pesant régnait sur les lieux.

Nitis se porta à la hauteur du scribe.

— Ce sanctuaire semble vide.

— Là, regardez ! cria Bébon.

Au pied d'une colonne, un cobra noir d'encre à la tête petite et luisante, et à l'affreux museau large.

— Sa morsure est mortelle, indiqua la prêtresse, et il n'existe pas de conjuration capable de le clouer au sol. Surtout, pas de mouvement brusque.

Le prédateur fixait ses proies.

— Ce n'est pas un reptile ordinaire, estima le scribe.

De fait, les yeux du serpent flamboyaient d'une lueur rouge anormale. Il regardait tour à tour chacun des intrus, comme s'il hésitait à choisir sa victime.

— Nous devrions partir, suggéra Bébon.

— Il n'attend qu'une tentative de fuite. Je t'en prie, reste immobile.

La langue du cobra avait entamé une danse furieuse. Pénétrant l'esprit des humains, captant leur peur, il ondula vers eux.

Nitis implora son maître défunt de les protéger. Les dieux ne pouvaient pas les abandonner ici, au sein d'un temple, et briser leur recherche de la vérité !

Surgissant de la colonnade, une mangouste s'interposa entre le trio et le reptile. Grand amateur d'œufs de cobra, le *rat de Pharaon* s'était roulé dans la boue et l'avait laissée sécher afin de se protéger avec cette épaisse cuirasse.

Reconnaissant son pire adversaire, le cobra se figea. Malgré sa petite taille, la mangouste se montrait d'un courage extraordinaire et misait sur sa vivacité.

— En elle s'incarne le dieu Atoum, rappela Nitis. Il naît à chaque instant de l'océan des origines, à la fois Être et Non-être.

La mangouste tourna autour du cobra, cherchant un angle d'attaque. L'un et l'autre savaient qu'ils n'auraient droit qu'à une seule morsure, précise et mortelle.

Le cobra se détendit, Nitis ferma les yeux.

S'il tuait la mangouste, les dieux les abandonneraient et le mensonge triompherait.

— Elle lui a échappé, constata Bébon.

Et le petit mammifère se lança à l'assaut, profitant d'un instant d'hésitation du reptile.

D'un bond hallucinant, il s'agrippa à l'arrière de sa tête et planta ses crocs.

Une série de soubresauts, un ultime spasme, et la mort.

La mangouste avait triomphé.

— Les dieux vous protègent, déclara un prêtre âgé, le crâne rasé et vêtu d'une robe de lin blanc à l'ancienne.

Bébon ne savait pas d'où il sortait. Inquiet, il se retourna.

Personne d'autre.

— Êtes-vous le gardien de ce temple ? demanda Nitis.

— J'ai cet honneur.

Traînant le reptile, la mangouste quittait les lieux.

— Je m'appelle Nitis, Supérieure des chanteuses et des tisserandes de la déesse Neit de Saïs. Mon maître fut le défunt grand prêtre Wahibrê.

Le gardien parut affligé.

— Ainsi, Wahibrê nous a quittés ! Une perte immense. C'était un homme sage et droit, un authentique « juste de voix ». Instruit de tous les écrits sacrés, il possédait une science digne d'Imhotep. Pourquoi vous a-t-il envoyée ici ?

— J'ai besoin de l'aide de Neit, liée à la puissance du crocodile Sobek.

Le visage du vieux prêtre se ferma.

— En ce temple s'exprime le *Ka*, et lui seul. Les affaires humaines ne le concernent pas.

— Atoum a terrassé le serpent des ténèbres, rappela Nitis. Négligeriez-vous ce signe du ciel ?

Le gardien du labyrinthe réfléchit longuement.

— Je n'ai plus l'habitude de recevoir des visiteurs. Ces lieux sont consacrés au silence, à la méditation et au souvenir.

— Mes compagnons et moi-même sommes à la recherche de la vérité. Sans votre appui, nous échouerons.

— Puisque les dieux vous assistent, je ne me déroberai pas. Ce que vous cherchez se trouve peut-être à proximité de Shédit, la capitale du Fayoum. Sobek habite-t-il encore son lac ? Je l'ignore. Si tel est le cas, votre aventure s'arrêtera là. Car nul n'échappe à la gueule du crocodile. Montant des eaux souterraines, il façonne le nouveau soleil et dévore le périssable. Adieu, prêtresse de Neit.

28.

Assisté de cinq mercenaires d'élite rompus à tous les modes de combat, Menk interrogeait longuement les fonctionnaires du port de Memphis chargés de la rotation des bateaux. L'organisateur des fêtes de Saïs n'avait qu'une idée en tête : retrouver la belle Nitis et supprimer le scribe Kel. Les autorités l'encenseraient, le pharaon lui offrirait un poste majeur à la cour et il épouserait une femme sublime qui apprendrait à l'aimer.

Les scribes égyptiens n'usurpaient pas leur réputation. Les dossiers administratifs étaient remarquablement tenus et permettaient une consultation rapide. Nom de chaque bateau, destination, heure de départ, noms des membres d'équipage, des passagers et de l'officier de police chargé de les contrôler, liste détaillée des marchandises embarquées, escales.

Une anomalie attira l'attention de Menk.

Un bateau de luxe, le *Scarabée*, semblait avoir bénéficié d'un passe-droit.

— Il manque le nom du policier, dit-il au chef de service.

— En effet, reconnut le fonctionnaire.

— Simple oubli ?

— Pas tout à fait.

— Expliquez-vous.

— C'est un peu délicat…

— J'enquête sur ordre du directeur du palais, rappela Menk, et j'exige votre collaboration pleine et entière.

Mieux valait ne pas mécontenter les émissaires de Hénat.

— Le *Scarabée* ne transporte que des personnes de qualité et le capitaine, un parfait honnête homme, se porte garant de leur honorabilité. Un contrôle formel n'a pas paru nécessaire. Vous disposez néanmoins de la liste des passagers. Un inspecteur des digues, et quatre grandes dames dont une maîtresse de domaine accompagnée de son intendant et d'un porte-sandales. Apparemment, rien d'anormal. De plus, le bateau n'allait pas jusqu'à Thèbes.

Pourtant, Menk eut envie d'interroger le capitaine du *Scarabée*.

***

La capitale du Fayoum, Shédit[1], était un gros bourg agricole vivant paisiblement au rythme des saisons et des récoltes. On y mangeait bien et l'on y buvait de l'excellente bière. Cette halte réconforta Bébon qui avait modérément apprécié la rencontre du cobra et du gardien du labyrinthe. Il préférait l'atmosphère d'une chaleureuse auberge à celle d'un temple refermé sur lui-même. Difficile, cependant, de se détendre en songeant que le juge Gem ne cesserait pas de les pourchasser !

— J'aimerais voir le lac de Sobek, dit le comédien à l'aubergiste.

— Ce n'est pas loin d'ici, mon garçon, mais sois prudent ! Le dieu n'aime guère être dérangé. Il n'apprécie ni les intrus ni les nouvelles têtes. Nous, à Shédit, on se

1. La Crocodilopolis des Grecs.

contente de sa protection et on ne tient pas à l'observer de près.

— Merci du conseil.

Munis des indications nécessaires, Nitis, Kel et Bébon trouvèrent aisément le chemin du lac de Sobek. Alors qu'ils apercevaient le plan d'eau, entouré de sycomores, d'acacias et de jujubiers, un prêtre leur barra la route.

— Qui êtes-vous et que voulez-vous ?

— Je suis une prêtresse de la déesse Neit de Saïs, accompagnée de deux ritualistes. Nous venons rendre hommage à Sobek qu'elle a allaité pour qu'il dispose de la puissance des origines.

Méfiant, le prêtre posa une série de questions théologiques à la jeune femme. La qualité de ses réponses le rassura.

— Vous devrez patienter. Le dieu se repose, et nous ne le nourrissons qu'à la huitième heure du jour.

Les visiteurs s'assirent au bord du lac. Vent du Nord dégusta de l'herbe fraîche.

Le prêtre, lui, s'entretint avec ses collègues.

— Une prêtresse de Neit et deux hommes… L'un d'eux serait peut-être le scribe Kel !

— D'après la dernière mise en garde de la police, rappela le doyen, elle recherche un couple.

— Un acolyte les aide ! Ce trio de criminels est particulièrement redoutable. Nous sommes en danger !

— Il faut prévenir les autorités.

— S'ils voient l'un de nous s'enfuir, ils le tueront !

— Que proposes-tu ?

— Le dieu Sobek nous aidera.

— Tu penses à…

— Il nous débarrassera d'au moins l'un des trois.

Ébranlés, ses complices deviendront vulnérables. Nous les assommerons à coups de bâton.

Les collègues approuvèrent.

— Restez cachés, je m'occupe de nos hôtes.

Le prêtre apporta de la viande, des gâteaux, du pain et du vin.

— Le dieu ne tardera pas à apparaître, dit-il à Nitis. Désirez-vous nourrir Celui-au-beau-visage et lui rendre hommage au nom de la déesse Neit ?

La jeune femme prit le plateau d'offrandes et se plaça à l'endroit indiqué par le serviteur de Sobek, qui récita une litanie.

À la dernière invocation apparut un énorme crocodile. Sa taille impressionna Bébon, et la beauté de sa tête hideuse, aux yeux cruels, ne l'éblouit pas.

Soudain, les mâchoires s'ouvrirent, menaçantes.

— Approchez-vous sans crainte, recommanda le prêtre à Nitis. Parlez-lui et versez la nourriture dans sa gueule.

L'homme avait oublié de préciser un détail : reconnaissant ses bienfaiteurs à leur voix, le monstre ne les dévorait pas. Les intrus, en revanche, formaient d'excellentes proies.

La nervosité du prêtre intrigua Kel. Impatient, il semblait pressé d'en finir.

— Attends, Nitis !

Trop tard.

Elle était à portée de Sobek.

— Je suis venue te demander ton aide, dit-elle avec un calme incroyable. Toi que Neit a allaité, donne-moi l'arme nécessaire pour continuer ma route.

La gueule s'ouvrit encore plus grande, les mâchoires allaient se refermer sur les jambes de l'inconnue.

D'un geste élégant et précis, Nitis nourrit le dieu.

Abasourdi, le prêtre recula et se heurta à Bébon.

— Reste ici, ordonna-t-il. Tu n'aurais pas cherché à nous piéger, petit malin ?

Rassasié, le crocodile plongea.

— Que manigances-tu ? demanda le comédien à son prisonnier, en proie à une crise de nerfs.

— Impossible… Le crocodile… Il aurait dû…

— Dévorer la prêtresse, c'est ça ? Je vais te fracasser le crâne, mon bonhomme !

Armés de bâtons, les autres prêtres surgirent.

— Et voilà le reste de la bande !

— Rendez-vous, exigea le doyen, ou vous périrez sous le nombre.

Dans une gerbe d'eau, le crocodile remonta à la surface, revint vers Nitis, ouvrit sa gueule et déposa sur la berge un arc en bois d'acacia et deux flèches, symboles de la déesse Neit.

La prêtresse tendit l'arc et visa les prêtres.

Épouvantés, ils détalèrent.

29.

— Agent spécial Menk, mandaté par le chef du palais Hénat. J'ai des questions à vous poser.

L'agressivité de cet homme élégant, plutôt sympathique, surprit le capitaine du *Scarabée*. Faisant escale à deux journées de navigation de Memphis, il ne s'attendait pas à ce contrôle inopiné. Après avoir déposé l'ensemble de ses passagers en Moyenne-Égypte et embarqué trois hauts fonctionnaires pressés de regagner le centre économique du pays, il songeait déjà à son prochain voyage.

— Je vous écoute.

— Lors de votre dernier déplacement, vous aviez plusieurs personnalités à votre bord.

— En effet, un inspecteur des digues et quatre nobles dames, dont une riche maîtresse de domaine, assistée de son intendant et de son porteur de sandales.

— Son nom ?

— La dame Néféret.

— La connaissiez-vous ?

— Non, je la voyais pour la première fois. Elle possède son propre bateau, mais voulait goûter aux charmes d'une agréable compagnie.

— Des incidents ?

— Si peu…

— Précisez !

— La dame Néféret et ses serviteurs ont quitté mon bateau à l'escale du Fayoum, avant leur destination prévue.

— Explication ?

— Des problèmes de gestion, à Memphis. Néféret souhaitait revoir l'une de ses propriétés dans la région.

Menk en était persuadé : Nitis voyageait sous un faux nom. Le scribe Kel et un complice l'accompagnaient.

— À l'avenir, capitaine, soumettez-vous aux contrôles de police obligatoires. Sinon, vous aurez de graves ennuis.

À Shédit, capitale de la province du Fayoum, Menk espérait retrouver la trace des fuyards. Il ne fut pas déçu. Les habitants ne parlaient que du grave incident survenu au lac de Sobek.

Menk se rendit au temple où le grand prêtre, à l'étrange visage évoquant celui d'un reptile, le reçut fort courtoisement.

— Je suis au service du chef du palais royal et je souhaite vous aider. Que s'est-il passé ?

— Les ritualistes chargés de veiller au bien-être du crocodile sacré ont été sauvagement agressés par une bande de malfaiteurs. Seuls leur courage et la protection du dieu leur permirent d'échapper à la mort.

— J'aimerais les interroger.

— Ils sont encore bien faibles et…

— Leur témoignage est capital. Il faut arrêter au plus vite ces bandits, avant qu'ils n'agressent d'autres innocents.

Menk eut droit à un pénible concert de plaintes et de gémissements. Heureusement, le prêtre qui avait été au contact des malfaiteurs retrouva son calme et donna des précisions.

— Très belle, la femme prétendait être une prêtresse de Neit. Elle voulait solliciter l'aide de Sobek.

— Autorisation accordée ?

— Impossible ! Nous seuls nourrissons le grand poisson [1], aucun profane ne saurait l'approcher.

— Une prêtresse de Neit n'est pas une profane.

— Certes, certes... Néanmoins, impossible. Face à mon refus inflexible, cette femme diabolique a ordonné à ses deux serviteurs de me frapper à coups de bâton !

— Décrivez-les-moi.

— Deux géants, des démons surgis des ténèbres ! Même à vingt, nous n'aurions pas réussi à les terrasser.

— C'est curieux, vous ne semblez pas blessé.

— Le dieu les a empêchés de nuire ! Quand le crocodile est venu à mon secours, les agresseurs se sont éloignés.

— Vos collègues n'ont-ils pas essayé de les intercepter ?

— Vaine tentative ! En dépit de leur bravoure, les deux géants les ont terrassés. Nous demandons au palais de fortes indemnités. Notre domaine a été saccagé, et plusieurs prêtres souffriront longtemps de leurs plaies. Le grand prêtre de Shédit rédigera un rapport circonstancié.

— Il sera soigneusement étudié, promit Menk.

L'affabulateur continua à divaguer, insistant sur son extraordinaire vaillance et le montant de sa nécessaire rétribution.

Menk ne l'écoutait plus, certain que cette prêtresse de Neit était bien Nitis, aux ordres du scribe Kel.

S'étaient-ils réfugiés au Fayoum ? Peu probable, puisqu'ils devaient atteindre Thèbes au plus vite et contacter la Divine Adoratrice.

L'enquêteur se rendit donc au port afin d'y interroger dockers, marins et marchands. Ceux-ci se montrèrent peu

1. Pour les Égyptiens, le crocodile appartenait à cette espèce.

coopératifs, et il ne recueillit aucun renseignement digne d'intérêt. L'arrogance d'un capitaine de bateau de marchandises lui mit les nerfs à vif.

— Toi, mon gaillard, tu en sais long. Emparez-vous de lui, ordonna Menk aux mercenaires.

— C'est illégal ! Vous n'avez pas le droit de...

— J'ai tous les droits.

Le marin fut ceinturé, ligoté et plaqué au sol.

— Je veux la vérité, exigea Menk avec une froideur impressionnante. Si tu refuses de parler, tu finiras au fond du Nil.

Le capitaine prit la menace au sérieux.

— J'ai vu une femme, deux hommes et un âne, en effet.

— T'ont-ils parlé ?

— Pas longtemps.

— Que t'ont-ils demandé ?

— Ils souhaitaient aller vers le sud. Moi, je ne prends jamais de passagers. La conversation s'est arrêtée là.

Furieux, Menk serra la gorge du prisonnier.

— Tu mens ! Tu les as aidés, n'est-ce pas ?

— Ils... ils m'ont offert un lapis-lazuli ! Alors, comment refuser ? Je leur ai vendu une grande barque, équipée d'une voile. Grande, mais pourrie. Ils n'iront pas très loin. Maintenant, vous savez tout.

Terrorisé, le marin suait à grosses gouttes.

Ce fou mettrait-il sa menace à exécution ?

— Si tu t'es moqué de moi, dit Menk d'une voix coupante, nous reviendrons. Et tu n'auras plus jamais l'occasion de mentir.

30.

La verdeur retrouvée du juge Gem étonna ses subordonnés. Oubliés, le poids des ans, l'arthrose, les jambes lourdes et l'aspiration à une retraite méritée. Inutile de lui parler de fatigue et d'heures de travail limitées. Seule comptait la traque du scribe et de ses complices.

Muni d'un décret royal lui permettant d'arrêter n'importe quel suspect, y compris un chef de province, le haut magistrat mettait en place un quadrillage policier d'une ampleur inégalée. Bientôt, la Haute-Égypte entière serait sous contrôle permanent.

À bord du bateau dont les deux cabines avaient été transformées en bureaux, quantité de scribes s'affairaient. Lors de chaque escale, on procurait au juge des informations ; et lui donnait de nouvelles directives.

La relecture du dossier Bébon le conforta dans son opinion : ce comédien était une recrue de choix pour la faction terroriste dirigée par Kel. Grand voyageur, jouant le rôle des dieux sur les parvis des temples quand on célébrait la partie publique des mystères, Bébon avait forcément tissé un réseau d'amitiés mis aujourd'hui au service du crime.

Malheureusement, aucune précision relative à son amitié avec le scribe assassin. Sans domicile fixe, Bébon habitait chez ses maîtresses successives et, en dehors de ses tournées, vivait d'expédients. La perspective d'appartenir à un mouvement occulte capable de renverser le trône royal avait dû le séduire.

Et la prêtresse de Neit, Nitis, apportait sa pierre à l'édifice. Son défunt maître spirituel lui avait forcément donné les noms de ritualistes mêlés au complot et susceptibles de l'aider. Voilà pourquoi Kel échappait aux forces de l'ordre depuis si longtemps.

Une hypothèse terrifiante traversa l'esprit du juge : la Divine Adoratrice était-elle l'âme et le chef des terroristes ? Ne pouvant agir à visage découvert, elle animait la démarche des conjurés, à la fois spirituellement et matériellement. Amasis ne se trompait-il pas en la croyant confinée à Thèbes et dépourvue d'influence réelle ? Peut-être avait-elle réussi à créer une armée secrète de partisans, décidés à lui offrir la plénitude de la fonction pharaonique.

Une analyse objective de la situation rendait cette théorie invraisemblable. Amasis contrôlait l'armée, la police et l'ensemble des services de l'État. La Divine Adoratrice, elle, célébrait des rites en l'honneur d'Amon et ne régnait que sur un nombre restreint de ritualistes et de serviteurs profitant des richesses de la province thébaine.

En recherchant son aide, Kel se leurrait. La Divine Adoratrice serait contrainte de le repousser et le remettrait probablement entre les mains des autorités. Sauf… sauf si les papyrus codés étaient un élément essentiel de cette tragédie et si la souveraine de Thèbes, à l'immense savoir, possédait la clé du déchiffrement !

Personne ne parvenait à les lire. Dissimuler le contenu avec tant d'habileté ne prouvait-il pas leur importance ?

L'un des assistants du juge Gem interrompit ses réflexions.

— Je viens de recevoir quantité de rapports de la plupart des grandes villes de Haute-Égypte.

— Pourquoi fais-tu cette tête-là ? Aurais-tu appris une catastrophe ?

— Le terme ne me semble pas excessif.

— Explique-toi !

— Les chefs de province et les maires de Haute-Égypte ne s'empressent pas d'appliquer vos directives. Ils obéissent au pharaon, certes, mais n'apprécient guère son amour de la Grèce. Saïs leur apparaît lointaine et tellement tournée vers la Méditerranée qu'elle en oublie le Sud profond et ses traditions que défend la Divine Adoratrice.

— Un début de rébellion ?

— N'exagérons pas. Les autorités se contentent de traîner les pieds et de modérer leurs efforts.

— Autrement dit, les contrôles ne sont pas exercés avec la rigueur nécessaire et l'assassin peut passer entre les mailles du filet !

— Je le crains, juge Gem. Du côté des temples, c'est pire. Ils désapprouvent la mainmise de l'État sur leur gestion et sur leurs biens, et déplorent la nomination des grands prêtres par Saïs sans consultation des clergés locaux. Se sentant méprisés et ligotés, les prêtres du Sud ne nous procureront aucune aide.

— Ils cacheront même les fugitifs !

— Pas impossible. Heureusement, nous disposons de quelques informateurs.

La situation se présentait beaucoup plus mal que prévu, et le scribe Kel en profiterait au maximum. Le juge rédigea un long rapport à l'intention du roi Amasis afin de lui révéler cette réalité souterraine et inquiétante. Dans ces circonstances, la mission du général Phanès d'Halicarnasse à Éléphantine s'annonçait décisive. En cas de révolte de la garnison et d'alliance avec les Nubiens, l'équilibre du pays serait menacé.

À peine le bateau du haut magistrat accostait-il le quai du port principal du Fayoum qu'un officier monta à bord et sollicita une entrevue immédiate.

— Des incidents graves se sont produits au lac de Sobek, apprit-il à Gem. Des prêtres ont été sauvagement agressés par trois individus, deux hommes et une femme. Le crocodile sacré a été épargné.

— Amène-moi les témoins.

— Le grand prêtre de Sobek aussi ?

— *Tous* les témoins, et vite.

Le juge subit un flot de gémissements et de protestations indignées. Le clergé local exigeait une forte indemnisation de l'État, en raison des préjudices subis. Quant à la description des coupables, elle relevait de la plus haute fantaisie. Seul détail significatif : la femme était une prêtresse de Neit, venue chercher l'aide de Sobek. Et il lui avait offert un arc monstrueux et des flèches gigantesques !

Gem retint le prêtre qui avait côtoyé de près le trio. À l'évidence, il cachait une partie de la vérité.

— Cette femme a-t-elle parlé au crocodile ?

— Non... Enfin, un peu.

— Comment s'est-il comporté ?

— Normalement.

— L'incarnation de Sobek reconnaît ses serviteurs à leur voix, d'après le grand prêtre. Or cette prêtresse de Neit n'en faisait pas partie. Si elle s'est approchée du dieu, elle courait un danger mortel. N'aurais-tu pas tenté de te débarrasser d'elle ?

— Notre destin appartient aux dieux, et...

— Tentative de meurtre, ça coûte très cher !

— On m'a promis qu'on ne m'ennuierait pas et que je toucherais le dédommagement mérité ! Pourquoi me torturez-vous ?

L'œil du juge brilla.

— Qui est ce « on » ?

— J'ai promis de me taire.

— Ou tu parles, ou je t'envoie en prison.

Le prêtre n'hésita pas longtemps.

— Un agent spécial mandaté par le palais m'a longuement interrogé et ordonné de ne pas mentionner son intervention sous peine de représailles.

— Son nom ?

— Il ne l'a pas prononcé. Plusieurs acolytes l'accompagnaient, et ils n'avaient pas l'air commode !

— Leur as-tu donné des indications que tu aurais oublié de me fournir ?

— Nullement ! Me protégerez-vous ?

— Des militaires seront préposés à la surveillance de la région.

Le prêtre s'inclina.

Perplexe, le juge envisageait deux possibilités : soit Hénat, le chef des services secrets, menait sa propre enquête en utilisant un commando ; soit des membres du gang du scribe Kel répandaient la terreur et l'intimidation.

Dans un cas comme dans l'autre, mieux valait ne pas se heurter à Hénat. Le magistrat se débrouillerait seul.

31.

Grâce à une forte bise, la barque progressait à vive allure. Confortablement installé, Vent du Nord s'accordait de belles heures de sommeil. Scintillant au soleil, les eaux du Nil offraient un bleu analogue à celui du ciel. Honnête navigateur, Bébon tenait le gouvernail et surveillait la voile. Enlacés, Kel et Nitis savouraient ces instants de quiétude en admirant les rives verdoyantes de la Moyenne-Égypte.

— Je n'avais jamais imaginé un pareil bonheur, murmura-t-il. Ton amour dissipe les ténèbres.

— Vivre ensemble d'une seule vie, n'est-ce pas un présent des dieux ?

Un craquement sinistre alerta les passagers.

— Voie d'eau, observa Bébon. Il faut écoper.

Kel se mit aussitôt à l'ouvrage. Malgré ses efforts, la brèche s'élargit et la barque devint difficilement manœuvrable.

— Ce bandit nous a vendu une embarcation pourrie ! rugit le comédien. Il faut accoster.

Les deux hommes amenèrent la voile, puis ramèrent en cadence.

Vent du Nord regagna la terre à contrecœur et s'ébroua. Porter les bagages l'amusait moins qu'un voyage sur le fleuve.

Personne à l'horizon.

— Je sais où nous sommes, dit Bébon. Nous traverserons les terres cultivables et emprunterons le chemin à la lisière du désert. Je compte plusieurs amis dans chacun des villages, et nous trouverons facilement à manger et un abri pour dormir.

— Incident favorable, jugea Kel. Le vendeur a dû nous dénoncer à la police fluviale qui s'est élancée à notre poursuite.

— Prochaine étape majeure : Hermopolis. J'y ai joué de nombreux mystères, et le ritualiste en chef m'apprécie. Il nous indiquera le dispositif policier et nous permettra d'y échapper.

Vent du Nord prit la tête. Vu la distance à parcourir, il ne s'agissait pas de musarder.

***

Menk trépignait.

Son bateau aurait dû rejoindre depuis longtemps la barque de Nitis. Or il n'avait dépassé que des pêcheurs et des riverains transportant des marchandises.

— Les fugitifs n'auraient-ils pas dissimulé ou coulé leur embarcation ? interrogea un mercenaire. En ce cas, impossible de retrouver leur trace.

— Ils ont donc choisi la voie terrestre, estima Menk. Mais sur quelle rive ? Nitis dispose d'appuis parmi les prêtres qui estimaient son maître disparu. N'a-t-il pas étudié à Hermopolis, le grand sanctuaire de Thot ? Il recèle d'anciens rituels et forme des scribes de première force. Oui, Nitis se rendra à Hermopolis. Et nous l'y attendrons.

Le mercenaire jugea malsaine l'exaltation de Menk. Habitué à obéir, il exécuterait néanmoins les ordres.

***

Le commandant de la forteresse d'Hérakléopolis était aussi le « chef des bateaux », chargé d'assurer la sécurité de la navigation en Moyenne et en Haute-Égypte. Proche du Fayoum, la vieille cité sommeillait, et le commandant se souciait surtout de prélever les nouveaux impôts s'appliquant aux détenteurs d'immunités. Désormais, on pourrait arrêter un prêtre à l'intérieur même du territoire du temple s'il refusait de s'acquitter de cette contribution générale et obligatoire. Importée de Grèce, cette pratique suscitait la colère des clergés locaux, mais le dernier mot revenait au fisc, appuyé par l'armée.

Quoiqu'il n'approuvât guère les méthodes d'Amasis, l'officier devait obtempérer. S'attaquer ainsi aux temples, n'était-ce pas affaiblir le socle traditionnel du pays ? Ne cessant de s'étendre, l'influence grecque éloignait la population des dieux et l'entraînait vers un matérialisme chaque jour plus pesant. Heureusement, à Thèbes, la Divine Adoratrice célébrait les rites ancestraux reliant la terre au ciel.

L'arrivée du juge Gem troubla la tranquillité de la forteresse. Le regard et le ton du haut magistrat traduisaient son mécontentement.

— Commandant, avez-vous reçu de la capitale les nouvelles consignes de sécurité ?

— Affirmatif.

— Vous n'ignorez pas que je recherche un dangereux criminel en fuite, décidé à gagner le Sud ?

— Les faits ont été précisés.

— Alors, pourquoi tant de laxisme ? Je viens de voir passer une barque de pêcheurs qui n'a subi aucun contrôle !

— Il faut comprendre la situation locale, juge Gem.

Nous ne pouvons arrêter les petites embarcations et empoisonner l'existence des gens. Ils payent beaucoup de taxes et d'impôts, le travail est rude. Si l'armée les importune sans cesse, leur moral va encore baisser.

— Vos commentaires m'indiffèrent, commandant ! Combien de barques avez-vous oublié de vérifier, ces derniers jours ?

— Difficile à dire.

— Êtes-vous conscient de votre manque de vigilance ?

— Impossible de faire mieux, je vous le répète. Je l'ai également confirmé à l'envoyé du chef du palais, accompagné de cinq soldats. À bord d'un bateau rapide, il s'est élancé à la poursuite du fuyard. Si ce dernier ne dispose que d'une barque, il sera vite rattrapé.

Gem était perplexe.

Hénat, envoyer un commando à la poursuite du scribe Kel… Possible, mais peu vraisemblable, car l'habile patron des services secrets n'aurait pas permis à ses hommes de se manifester de manière aussi ostensible.

La vérité était autre.

Ce commando-là, se référant à Hénat afin de franchir toutes les barrières, assistait le scribe Kel, s'informait du dispositif militaire et policier dressé contre lui, et le protégeait efficacement.

Kel, Nitis, Bébon, six fidèles… La taille de l'ennemi se précisait.

Le juge Gem fixa le commandant de la forteresse d'Hérakléopolis.

— J'ai l'intention de vous démettre de vos fonctions. Votre attitude met en péril la sécurité de l'État. Vous passerez en jugement et serez condamné.

L'officier s'effondra.

— Je ne comprends pas, je…

— Une seule possibilité d'éviter ce châtiment mérité : à partir de cet instant, vous contrôlez tout ce qui circule sur le Nil, même les flotteurs en roseaux. Et vous m'adressez un rapport quotidien.

— Entendu, accepta l'officier en baissant la tête.

32.

Après avoir traversé plusieurs villages où l'accueil des amis de Bébon avait été excellent, le comédien, Nitis, Kel et Vent du Nord s'approchaient d'un gros bourg nommé Les Trois Palmiers. Encore deux jours de marche soutenue, et ils atteindraient Hermopolis, inaccessible par le Nil, tant les contrôles de la police fluviale se multipliaient.

Ils croisèrent un jeune paysan qui conduisait deux ânes transportant des paniers remplis de gousses d'ail.

Soudain, il se retourna.

— Bébon ! C'est toi, c'est bien toi ?

Le comédien dévisagea le grand garçon au sourire niais.

— Tête-en-l'air ! Je ne t'avais pas reconnu... Tu es devenu un homme, on dirait !

L'interpellé parut gêné.

— Pas tout à fait, mais j'ai bon espoir. La fille du boulanger me plaît bien, et je lui plais aussi.

— Fabuleuse nouvelle !

— Tu viens voir ton ami, le fabricant de sandales rituelles ?

— En effet.

— Le pauvre... Les policiers l'ont interrogé pendant des heures avant de l'emmener. Il y en a partout et ils ont l'air méchant ! On était tranquilles, aux Trois Palmiers. Et dans les villages proches d'Hermopolis, c'est pareil. Ils questionnent les gens et fouillent les maisons.

— Et toi, ils t'ont embêté ?

— Moi, j'ai obéi à mon oncle et j'ai dit que je ne te connaissais pas. Alors, ils m'ont laissé en paix. Et puis je leur vends mon ail à bon prix !

— Nous ne nous sommes jamais rencontrés, entendu ?

Tête-en-l'air approuva d'un clin d'œil, le quatuor rebroussa chemin.

— Séparons-nous, précisa Bébon. Nitis jouera les paysannes, en compagnie de Vent du Nord, et empruntera le sentier en lisière du désert, loin des villageois. Kel et moi utiliserons le fleuve... en nageant. Et nous nous rejoindrons au nord d'Hermopolis, à l'orée du canal menant à la vallée des tamaris.

— Je ne quitterai pas Nitis, décida le scribe.

— Il le faut, jugea-t-elle. Ensemble, nous serons arrêtés. L'arc et les flèches de Neit me protégeront. Toi, ne perds pas l'amulette.

— Nitis...

Elle l'embrassa si tendrement qu'il fut obligé de céder.

— Viens, ordonna Bébon. C'est notre seule chance de réussir.

Déchiré, Kel regarda Nitis s'éloigner.

— Vent du Nord prendra le chemin le plus court et le plus sûr, affirma le comédien. Au travail, le champion de l'endurance ! Rassure-toi, il n'y a pas de crocodiles dans les parages. Ils n'aiment pas être dérangés, et les bateaux sont nombreux à proximité d'Hermopolis.

— Les courants ?

— Je les connais par cœur, grâce à une gentille jeune personne qui se baignait avec moi. On longera les berges, sauf à un endroit où il faudra s'en écarter.

L'eau était délicieuse, nager apaisa l'angoisse du scribe. Il suivit Bébon, déterminé et très à l'aise. Les deux hommes alternaient périodes de crawl[1] et de repos, utilisant les mouvements du fleuve pour progresser à bonne allure.

Kel ne cessait de songer à Nitis. Séparé d'elle, il constatait à quel point sa lumière lui était indispensable. Au-delà de l'amour humain et du désir physique, il existait entre eux une harmonie d'un autre monde.

Bébon se dirigea vers le milieu du fleuve. Le courant favorisait les nageurs, une énorme perche les frôla. Sous l'eau, ils augmentaient leur vitesse.

En remontant à la surface afin de reprendre de l'air, Kel vit un bateau de la police. À la proue, un archer prêt à tirer.

La fin du voyage, loin d'elle, si loin d'elle...

Il sourit et agita la main, en signe de sympathie.

L'archer lui répondit de la même manière, et le bateau poursuivit sa course.

Bébon jaillit à côté du scribe.

— Par les dieux, on a eu chaud !

— Pas trop fatigué ?

— Tu plaisantes !

Le comédien reprit le crawl.

***

À l'horizon, la vallée des tamaris. Au sommet de leur épanouissement, les arbres roses créaient un paysage magique au cœur duquel se dressait l'immense temple de Thot[2]. Vent du Nord s'immobilisa et goûta l'air parfumé inondant ce site enchanteur. Nitis voyait Kel nager et

1. Contrairement à une idée reçue, cette technique n'est pas une invention récente. Un hiéroglyphe des *Textes des Pyramides* prouve qu'elle était déjà pratiquée par les Égyptiens dès l'Ancien Empire.

2. Parfois comparé à Karnak, il fut entièrement détruit par les fellahs qui brûlèrent ses pierres, le résidu étant utilisé comme engrais.

surmonter les périls du fleuve. Bientôt, ils seraient réunis.

Une dizaine de policiers surgirent de la forêt.

— Où vas-tu, jeune femme ? interrogea le sergent-chef.

Nitis le regarda droit dans les yeux.

— Je livre des légumes frais aux temples.

— Ton mari ne t'accompagne pas ?

— Je gère moi-même mon exploitation.

— Une femme libre…

— Cela ne vous importune pas, j'espère ?

— Je respecte la loi. Ton nom ?

— Néféret.

— Je vais examiner le chargement de ton âne.

— Méfiez-vous, il a un caractère ombrageux.

— Si cette bête m'agresse, tu en seras responsable !

— En ce cas, j'ouvre moi-même les paniers.

Les policiers se rapprochèrent de Nitis, comme s'ils redoutaient qu'elle exhibât une arme terrifiante.

— Poireaux, salades et oignons… Satisfait ?

— Ce sac, attaché au flanc de ton âne, que contient-il ?

Une simple paysanne, propriétaire d'un arc… Le sergent-chef arrêterait Nitis et l'emmènerait au poste de police.

— Affaires personnelles.

— J'ai l'ordre de tout examiner. Montre ou bien nous abattons ton âne.

La tête et les oreilles basses, Vent du Nord prenait soin de ne manifester aucun signe d'hostilité. En prison, la prêtresse tenterait de se défendre. Kel et Bébon poursuivraient la quête de la vérité.

Lentement, elle sortit l'arc du sac en toile de lin.

Les yeux fixés sur l'étrange objet, les policiers devinrent

hagards. Figés, les bras ballants, ils semblaient incapables d'intervenir.

Du bois d'acacia émanait une clarté aussi intense que celle du soleil. Seule Nitis ne fut pas victime d'un éblouissement.

— Passe, ordonna le sergent-chef.

33.

— Fatigué ? demanda Kel.

— Absolument pas, répondit Bébon, épuisé.

Peinant à reprendre son souffle, le comédien se demandait comment il avait pu nager si longtemps. La berge lui paraissait inaccessible, son corps pesait lourd. Un effort, un autre effort, une énergie venue du tréfonds de son être, et la terre ferme, enfin !

— Tu vois, dit-il au scribe, ce n'était qu'une promenade de santé.

Kel aida son ami à se relever.

— Hâtons-nous de rejoindre Nitis.

— Je suis certain qu'elle a réussi, comme nous.

Le rythme qu'imposa Kel mit Bébon à la torture.

L'ombre des premiers tamaris fut un soulagement. Les jambes devinrent soudain plus légères, et Bébon reprit de la superbe.

Auprès d'un puits, Nitis et Vent du Nord.

Les amants s'étreignirent longuement.

Ils se racontèrent leurs épreuves respectives, se félicitant une nouvelle fois de la protection des dieux.

— Nous n'avons pas encore atteint le temple, rappela Bébon. Nous montrer ensemble serait dangereux. Je vais contacter le ritualiste en chef et je reviendrai vous chercher.

— Merci pour ton courage, dit Nitis.

Ému, le comédien fut incapable de prononcer le moindre mot.

***

Le bonhomme avait une sale tête.

— J'ai soif, grogna-t-il.

— Le puits ne m'appartient pas, rétorqua Kel. Bois à satiété.

Le regard en coin, l'assoiffé observait son interlocuteur. Nitis et Vent du Nord se reposaient à l'ombre d'un tamaris.

— Tu es d'ici ?

Le scribe hocha la tête affirmativement.

— Alors, tu dois connaître le village des Trois Palmiers ?

— J'en viens.

— Tu connais donc le fabricant de sandales rituelles ?

— J'ai participé à son arrestation.

L'assoiffé s'écarta du puits.

— Ça veut dire… que tu es un policier ?

— J'aimerais savoir pourquoi tu poses toutes ces questions. Ne serais-tu pas un ami de délinquants en fuite, par hasard ?

— Non, oh non ! Je fais partie des jardiniers chargés d'entretenir la vallée des tamaris et la police m'a demandé de lui signaler les nouvelles têtes et les personnes suspectes.

— Continue à te montrer vigilant, et tu seras récompensé.

— Compte sur moi !

Le bonhomme s'éloigna.

— Nous devrions quitter les lieux, dit Kel à Nitis. Mais

si Bébon ne nous retrouve pas, il croira que nous avons été interpellés. Et d'autres indicateurs risquent de nous repérer. Ma petite comédie ne sera pas toujours efficace.

— Attendre est la seule solution, décida la jeune femme.

— Et si Bébon lui-même a été arrêté ?

— Puissent les dieux continuer à nous protéger.

Paisible, Vent du Nord ne manifestait pas de signes d'inquiétude. À la tombée de la nuit, il se releva et, les oreilles dressées, prévint ses amis.

Quelqu'un arrivait à marche rapide.

— Bébon !

— Nous sommes sauvés, j'ai rencontré le ritualiste en chef et lui ai tout raconté.

— Énorme risque ! estima Kel. Il aurait pu t'envoyer en prison.

— Le bonhomme est trop intelligent pour avaler des sornettes.

Le quatuor se dirigea vers le grand temple de Thot, le maître de la connaissance et le patron des scribes. Kel rêvait de le visiter un jour, voire d'y travailler, mais dans des conditions fort différentes !

Bébon les conduisit à une annexe où se trouvaient une bibliothèque, un réfectoire, une réserve de vases sacrés, un atelier et une étable.

Le crâne rasé, vêtu d'une tunique blanche immaculée, bien en chair, le ritualiste en chef les accueillit au seuil d'une petite demeure de fonction.

— Ainsi, voilà Nitis dont mon très cher ami, le défunt grand prêtre de Neit, m'a tant parlé !

La jeune femme s'inclina.

— Vous étiez le sujet principal de ses lettres. Il vous considérait comme sa fille spirituelle et voulait vous voir lui succéder. En raison d'événements graves, il redoutait cependant une intervention néfaste du pouvoir et m'a demandé de vous aider en cas de nécessité. Aujourd'hui, je suis heureux de tenir ma promesse.

Le ritualiste en chef dévisagea Kel.

— Et voilà le terrifiant assassin que recherchent toutes les polices du royaume !

— Il est innocent, affirma Nitis.

— Les explications de Bébon m'ont convaincu, et votre témoignage renforce mon opinion. Vous êtes mêlés à une affaire d'État, et la vérité ne sera pas facile à établir. Seule la Divine Adoratrice dispose de l'autorité nécessaire. Cette maison doit être réaménagée la semaine prochaine ; vous pourrez donc vous y reposer quelques jours. Bébon jouera les palefreniers, Nitis et Kel les prêtres purs occasionnels à mon service. Et je tâcherai de vous trouver un bateau à destination de Thèbes.

— Nous vous sommes infiniment reconnaissants, dit Nitis. M'autorisez-vous à solliciter encore une faveur ?

— Je vous écoute.

— Nous permettez-vous de travailler à la bibliothèque ? Peut-être découvrirons-nous des éléments susceptibles de percer le mystère d'un texte crypté, à l'origine de cette tragédie.

— Accordé. Parlez le moins possible à vos collègues et ne vous promenez pas à l'intérieur de l'enceinte. La hiérarchie a reçu l'ordre de signaler votre présence, et plusieurs indicateurs ne cessent de rôder.

— En nous aidant, observa Nitis, vous prenez beaucoup de risques.

— Je dois tout à votre maître spirituel et je désapprouve la politique du roi Amasis. En nous imposant des lois inspirées de sa Grèce chérie, il conduit le pays à la ruine.

Écraser la population d'impôts et de taxes la découragera. Briser les reins des temples au profit des mercenaires et des commerçants grecs affaiblit l'esprit même des Deux Terres. Si la colère des dieux éclate, leur vengeance sera terrifiante.

La prédiction glaça le sang de Nitis et de Kel.

Le ritualiste en chef prit Bébon par les épaules.

— Désolé, mon ami, tu dormiras à l'écurie. Ce logement est réservé aux prêtres temporaires. Rassure-toi : la paille ne te décevra pas.

D'abord bougon, le comédien songea au jeune couple : il méritait bien une nuit d'amour.

34.

— Infect ! déclara le roi Amasis en renversant la coupe de vin blanc que venait de lui servir son échanson. D'où provient cette piquette ?

— Il s'agit d'un grand cru des oasis réservé au palais, Majesté.

— Brise les jarres qui en contiennent ! Et procure-moi le nom du vigneron responsable. Sa carrière d'incapable est terminée.

L'échanson s'éclipsa.

La reine posa tendrement la main sur le bras de son époux.

— Ce vin ne méritait pas une telle colère, me semble-t-il.

— Vous avez raison, Tanit. En ce moment, j'ai les nerfs à vif ! Parfois, j'éprouve l'insupportable sentiment que le contrôle de l'État m'échappe.

— Auriez-vous de sérieux indices ?

— Non, une simple prémonition, une sorte de malaise.

— Votre chef des services secrets, Hénat, occupe une place essentielle au sommet de l'État. On entend quantité de critiques plus ou moins acerbes à son encontre. Ne devriez-vous pas vous méfier de ses ambitions ?

— Hénat m'informe, il ne décide pas. C'est un homme pondéré, méthodique, travailleur et retors. Ce poste lui convient à merveille, et il connaît ses limites.

— En diriez-vous autant du chancelier Oudja ?

— Un excellent Premier ministre, d'une probité et d'une envergure rares. Pourtant...

— Pourtant ?

— Songe-t-il à me succéder ? Je n'y crois guère. Même remarque à propos du ministre des Finances, Péfy. Ces dignitaires ont passé leur existence à servir l'État et connaissent le poids de la fonction royale.

— Ne soyez pas trop confiant, recommanda la reine. Selon un ancien texte de *Sagesse*, le pharaon n'a ni ami ni frère.

Amasis embrassa Tanit sur le front.

— Rassurez-vous, ma chère : après avoir écouté mes conseillers, je vérifie leurs dires. Et moi seul dirige.

La venue du chancelier Oudja fut annoncée.

— Je vous laisse, dit la souveraine.

— Non, restez. Nous aurons peut-être besoin de vos conseils.

La carrure d'Oudja ne laissait pas d'impressionner. À lui seul, il emplissait la salle d'audience. Il s'inclina respectueusement devant le couple royal.

— J'ai le plaisir, Majestés, de vous annoncer la mise à l'eau du nouveau bateau de guerre, le plus grand de notre flotte. L'ayant examiné moi-même dans les moindres détails, je peux vous assurer qu'il n'aura pas d'adversaire à sa mesure. Reste à nommer un commandant capable de le manœuvrer et d'en tirer le maximum.

— As-tu un nom à me proposer ? demanda Amasis.

— Voici une liste d'officiers expérimentés, Majesté. Mes deux préférés sont marqués d'un point rouge, celui de Phanès d'Halicarnasse d'un point noir. J'ai ajouté le dossier détaillé de chaque candidat.

Amasis examina rapidement la liste et les états de service des postulants.

Il retint un capitaine d'une quarantaine d'années dont le nom n'était marqué d'aucun point.

— Qu'il prenne son poste rapidement.

— Je lui apprendrai sa nomination dès aujourd'hui, promit Oudja. D'ici à un mois, deux autres bâtiments sortiront du chantier naval. Dois-je poursuivre le programme de construction ?

— Accentue-le et engage des charpentiers supplémentaires.

Mains croisées derrière le dos, Amasis arpenta la salle d'audience.

— Tant que le service des interprètes ne sera pas pleinement opérationnel, je me méfierai des Perses [1]. Ce peuple a la guerre et l'intrigue dans le sang. Armons-nous sans relâche, de manière à le dissuader.

La reine approuva d'un discret signe de tête.

— Avons-nous des nouvelles de Crésus ? demanda-t-elle.

— Correspondance diplomatique normale, Majesté. Je vous apporte sa dernière lettre : il vous souhaite une excellente santé de la part de l'empereur Cambyse, fort occupé à restaurer l'économie de ses vastes territoires.

— Écris une réponse conventionnelle, ordonna Amasis. Mitétis, l'épouse de Crésus, m'a-t-elle vraiment pardonné d'avoir renversé son père afin de lui succéder ?

— Impossible à dire, jugea la reine. L'âge venant, elle verra d'un œil différent ces moments douloureux, à moins qu'une rancune inextinguible ne la ronge. Quoi qu'il en soit, dispose-t-elle d'une réelle influence sur la politique perse ?

1. Les anciens Iraniens.

— Seul Crésus compte, concéda le roi.

— Je viens de recevoir un rapport inquiétant du juge Gem, déclara le chancelier d'une voix grave. Son enquête progresse, et il est persuadé que le scribe Kel est à la tête d'une bande de séditieux à la fois mobiles et déterminés. Il ne s'agit donc pas d'une simple affaire d'assassinat mais d'un complot contre l'État et votre personne, auquel serait mêlée la prêtresse Nitis. Constat décevant : les diverses autorités de Haute-Égypte rechignent à appliquer les consignes du juge. Aussi les mailles du filet se révèlent-elles très larges, permettant aux insurgés de nous échapper.

— L'influence de la Divine Adoratrice ! pesta le monarque. Elle s'oppose au progrès incarné par les Grecs et veut maintenir la Haute-Égypte dans ses traditions surannées. Le juge possède-t-il une piste sérieuse ?

— Oui, Majesté, car le scribe Kel a laissé des traces de son passage, notamment au Fayoum. Grâce aux moyens dont il dispose, le juge Gem a bon espoir de le retrouver. Il se heurtera néanmoins à l'absence de collaboration des temples, mécontents de votre politique à leur égard.

— Les temples... Je devrais en raser un bon nombre !

— Ce serait une erreur, estima la reine. Aux yeux de la population, qui n'y a pourtant pas accès, les sanctuaires sont les demeures des dieux et garantissent la survie des Deux Terres. L'important était de ramener les prêtres à la raison, et vous y êtes parvenu.

— En apparence, seulement en apparence ! Nitis dispose certainement d'un réseau de complices qui les abritent et leur fourniront les moyens de transport jusqu'à Thèbes.

— Nous pourchassons les fuyards, Majesté, rappela le chancelier, et pouvons compter sur la pugnacité du juge

Gem. Et puis la Divine Adoratrice ne négligera pas l'avertissement solennel de Hénat.

— Cette vieille prêtresse est aussi têtue qu'une montagne ! La convaincre ne sera pas facile.

Le chancelier parut choqué.

— Jamais la Divine Adoratrice n'osera aider un criminel en fuite et sa bande de révoltés ! Quelle que soit son hostilité à l'évolution de notre société, elle n'enfreindra pas la loi. Sinon, sa réputation s'effondrera.

— Un rapport du général en chef Phanès d'Halicarnasse ?

— Pas encore, Majesté. Le ministre Péfy, lui, est arrivé à Abydos où il supervise des travaux de réfection et prépare la célébration des mystères d'Osiris. Il m'a laissé des dossiers en ordre, et ses assistants collaborent de manière rigoureuse. Grâce à l'efficacité des agents du fisc, les nouveaux impôts sont un plein succès, et les finances du pays se portent à merveille.

— Tu peux te retirer, Oudja.

Amasis s'assit lourdement sur son trône.

— Le pouvoir me pèse, confia-t-il à son épouse.

— Vos réformes ne sont-elles pas une réussite ? En les appliquant d'une main ferme, vous augmentez la richesse des Deux Terres.

— Assez parlé de travail, ma chère ! Promenade en barque, vin frais et déjeuner en compagnie de musiciennes.

35.

Émerveillé, Kel contempla Nitis. Elle avait les plus beaux yeux du monde, un corps digne de celui des déesses et le charme d'une magicienne.

Bien sûr, ce n'était qu'un rêve. Elle ne pouvait être là, tout près de lui, amoureuse, abandonnée. Au risque de la briser, il osa l'embrasser.

Radieuse, elle s'éveilla.

— Nitis… C'est toi ? C'est vraiment toi ?

Son sourire et son regard le bouleversèrent, il l'étreignit à l'étouffer.

— Doucement, implora-t-elle.

— Pardonne-moi, tant de bonheur…

— Les dieux nous protègent, Kel, à condition de remplir notre mission.

Soudain, la dure réalité sauta au visage du jeune homme. Ils ne formaient pas un couple ordinaire, se réveillant chez lui, au cœur d'un village tranquille. Kel ne se rendrait pas à son bureau, Nitis ne remplirait pas ses devoirs de maîtresse de maison, ils ne parleraient pas de leurs futurs enfants.

Cette maison n'était qu'un abri temporaire, peut-être leur dernier moment de grâce.

— Ne perds pas espoir, recommanda-t-elle. Nos alliés nous permettront de rencontrer la Divine Adoratrice, et nous la convaincrons de la justesse de notre cause. Aujourd'hui, nous appartenons au personnel de ce temple.

Kel tenta d'oublier que l'armée et la police du pharaon Amasis le recherchaient. Aux côtés de Nitis et d'autres temporaires, il se purifia dans le lac sacré puis reçut les instructions du ritualiste en chef. Son silence et son recueillement n'étonnèrent personne. Au service des dieux, on n'élevait pas la voix. Et Thot détestait les bavards.

La découverte de la bibliothèque fut un émerveillement. Des milliers de manuscrits avaient été accumulés depuis les premiers âges et soigneusement classés. Ici était édifié le paradis des scribes ! Kel s'attacha aux papyrus mathématiques, mais il lui aurait fallu des mois, voire des années, pour en épuiser la substance et découvrir un éventuel système de décodage. Nitis, elle, étudia l'ancien rituel de création du monde façonné par l'Ogdoade, formé de quatre puissances mâles et de quatre puissances femelles.

***

Après avoir pris son petit déjeuner avec les âniers au service du temple ce matin-là, Bébon et Vent du Nord reçurent les instructions d'un intendant, ami du ritualiste en chef. Ils auraient plusieurs voyages à effectuer entre la brasserie et un bateau à destination du Sud. Le capitaine désirait un bon nombre de jarres de bière afin de lutter contre la soif et, surtout, il accepterait des passagers non déclarés à la police, en échange d'une honnête rétribution.

Le premier contact fut rugueux, car le prix exigé dépassait de beaucoup le niveau de malhonnêteté acceptable. Au fur et à mesure des livraisons de jarres, la négociation évolua de manière favorable, et l'on aboutit à un accord. Grâce au sac de pierres précieuses, Bébon pourrait faire face aux futures dépenses.

Encore deux jours de patience, deux jours d'une insupportable longueur.

Le comédien passa de bons moments en compagnie de ses collègues, tandis que Vent du Nord imposait son calme aux ânes indisciplinés. On but de la bière forte en grignotant des oignons frais et l'on se félicita de travailler au service d'un temple généreux.

Bébon jouait bien son rôle. En réalité, il demeurait en permanence sur ses gardes, craignant de voir surgir la police.

Lorsqu'il retourna au bateau, en pleine nuit, il ne remarqua rien d'anormal. Méfiant, il arpenta le quai.

— Tu cherches quelqu'un ? demanda une voix rauque.

Apparut un costaud armé d'un lourd bâton.

Le comédien garda son calme.

— Une fille. Il en traîne par ici, m'a-t-on dit.

— On t'a mal renseigné.

— Tant pis. Je vais tenter ma chance ailleurs.

— Tu viens d'où ?

— Rendors-toi, mon gars, recommanda Bébon.

— Moi, je surveille les bateaux. Et je corrige les petits curieux.

— Bonne nuit, l'ami.

La police avait des hommes partout. Bébon reviendrait avant le départ et vérifierait qu'elle ne mettait pas en place une souricière.

***

Menk jouait au mieux de ses deux fonctions pour enquêter sur le territoire du temple d'Hermopolis : tantôt il se présentait comme l'organisateur des fêtes de Saïs, tantôt comme l'envoyé spécial du directeur du palais royal,

Hénat. Selon ses interlocuteurs, il usait de la douceur ou de la menace. Malgré cette habile stratégie, il n'avait recueilli aucun indice lui permettant de croire que Nitis et Kel se cachaient dans le domaine du dieu Thot. Seule transparaissait l'hostilité de plusieurs prêtres à l'égard de la politique d'Amasis, donc leur possible complicité avec les fuyards.

Alors qu'il se reposait près d'un puits, au cœur de la vallée des tamaris, il remarqua un étrange bonhomme qui se cachait derrière un tronc et l'observait.

— Allez le chercher, ordonna Menk à deux mercenaires.

L'interpellation fut musclée.

— Je suis un honnête jardinier, glapit le fouineur, et vous n'avez pas le droit de m'arrêter !

— Le palais m'a doté des pleins pouvoirs, déclara Menk, glacial. Un seul mensonge, un seul refus de me répondre, et tu disparais. Pourquoi m'épiais-tu ?

La voix du jardinier tremblait.

— C'est à cause de l'autre, le policier... Je me suis demandé si ça recommençait, si vous étiez son collègue... Moi, j'aide la police ! Je lui signale les étrangers douteux, elle me récompense.

— Lui as-tu signalé celui-là ?

— Non, puisqu'il était policier !

— Seul ?

— Non, enfin, je ne crois pas. Près du puits, il y avait aussi une très jolie femme et un âne. Sans doute accompagnait-elle l'étranger.

« Kel et Nitis », pensa Menk.

Ainsi, le temple de Thot leur donnait l'asile !

— Mon collègue t'a interrogé ? demanda Menk, aimable.

— Non, il m'a juste précisé qu'il venait du village des Trois Palmiers où il avait participé à l'arrestation d'un délinquant. Moi, je n'ai pas insisté.

— Bonne initiative, l'ami. Cette enquête ne te concerne pas. Garde ta langue, et il ne t'arrivera rien de fâcheux.

Sous le regard menaçant des mercenaires, le jardinier déguerpit.

Menk aurait dû prévenir Hénat et déclencher une descente de police. Mais il ne voulait laisser à personne le soin d'abattre le scribe Kel et de sauver Nitis. La jeune femme comprendrait le sens de son geste et lui en serait reconnaissante.

Il fallait donc déployer une stratégie subtile afin d'attirer son rival dans un piège mortel.

36.

Très âgé, le grand prêtre du temple de Thot sortait rarement de sa modeste demeure de fonction, proche du lac sacré. Il continuait néanmoins à régir la vie rituelle de l'immense sanctuaire et surveillait de près les administrateurs, chargés d'entretenir la prospérité matérielle du vaste domaine. Chaque matin, il se réjouissait de voir le soleil illuminer les édifices et remerciait le dieu de la connaissance de lui avoir accordé une belle et longue vie au service du sacré.

Son plus proche collaborateur, le ritualiste en chef, s'acquittait impeccablement de ses multiples devoirs. Il appartenait à cette catégorie exceptionnelle de Serviteurs du dieu dépourvus d'ambition et ne songeant qu'à la perfection des cérémonies. Sa dernière initiative était surprenante, mais ses arguments avaient convaincu le grand prêtre, fort attaché au droit d'asile que battait en brèche le pouvoir actuel. Et la loi de Maât devait s'imposer à la justice des hommes. Si elles s'éloignaient l'une de l'autre, le monde deviendrait invivable.

Recevoir le juge Gem l'ennuyait. Face à l'insistance du chef de la magistrature égyptienne, le grand prêtre avait pourtant accepté une entrevue de manière à ne pas provoquer l'irritation du roi Amasis à l'encontre d'Hermopolis.

— Je vous remercie de m'accueillir, grand prêtre, dit le juge, énervé d'avoir tant attendu.

— Mon mobilier est sommaire. Ce tabouret à trois pieds vous convient-il ?

— Tout à fait.

— Quel bon vent vous amène ici, juge Gem ?

— Le pharaon m'a donné les pleins pouvoirs pour arrêter, voire éliminer, un assassin de la pire espèce, le scribe Kel. Il est à la tête d'une cohorte de dangereux conspirateurs dont font partie une prêtresse de Neit, Nitis, et un comédien nommé Bébon. Il a souvent joué des rôles, ici, lors de la représentation des drames sacrés sur le parvis du temple.

— Bébon... Un excellent garçon, un peu fantasque, apprécié de tous.

— Je vous rappelle, grand prêtre, qu'il vient en aide à un criminel impitoyable, accusé d'un grand nombre de meurtres.

— Pourquoi ce scribe aurait-il commis des actes aussi horribles ?

— Secret d'État.

— Ah !... Il a donc déplu au roi.

Le juge s'efforça de garder son calme.

— Ne croyez pas cela, grand prêtre. L'État étant menacé, nous devons intervenir et empêcher un groupe de séditieux de renverser le trône.

— Le pharaon n'est-il pas le premier des serviteurs de Maât ? Bâtisseur des temples, il offre aux dieux leurs demeures terrestres et, par cette offrande, attire leur bienveillance. S'attaquer aux sanctuaires et les considérer comme des domaines ordinaires, n'est-ce pas une grave erreur ? Dites au souverain que le respect de la Tradition préserve l'harmonie et que l'adulation du progrès effréné mène au malheur.

— Grand prêtre, je ne viens pas évoquer une politique dont je ne suis pas responsable.

— Pourtant, vous l'appliquez, puisque la justice des temples n'est plus reconnue.

Gem bouillonnait.

— À cet instant, une seule question compte : le scribe assassin et ses complices se cachent-ils dans ce temple ?

Le vieillard prit un long temps de réflexion.

— D'abord, il faudrait apporter les preuves irréfutables de leur culpabilité ; connaissant Bébon, je le vois mal participer à un complot criminel contre le roi. Ensuite, comment contrôler la totalité des allées et venues ? Je sors rarement de cette petite maison et je dois me fier aux rapports de mes subordonnés. À mon âge, si proche du Bel Occident, je m'occupe de moins en moins des problèmes profanes et tente de percevoir les paroles des dieux.

— Qui contrôle le personnel ?

— Une bonne vingtaine d'administrateurs et de prêtres.

— Je désire consulter leurs listes.

— À votre guise. Procédez avec délicatesse, car cette intervention leur déplaira.

— Un ordre strict de votre part faciliterait ma tâche.

— Désapprouvant votre démarche, je ne le donnerai pas. Conseillez à votre roi de rétablir l'autonomie financière et juridique des temples. En les soumettant de force à la loi ordinaire et en imposant un égalitarisme désastreux, il déclenchera la colère des dieux. À présent, je dois me reposer. Bon retour à Saïs, juge Gem.

Face à ce vieillard autoritaire, obstiné et vénéré, le magistrat se sentit désarmé. Réclamer à sa hiérarchie les documents nécessaires ne fournirait probablement aucun résultat. Absence des responsables, mauvais classements, disparition inexplicable de certains papyrus… On utiliserait cent astuces afin d'empêcher son enquête d'aboutir.

Amasis n'avait brisé les reins des temples qu'en apparence et leur soumission n'était qu'artifice. Désormais contraints de payer de lourds impôts, ils maquillaient leurs déclarations et s'opposaient aux investigations de l'État. Au chancelier Oudja et au ministre des Finances Péfy de résoudre ce difficile problème.

Le juge Gem, lui, devait arrêter le scribe assassin et ses complices.

D'après les déclarations embarrassées du grand prêtre, une certitude : ils se cachaient bien à Hermopolis où la prêtresse Nitis et le comédien Bébon disposaient de soutiens efficaces.

Seconde certitude : le temple n'était qu'une étape et non leur destination finale, Thèbes. Redoutant indiscrétion et délation, les fugitifs n'y resteraient probablement pas longtemps. Leur meilleur moyen de déplacement ? L'un des bateaux appartenant au clergé.

Envoyer l'armée et la police sur les quais, interroger les capitaines et les équipages… Stupide ! Ils mentiraient et donneraient l'alerte à leurs passagers clandestins.

Il fallait obtenir un renseignement décisif : la liste des bâtiments prêts à partir pour le Sud. Ensuite, les placer sous étroite surveillance et attendre la venue de Kel, de Nitis, de Bébon et du reste de la bande.

L'interception n'aurait pas lieu à Hermopolis même, mais à bonne distance de la ville, de manière à éviter la colère du grand prêtre et à le mettre hors de cause. Bénéficiant de la clémence de la justice, il se montrerait peut-être moins hostile aux lois nouvelles.

Le juge Gem convoqua une dizaine d'officiers et leur exposa son plan. Il fut décidé d'utiliser uniquement des indicateurs locaux et des dockers capables de fournir les bonnes informations. Bien payés, ils s'empresseraient de mériter leurs primes.

Chacun eut conscience de l'importance de sa mission.

Cette fois, la chasse à l'homme était sur le point de réussir.

37.

En se rendant pour la première fois à Éléphantine, la capitale de la première province de Haute-Égypte, le général en chef Phanès d'Halicarnasse découvrit un paysage enchanteur. Des îlots fleuris au milieu du Nil, le très ancien temple du dieu bélier Khnoum, des falaises abritant les demeures d'éternité des notables de l'Ancien Empire et une ville commerçante où l'on négociait des produits venant de Nubie, tels l'ivoire et des peaux de félins.

La beauté des lieux ne capta pas longtemps l'attention du militaire. Seule l'intéressait l'impressionnante forteresse qui garantissait la sécurité de la région et fermait l'accès de l'Égypte aux redoutables tribus noires, toujours prêtes à se révolter, tentées par les richesses de la terre des pharaons.

Depuis de nombreuses années, les troubles demeuraient mineurs. Et nul signe alarmant ne suscitait l'inquiétude des autorités.

À l'entrée de la forteresse, deux gardes avachis.

Du tranchant de la main, Phanès frappa le premier au cou. Le soldat s'effondra, son camarade se réveilla et pointa sa lance vers le général.

Ce dernier la lui arracha, la brisa et lui fracassa le crâne d'un coup de poing.

— Défendez-vous, bande de lâches ! hurla le Grec.

Quand surgirent une dizaine d'hommes, Phanès d'Halicarnasse brandit sa lourde épée.

Effrayés, les soldats se figèrent, incapables d'attaquer le géant.

— Misérables ! Je devrais vous trancher la gorge.

Lorsqu'il cracha, ils battirent en retraite à l'intérieur du bâtiment.

Suivi de sa garde personnelle, formée de fidèles dépourvus d'états d'âme, le colosse pénétra dans la première cour.

Enfin, un officier apparut.

Mal rasé, il sortait d'une longue sieste.

— Qui êtes-vous ?

— Phanès d'Halicarnasse.

— Le... le...

— Le général en chef des armées égyptiennes.

— Votre... votre visite n'était pas annoncée !

— Toutes les forteresses de l'Égypte sont mon domaine, celle-ci comprise. Et je n'ai nullement besoin d'annoncer ma venue. À chaque instant, la garnison entière doit être prête à repousser une attaque ennemie. Vu ton état et celui de tes hommes, échec assuré.

— Personne ne nous menace !

— Va chercher le commandant.

Quatre à quatre, l'officier grimpa les marches menant au logement de son supérieur.

Bedonnant, affligé d'un triple menton, le souffle court, il descendit lentement de son perchoir.

— De qui se moque-t-on, ici ? L'unique autorité, c'est moi !

La gifle de Phanès renversa le protestataire.

— Je te démets de tes fonctions, incapable ! Tu es la honte de mon armée et tu finiras ta carrière au fin fond d'une oasis, à garder les bagnards. Disparais immédiatement.

Le visage en feu, le gélatineux se traîna hors de la vue du géant.

— Rassemblement immédiat de tous les soldats ! tonna le général.

L'ordre fut aussitôt exécuté.

— Dès aujourd'hui, je vais nommer un Grec commandant de cette forteresse. Il vous apprendra d'abord la discipline puis l'art de la guerre. Trois fois par jour, exercice. Les traînards et les paresseux seront condamnés au cachot. Commençons par nettoyer cette porcherie. Ce soir, je veux une forteresse propre, des soldats rasés et lavés. Exécution.

Phanès appela l'officier de liaison chargé de lui communiquer les rapports sur l'état des lieux. Des textes lénifiants et répétitifs.

— Pourquoi ne m'as-tu pas signalé ce désastre ?

— Général, la situation me paraissait normale. Ici, à Éléphantine, le climat n'incite pas à un travail excessif, la région est calme et…

D'un coup de tête, le géant défonça la poitrine du bavard.

— Débarrassez-moi de ça, ordonna-t-il à deux soldats égyptiens terrorisés.

Au pas de charge, Phanès explora la totalité des salles de la forteresse. Et il s'attarda dans le bureau de l'ex-commandant où était conservée la correspondance militaire.

En apparence, des banalités administratives. Et, soudain, une tablette de bois comportant deux écritures, l'une égyptienne, l'autre étrangère.

Le chef des interprètes locaux fut aussitôt convoqué.

— Du nubien, constata-t-il.

— Alors, traduis !

Balbutiant, l'interprète rendit compte de la requête d'un

chef de tribu sollicitant des passe-droits et des remises de taxe, en échange de son attitude pacifique.

La réponse de l'ex-commandant avait été positive.

Un second courrier évoquait le détournement de produits alimentaires, d'arcs, de flèches et de boucliers par les douaniers.

— Silence absolu, exigea Phanès d'Halicarnasse. Le moindre bavardage, et tu seras exécuté pour haute trahison.

L'interprète jura sur le nom de Pharaon et de tous les dieux.

Ainsi, la réalité était beaucoup plus inquiétante que le général le supposait ! Délabrement de la forteresse, état lamentable de la troupe, corruption, collusion avec l'ennemi... En cas d'attaque, Éléphantine n'offrirait aucune résistance.

— Amenez-moi la fripouille qui prétendait diriger cette garnison.

Les mercenaires grecs le recherchèrent en vain.

L'ex-commandant s'était enfui.

— Nous allons interroger les officiers, décida Phanès d'Halicarnasse. *Vraiment* les interroger. Je veux connaître la nature du complot et son étendue.

Les séances de torture débutèrent le soir même. Bien qu'elle fût interdite par la loi de Maât, le général passa outre. La sécurité de l'État l'exigeait.

Les résultats dépassèrent ses craintes.

L'ex-commandant de la forteresse d'Éléphantine, des prêtres du temple de Khnoum et des chefs de tribus nubiennes voulaient créer une région autonome, hostile aux réformes du roi Amasis. Le nom du scribe Kel n'était pas cité, mais il se trouvait forcément mêlé à ce complot de vaste envergure.

38.

— À la fin du jour, annonça le ritualiste en chef à Nitis, votre bateau sera prêt à partir. D'ordinaire, la navigation nocturne est interdite. En raison des fortes chaleurs, j'ai obtenu une dérogation.

— Le capitaine ne nous trahira-t-il pas ?

— Il est vénal, mais correct. Le non-respect d'un contrat détruirait sa réputation. Vous pouvez avoir confiance, il vous mènera à bon port.

— La police ?

— Je connais les heures de ronde. Quant au guetteur, il sombrera dans un profond sommeil. Le laboratoire du temple dispose de produits efficaces. Au moment opportun, un marin passera vous chercher à votre demeure de fonction.

— Comment vous remercier ?

— En faisant triompher la vérité, Nitis, et en priant la Divine Adoratrice de conforter son pouvoir. Sinon, Amasis conduira le pays à la ruine. Votre combat dépasse votre personne, celles du scribe Kel et du comédien Bébon. De son issue dépend le sort du pays entier.

La jeune femme retourna à la bibliothèque où Kel continuait à lire des papyrus mathématiques. Hélas ! nulle clé permettant de décrypter le code.

— Nous quittons Hermopolis cette nuit, murmura-t-elle, avant de relater son entretien avec le ritualiste en chef.

— Je vais prévenir Bébon.

Quoique renforcé, le service d'ordre se montrait discret. Le grand prêtre refusait de voir son domaine envahi par la police. Vu son autorité, on respectait ses consignes.

Prudent, Kel fit un grand détour et s'arrêta à plusieurs reprises avant de s'approcher de l'écurie.

Vent du Nord s'y prélassait, Bébon sommeillait.

Le scribe caressa l'âne, paisible et détendu.

— Du nouveau ? s'inquiéta le comédien.

— Nous partons cette nuit pour Thèbes. Un marin nous conduira au bateau.

— Je vous suivrai à bonne distance. En cas de danger, Vent du Nord nous avertira. Auparavant, je retourne flâner sur le quai.

— Rien d'inquiétant ?

— Apparemment non. Reste le guetteur en poste la nuit durant.

— Il sera neutralisé.

— C'est presque trop beau !

— N'accorderais-tu plus ta confiance au ritualiste en chef ?

Bébon hocha la tête.

— Ni menteur ni voleur, un adepte d'une stricte morale… Je ne le vois pas nous tendre un piège. Et puis nous ne pouvons pas rester longtemps à Hermopolis. La police et l'armée fouilleront le temple, tôt ou tard.

— Nous serons bientôt à Thèbes et nous parlerons à la Divine Adoratrice.

— Bel optimisme !

— Toi, mon ami, douterais-tu ?

Bébon parut gêné.

— Ce n'est pas mon genre ! Et nous n'avons pas le choix. Alors, jetons-nous à l'eau ! Surtout pas de discours moralisateur à propos des risques que tu me fais courir. Je serais capable de devenir violent.

Kel s'assit à côté de Vent du Nord.

— Comme le destin me semble étrange ! J'aime une femme sublime qui m'accorde son amour, j'ai un ami qu'aucun danger ne rebute et, pourtant, l'injustice et le malheur peuvent frapper à tout instant.

— Cesse de te poser des questions inutiles et va de l'avant. S'interroger sur soi-même ne mène... qu'à soi-même ! Ennui mortel assuré. La vraie vie commence demain.

Vent du Nord dressa les oreilles.

Sans précipitation, Kel s'éloigna.

Un ânier à l'œil inquisiteur interpella Bébon.

— Que te voulait-il, ce prêtre ?

— Il me demandait pourquoi je n'étais pas au travail. En raison de cette chaleur, on a droit à des heures de repos supplémentaires ! Ce casse-pieds, je l'ai envoyé promener.

— C'était sûrement un policier. En ce moment, ils pullulent !

— À cause de quoi ?

— Tu n'as pas entendu parler du scribe assassin qui a tué des centaines de malheureux ? Un monstre sanguinaire, capable de s'attaquer à une armée entière !

— Il ne se cache sûrement pas au temple d'Hermopolis.

— C'est sûr, mais les policiers le cherchent partout. Dis donc, il y a des jarres à livrer au port. Tu pourrais t'en occuper ?

Bébon se releva lentement.

Excellente occasion d'examiner les lieux une nouvelle fois.

— C'est bien pour t'arranger.

— À charge de revanche, l'ami.

Le comédien et Vent du Nord passèrent prendre les jarres à la brasserie et se dirigèrent vers le quai.

Un bateau partait, un autre arrivait. Les dockers s'apprêtaient à le décharger, des soldats patrouillaient.

À l'entrepôt, pas de surveillance renforcée.

Le gardien nota le nombre de jarres de bière.

— Ici, dit Bébon, on se sent en sécurité.

— On a même eu droit à la visite du juge Gem, le grand patron de la magistrature, accompagné d'une cohorte de policiers ! Il recherchait des assassins, paraît-il.

— Les a-t-il trouvés ?

— Non, il est reparti bredouille. D'après la rumeur, le grand prêtre ne l'aurait pas autorisé à troubler la quiétude du temple. Malgré son âge, il ne craint personne ! Alors, retour à la routine. Les patrouilles tentent de repérer les petits malins qui cherchent à dérober des marchandises. Quand on les pince, ils ont droit à un bon nombre de coups de bâton et perdent l'envie de recommencer ! Quelle chaleur… Une gorgée de bière ?

— Volontiers.

Désaltéré, Bébon marcha d'un pas très lent et scruta les alentours.

Rien d'anormal.

39.

La nuit était tombée depuis longtemps lorsque le marin frappa à la porte de la petite maison de fonction qu'occupaient Nitis et Kel.

Le scribe bondit lui ouvrir.

— Suivez-moi.

Kel et Nitis se regardèrent. Et s'il s'agissait d'un guet-apens ?

La jeune femme franchit le seuil la première. Kel portait le sac contenant l'arc et les flèches de la déesse Neit, offerts par le crocodile de Sobek.

Le domaine du dieu Thot semblait endormi. Une chaleur lourde persistait, la nouvelle lune n'offrait qu'une faible lumière.

Trapu, le front bas et les mollets épais, leur guide pressa le pas. N'hésitant pas sur le chemin à suivre, il prit la direction du port.

À tout instant, Kel s'attendait à voir surgir des policiers ou des soldats, trop heureux de capturer si aisément leur proie.

Bébon et Vent du Nord n'auraient pas le temps d'intervenir et succomberaient sous le nombre. Au moins, les assaillants épargneraient-ils Nitis ? Le scribe s'interposerait et donnerait sa vie pour la défendre, mais comment échapper à une meute décidée à tuer ?

Enfin, le quai.

L'endroit le plus dangereux.

Ils les attendaient là, forcément.

Le marin s'immobilisa. Kel enlaça Nitis. De longues secondes s'écoulèrent, interminables. D'un signe de la main, leur guide ordonna d'avancer en direction d'un imposant bateau de transport à double cabine.

Le quai semblait désert.

Au bas de la passerelle, le scribe se retourna.

— Nous attendons Bébon et Vent du Nord, décréta-t-il.

— Impossible, rétorqua le marin. Le capitaine veut quitter Hermopolis immédiatement.

— Qu'il s'en aille.

— À ta guise ! Moi, j'ai terminé ma mission.

Le trapu grimpa la passerelle.

À leur poste, les rameurs étaient prêts à entrer en action.

— Montez à bord ! ordonna le capitaine, rugueux.

— Nous serons quatre, rétorqua le scribe.

— Tant pis pour vous. Je vais donner l'ordre du départ.

— Nous serons quatre, répéta Kel.

Scrutant la nuit, Nitis espérait la venue de leurs deux compagnons et redoutait l'intervention brutale des forces de l'ordre.

Ce retard traduisait une horrible réalité : on avait arrêté l'âne et le comédien.

Soudain, une sorte de gémissement.

Et puis la voix irritée de Bébon :

— Avance, bon sang ! On y est presque !

À l'évidence, Vent du Nord n'avait aucune envie d'embarquer.

Nitis lui caressa le front.

— Il faut faire vite.

L'âne ouvrit de grands yeux tristes. Malgré son désaccord, il accepta de suivre la prêtresse.

On retira la passerelle, les rames plongèrent dans l'eau. La manœuvre fut parfaite, et le lourd bâtiment s'éloigna rapidement du quai d'Hermopolis.

— Entrez ici, ordonna le capitaine à ses passagers clandestins en leur ouvrant la porte d'une des deux cabines. L'âne sera attaché au mât. À présent, dormez. Je vous réveillerai à l'aube.

Il referma.

— Je n'aime pas ça, dit Bébon. On dirait une prison.

— Elle nous mène à la liberté, rappela Kel. As-tu repéré des suiveurs ?

— Non, personne. Reposons-nous à tour de rôle. Moi, je n'ai pas sommeil.

— L'attitude de Vent du Nord m'inquiète, avoua Nitis. Pourquoi ces réticences ?

— Il aime passer de longues nuits calmes, indiqua le comédien. Cette promenade nocturne lui a déplu.

— Si le capitaine nous avait vendus à la police, estima Kel, elle ne nous aurait pas permis d'embarquer.

Bébon s'allongea.

— Après tout, faisons un beau rêve ! Imaginons-nous à Thèbes, au cœur d'un palais somptueux, face à la Divine Adoratrice, ravie de nous écouter et nous assurant de son appui inconditionnel. Merveilleux avenir !

Nitis sourit. Si telle était la volonté des dieux, elle s'accomplirait.

La porte s'ouvrit à la volée.

Des mercenaires grecs clouèrent au sol Kel et Bébon, menaçant de leur trancher la gorge.

Un homme élégant, à la voix douce, prit doucement la jeune femme par la main.

— Nitis, je vous libère.

— Menk ! Que faites-vous ici ?

— Mission spéciale sur l'ordre du chef des services secrets. J'ai reçu la consigne de vous retrouver et de vous arracher aux griffes du monstrueux scribe Kel.

— Vous vous trompez. Il n'est ni un criminel ni un monstre.

— Chère et crédule Nitis, il vous a abusée. Les preuves de sa culpabilité sont irréfutables.

— Elles ont été fabriquées. En réalité, Kel est la victime d'une machination conçue au sommet de l'État.

— Très chère Nitis, ne croyez pas à cette fable !

— C'est la vérité, et nous le prouverons.

— Jamais la Divine Adoratrice ne vous aurait reçus. Malgré son hostilité à la politique d'Amasis, elle doit se soumettre aux lois. Et vous êtes des délinquants en fuite. Venez, sortons d'ici. Que les prisonniers soient étroitement surveillés.

Réticente, elle accepta.

— Je peux vous laver de toute accusation, Nitis. Bien entendu, vous n'êtes pas la complice de cet abominable assassin, mais son otage. Mon témoignage sera déterminant, le juge Gem vous innocentera, et nous nous marierons.

— Je ne désire pas vous épouser, Menk. J'aime Kel.

— Illusion passagère, chère et tendre Nitis, simple égarement dû aux circonstances ! Nous connaîtrons un parfait bonheur, et vous oublierez ces pénibles événements.

— Jamais je ne quitterai Kel, et je lutterai de toutes mes forces afin de prouver son innocence.

— Combat inutile, perdu d'avance ! Je vous pardonne vos erreurs et vous promets de faire de vous l'une des femmes les plus en vue de Saïs. Étant donné mon exploit, le roi m'attribuera un poste ministériel et vous serez nommée grande prêtresse de Neit.

— Désolée de vous décevoir, Menk. Ces beaux projets ne se réaliseront pas.

— C'est votre seule chance d'échapper au désastre, Nitis.

— La mort ne m'effraie pas. Seule la vérité compte.

— Je vous défendrai contre vous-même et vous empêcherai de parler ! Peu à peu, vous retrouverez la raison.

— Kel, lui, parlera !

Le ton de Menk se durcit.

— Certainement pas, ma future épouse. Car je vais le tuer.

40.

Nitis frémit.

Menk le mondain s'était soudain transformé en bête féroce et ne prononçait pas des paroles en l'air.

— Je vous en supplie, épargnez-le !

— Impossible, ma chère. Ce misérable doit disparaître. Mon triomphe et notre bonheur sont à ce prix.

— Alors, tuez-moi aussi !

Menk parut stupéfait.

— Je ne vous veux aucun mal, Nitis ! Au contraire, je vais vous délivrer d'un envoûtement.

Elle le regarda intensément.

— Vous allez commettre un meurtre.

— Je suis en mission. Et les autorités me féliciteront d'avoir éliminé l'assassin qui leur échappe depuis si longtemps. Vous retrouver demandait de la réflexion et de la chance. Puisque le grand prêtre d'Hermopolis vous cachait, il vous procurerait le moyen de gagner Thèbes. En apprenant qu'un bateau avait reçu l'autorisation exceptionnelle de naviguer la nuit, j'ai compris que vous seriez à bord. Le capitaine n'a pas vraiment trahi, il s'est incliné devant l'intérêt supérieur de l'État.

— Pourquoi êtes-vous devenu cynique ?

— La fin justifie les moyens.

— Comment vous convaincre de votre erreur ? Kel n'a

commis aucun délit. Redevenez vous-même, Menk, aidez-nous à vaincre l'injustice !

— Je me moque de la justice et de la vérité. Kel disparaîtra et vous m'appartiendrez.

— Votre cœur est-il devenu si dur ?

— L'un de mes hommes vous tiendra à l'écart. Ne tentez pas d'intervenir, il serait contraint de vous ligoter et de vous bâillonner.

Abandonnant la jeune femme aux mains d'un mercenaire grec, Menk se dirigea vers la cabine.

— Sortez les deux prisonniers, ordonna-t-il.

Menk toisa le scribe.

— Triste fin pour un illustre malfaiteur ! Tu vas crever comme une bête malfaisante, et personne ne te regrettera.

Kel demeura d'un calme surprenant.

— Inutile de te relater les faits exacts, je suppose ?

— Inutile. Le verdict a été rendu, je l'exécute.

— Pourquoi t'acharner contre nous ? protesta Bébon. Nous n'avons rien à nous reprocher !

Les yeux de Menk flamboyèrent de haine.

— Ce maudit scribe a tenté de voler la femme qui m'est destinée. Le reste importe peu. Je t'égorgerai moi-même, et ton cadavre nourrira les poissons.

Menk brandit un couteau.

Deux des mercenaires tenaient fermement Kel, deux autres, Bébon, et le cinquième, Nitis.

La lame toucha le cou du scribe.

— Arrêtez, Menk ! hurla Nitis. Ne devenez pas le pire des assassins.

— La délivrance, Nitis, la délivrance ! Et une longue vie heureuse en perspective dès que ce misérable scribe aura disparu !

Le regard de Kel croisa une dernière fois celui de Nitis.

— Navire à tribord ! hurla le capitaine. On nous attaque !

Le mercenaire qui ceinturait Nitis la jeta contre le bastingage, s'empara d'un arc et tira.

Sa flèche toucha l'homme de proue du navire placé sous le commandement du juge Gem, lequel avait décidé l'interception.

Face à cette agression, des archers d'élite ripostèrent. En dépit de la faible luminosité, ils se montrèrent d'une belle précision.

Menk, un mercenaire, le capitaine et deux marins furent atteints. Une flèche frôla l'épaule de Bébon, traçant un sillon sanglant.

Estimant affronter la bande des comploteurs au grand complet, le juge ordonna l'assaut. Cette fois, il prendrait Kel et ses complices morts ou vifs. Vu leur première réaction, ils ne se rendraient pas sans combattre d'une manière acharnée.

Vent du Nord brisa la corde le reliant au mât et percuta l'un des Grecs qui tentait d'étrangler Bébon. Le comédien parvint à se dégager, deux flèches se plantèrent dans le dos de son agresseur.

Nitis courut jusqu'à la cabine et sortit du sac l'arc de Neit. À peine l'avait-elle bandé qu'un trait de feu illumina la nuit. Les mercenaires lâchèrent prise.

Kel et Bébon se retrouvèrent libres, mais pour combien de temps ? Une pluie de flèches s'abattait sur le pont, continuant à faire des victimes, et le navire de guerre s'approchait. S'ils échappaient à la mort, ils tomberaient entre les mains du juge Gem.

— Plongeons, décida Nitis. C'est notre seule chance.

Vent du Nord imita la prêtresse.

— Le fleuve est rempli de crocodiles ! protesta Bébon.

Kel poussa son ami. Ce n'était pas le moment de réfléchir.

— Ils s'échappent ! hurla la vigie du navire de guerre.

Une dizaine de soldats se jetèrent à l'eau, effectivement infestée de prédateurs.

Brutalement arrachés à leur torpeur, plusieurs monstres se précipitèrent vers cette quantité de proies inattendue.

De furieux soubresauts troublèrent les eaux du Nil pendant que les soldats s'emparaient du bateau de commerce où toute résistance avait cessé.

À la lueur des torches, le juge Gem arpenta le pont. L'un des cadavres l'étonna : celui de Menk, l'organisateur des fêtes de Saïs ! Ainsi, cet élégant dignitaire appartenait à la bande armée du scribe Kel qui comptait également plusieurs mercenaires et un capitaine de bateau.

Belle quantité de criminels éliminés ! Manquaient cependant le principal coupable, le scribe Kel, et ses proches complices, la prêtresse Nitis et le comédien Bébon.

Des nageurs élancés à leur poursuite, seuls trois avaient survécu.

— Les fugitifs n'ont pas échappé aux crocodiles, estima un officier.

Le juge attendit le matin avec impatience afin de pouvoir inspecter le Nil et les berges.

De longues recherches demeurèrent infructueuses.

— Les dents des grands poissons n'ont rien laissé de ces malfaiteurs, confirma l'officier. Quand ils sont affamés, ils se montrent d'une voracité incroyable. L'assassin et ses complices furent leurs premières victimes.

Le juge Gem restait sceptique.

— Qu'un bateau de la police continue lentement vers le sud et tente de repérer des restes humains. Nous, nous allons réexaminer les berges, interroger les pêcheurs et les paysans des environs. Et nous fouillerons les maisons des villages voisins.

— Du temps perdu, estima l'officier. Les fugitifs n'ont pas pu survivre.

— C'est moi qui mène l'enquête, rappela le magistrat.

Gem songeait à l'étrange éclair survenu au moment de l'abordage. Pourtant, pas le moindre orage ! Donc, un signe des dieux. Comment l'interpréter ? Sans doute leur juste colère frappant l'assassin et brisant sa déplorable existence.

Un ultime contrôle mettrait fin à cette sinistre affaire, et le royaume pourrait à nouveau respirer librement.

41.

Travaillant nuit et jour, le général Phanès d'Halicarnasse obtenait en un temps record d'excellents résultats. Redoutant sa brutalité, la garnison de la forteresse d'Éléphantine s'était métamorphosée du jour au lendemain. Sens de la discipline, vêtements impeccables, armement entretenu, locaux d'une parfaite propreté, exercices suivis à la lettre… Et l'arrivée d'instructeurs grecs finirait de transformer de médiocres soldats, englués dans leur paresse, en féroces combattants capables de repousser l'assaut de tribus nubiennes et de leur interdire l'accès au territoire égyptien.

Le charme de la languissante cité du Sud et la beauté des paysages ne séduisaient pas le général. Lui ne voyait que l'efficacité de la troupe et son aptitude à tailler en pièces l'ennemi. Et justement, on en était encore loin !

— Rassemblement immédiat ! clama-t-il.

Les soldats jaillirent de partout et s'alignèrent au centre de la grande cour.

Phanès attendit le silence complet. Certains allèrent jusqu'à retenir leur souffle.

— Soldats, rugit le général, je suis mécontent de vous. D'après l'officier chargé de vous enseigner les techniques du corps-à-corps, plusieurs lâches ont simulé. Ce comportement est inadmissible. Les pertes font partie de l'entraînement, et personne ne doit discuter le règlement.

Le géant désigna un trentenaire au front ridé.

— Toi, sors du rang.

L'homme obéit.

— Lutte à poings nus.

— Général…

— Je suis ton adversaire, détruis-moi. Sinon, je te détruis.

Phanès le frappa d'un coup de poing au ventre peu appuyé. Vexé d'avoir été pris au dépourvu, le trentenaire fonça, tête en avant.

Le géant esquiva et, du tranchant de la main, fracassa la nuque du soldat.

— Maladroit et incompétent, jugea Phanès d'Halicarnasse en crachant sur le corps. Demain, si les rapports de vos instructeurs sont mauvais, il y aura un autre duel. Rompez les rangs.

Le général accueillit une dizaine de mercenaires grecs venant du Nord. Ils encadreraient les Égyptiens et leur mèneraient la vie dure.

Restait à réformer profondément la douane d'Éléphantine, laxiste et corrompue. En examinant ses rapports et ses livres de comptes, il avait vite détecté les fausses déclarations, les omissions volontaires et les maquillages de documents, parfois grossiers.

Un haut dignitaire aurait procédé avec un maximum de prudence, pris d'infinies précautions et consulté ses supérieurs afin d'éviter toute erreur de procédure. Le général, lui, n'avait pas été formé à cette école-là.

À la tête d'un détachement de trente fantassins, il fit irruption dans les locaux de la douane qu'occupaient une vingtaine de préposés.

— Vous êtes en état d'arrestation ! tonna le géant. Qui tentera de résister sera abattu.

Stupéfait, le chef de la brigade se leva très lentement.

— Je ne comprends pas, je...

— Détournement de biens publics et atteinte à la sécurité de l'État. La justice vous condamnera à de nombreuses années de travaux forcés.

— Vous vous trompez, vous...

Phanès d'Halicarnasse saisit le chef douanier à la gorge.

— J'exige immédiatement toute la vérité. Sinon, je te brise le cou.

Le fonctionnaire parla d'abondance et donna les détails qui manquaient au général pour rédiger un rapport complet à l'intention du roi Amasis.

Le jour même fut organisé un nouveau service formé de militaires obéissant à un contrôleur civil, spécialiste des produits en provenance de Nubie. Il rendrait compte quotidiennement de ses activités au gouverneur de la forteresse.

Phanès d'Halicarnasse explora la première cataracte, composée de rochers en partie recouverts lors de l'inondation, et emprunta le canal qu'utilisaient les bateaux de guerre et de commerce.

Le manque de postes de surveillance le consterna. Aussi ordonna-t-il la construction de fortins dominant le site afin de consolider la frontière naturelle et de la rendre hermétique. D'ici peu, le danger d'une attaque nubienne serait écarté.

Fallait-il encore nettoyer la haute administration d'Éléphantine, coupable d'avoir laissé pourrir la situation. Rendez-vous était donné à la mairie de la ville, dernière étape de la reconquête au nom du roi Amasis.

Conformément à ses habitudes, Phanès d'Halicarnasse frapperait fort. Soupçonné de soutenir la Divine Adoratrice de manière occulte, le maire ne se préparait-il pas à intervenir en faveur du scribe Kel et des séditieux ?

Cet hypocrite éliminé, Éléphantine deviendrait une cité sûre, fidèle à son roi.

Un mercenaire grec fournit à son chef les preuves de la corruption du potentat, également accusé de détournement d'armes destinées à la forteresse.

Rageur, Phanès d'Halicarnasse pénétra à grandes enjambées dans un vaste bâtiment blanc à deux étages.

Derrière lui, un cri de douleur.

On venait de poignarder un membre de sa garde personnelle dont il fut brusquement coupé par une dizaine d'agresseurs. À leur tête, l'ex-commandant de la forteresse !

Fou de rage, le général empoigna deux des lances pointées vers lui, les arracha aux mains de ses adversaires et les retourna contre eux, leur transperçant la poitrine. Muets de stupeur, les autres reculèrent. De sa lourde épée à double tranchant, Phanès d'Halicarnasse fit un massacre, coupant têtes et bras.

Les mercenaires de sa garde achevèrent le travail.

Dernier survivant, l'ex-commandant. Gravement blessé, il agonisait.

— Qui t'a ordonné de me tuer ? demanda Phanès.

— Le… le maire.

— Jetez ça aux ordures, ordonna le général à ses hommes.

La mairie s'était vidée de ses fonctionnaires, affolés. Leur patron se terrait dans son luxueux bureau, espérant que le Grec avait été supprimé.

Lorsque le géant apparut, le maître d'Éléphantine se répandit en supplications.

— La haute trahison mérite la mort, décréta le général. Il te reste pourtant une chance d'obtenir la vie sauve.

— J'accepte toutes vos conditions !

— Je veux la vérité. Toi et l'ex-commandant de la

forteresse organisiez un trafic d'armes et participiez à un complot, n'est-ce pas ?

— Lui, surtout ! Moi, je me contentais de lui faciliter la tâche.

— Votre but était l'assassinat du pharaon.

— Oh non ! Nous voulions seulement nous enrichir et...

Phanès d'Halicarnasse brandit son épée.

— Je répète : votre but était l'assassinat du pharaon.

— Oui, mais je m'y opposais et...

— Et votre chef était le scribe Kel.

Le maire eut une brève hésitation.

— En effet, le scribe Kel ! C'est lui qui a tout conçu et tout organisé. Il nous terrorisait et nous menaçait d'assassinat en cas de désobéissance.

— Écris-moi ça clairement, signe et appose ton sceau.

La main tremblante, le maire s'exécuta.

Phanès vérifia.

— Excellent. À présent, je dois terminer le nettoyage de cette ville.

D'un coup d'épée, le général trancha la gorge du corrompu. Selon le rapport officiel, le maire se serait rendu coupable d'agression sur la personne du chef des armées.

Phanès d'Halicarnasse roula le papyrus qu'il enverrait au juge Gem. Le magistrat disposerait ainsi d'une nouvelle preuve, et le Grec, après avoir assaini Éléphantine et rendu la frontière du sud infranchissable, regagnerait Saïs afin de reprendre les troupes en main. En dépit de ses qualités, le chancelier Oudja restait un Égyptien et un civil. Seul un militaire grec, rompu aux exigences de la guerre, pouvait commander une armée capable de terrasser n'importe quel agresseur, en particulier les Perses.

42.

Vent du Nord ne perdait pas patience. Il léchait et léchait encore le front de Kel, allongé au milieu des roseaux. À plusieurs reprises, l'âne avait dû écarter d'un coup de sabot des serpents d'eau un peu trop curieux. Ibis et aigrettes, eux, ne représentaient aucun danger.

Enfin, les yeux du scribe s'ouvrirent.

La vue d'un amical museau le réconforta.

— Vent du Nord ! Rescapé, toi aussi ?

Deux bras, deux jambes, la capacité de se relever, nulle douleur… Kel semblait intact, de même que l'âne !

— Impossible, murmura le scribe. J'ai vu ces énormes gueules s'ouvrir, prêtes à nous broyer… Nitis, Bébon, où vous cachez-vous ?

Personne ne répondant à son appel, le scribe se fraya un chemin à travers les roseaux hauts de six mètres.

S'il ne les retrouvait pas, avoir échappé à une mort atroce serait un châtiment insupportable. Privé de la femme aimée et de l'ami fidèle, à quoi bon survivre ?

Au sortir de l'épais massif, la berge montait en pente raide vers un chemin de terre. Levant les oreilles à la verticale, Vent du Nord invita Kel à le suivre.

L'âne trottina jusqu'à un bosquet de jeunes tamaris, à l'écart du sentier.

— De la patience, exigea une voix aisément reconnaissable, je réussirai !

— Bébon ! s'exclama le scribe.

Nitis fut la plus prompte à jaillir hors de l'abri végétal.

— Mon amour, tu es vivant !

Ils s'enlacèrent à s'étouffer, et leur baiser parut interminable au comédien.

— Moi, j'ai faim et j'aimerais bien manger de la perche grillée. Alors, venez m'aider.

Ils s'assirent autour d'un amoncellement de branchages. Après avoir creusé une cavité dans un socle de bois tendre, Bébon y avait inséré un morceau d'acacia très dur, renflé à la base. Une nouvelle fois, il le fit tournoyer.

Et la flamme jaillit.

— Gagné ! Le dîner sera chaud et succulent.

— Comment avons-nous pu échapper aux crocodiles ? interrogea Kel.

— Ce sont les fils de Neit, rappela Nitis. Je nageais en tête, les mains fixées sur l'arc de la déesse. Il éclairait l'eau, et les grands poissons ont reconnu cette lumière qui nous enveloppait tous les quatre. Nous n'étions ni des adversaires ni des proies. Ils se sont contentés de nous frôler et ont attaqué nos poursuivants.

— J'ai raconté quantité d'histoires invraisemblables, avoua le comédien, mais celle-là les surpasse toutes.

— Tu es pourtant en pleine santé… À part ce pansement à l'épaule gauche !

— Enfin, tu daignes t'intéresser à moi ! La flèche d'un soldat m'a éraflé.

— Blessure légère ?

— Légère, légère, facile à dire ! Toi, tu n'as rien.

— J'ai trouvé les herbes nécessaires, précisa Nitis en souriant. La plaie ne s'infectera pas, et je crois Bébon en état de poursuivre le voyage.

— À condition d'être correctement nourri ! Goûtez-moi

cette merveille. Au fond, quoi de plus agréable qu'une escapade à la campagne ? On doit dénicher sa nourriture et la préparer soi-même en utilisant les ressources de la nature. Les auberges, c'est vraiment trop facile. L'existence urbaine conduit à la mollesse et à la décadence. Le retour à la vie sauvage, voilà l'avenir !

— Nous devons cependant nous rendre à Thèbes, précisa Kel. Non loin de la proue du navire de guerre se tenait le juge Gem. Jamais il ne renoncera à notre capture.

— Peut-être nous croit-il morts, avança Bébon. Échapper aux crocodiles paraissait impossible.

— Sans un lambeau de cadavre, il doutera et poursuivra ses investigations.

— Je partage l'avis de Kel, dit Nitis. Le chef de la magistrature connaît la puissance des dieux et en tient compte. Il n'ignore pas que mon maître m'a enseigné des formules de magie et la manière de lutter contre l'adversité.

— As-tu une idée de l'endroit où nous nous trouvons ? demanda le scribe au comédien.

— Le bateau a parcouru une bonne distance, et nous avons nagé longtemps. Sans doute ne sommes-nous plus très loin de Lycopolis[1]. Dès la traversée du premier village, j'aurai une certitude.

— Des amis dans la région ?

— Le temple est moins hospitalier que celui d'Hermopolis, mais on s'arrangera. Bon appétit.

La perche grillée était excellente.

Kel manquait d'appétit.

— Après un tel miracle, estima Bébon, tu devrais dévorer !

1. L'ancienne ville du dieu chacal Oup-ouaout, l'« Ouvreur des chemins », lié à la symbolique d'Anubis. Elle se nomme aujourd'hui Assiout.

— La présence de Menk, son envie de me tuer…

— Il voulait m'épouser, révéla la jeune femme. Peu lui importait la vérité. En te supprimant, il accomplissait un exploit digne de hautes récompenses. Devenu ministre, il m'aurait fait nommer grande prêtresse du temple de Saïs, et nous aurions mené une existence fastueuse.

— Et vous avez renoncé à ce paradis pour un scribe en fuite, accusé d'assassinat ? s'étonna le comédien. À votre place, j'aurais réfléchi.

Kel préféra ne pas entendre.

— Menk était comme un fou, ajouta la prêtresse. Aucun argument ne pouvait l'atteindre.

— Fou, c'est vite dit ! objecta Bébon. Plusieurs mercenaires grecs servaient sous ses ordres, et on lui avait confié une mission : nous éliminer.

— Qui voulait lui faire jouer ce triste rôle ? interrogea Kel. Hénat, le chef des services secrets ? Oudja, le chancelier ? Le juge Gem ? Le roi en personne ?

— Le papyrus codé contient probablement la réponse, estima Nitis. Menk a été manipulé et il a failli réussir.

Bébon fixa l'arc de Neit, sans oser le toucher.

— Nous semblions condamnés à périr, se souvint-il, et j'ai vu un trait de feu traverser le ciel. Éblouis, les mercenaires nous ont relâchés.

— L'arc a tiré lui-même les deux flèches de la déesse, révéla Nitis. Il faut à présent en retrouver. Sinon, nous serons vulnérables.

— Je possède encore l'amulette en obsidienne représentant deux doigts, intervint le scribe. Elle nous protégera contre le mauvais œil. Et n'oublions pas le Répondant !

— À quoi cette statuette pourrait-elle servir ? Un bateau volant nous serait plus utile !

— Peut-être existe-t-il non loin un sanctuaire de Neit

où sont conservées des flèches issues de la flamme de Sekhmet, la déesse lionne, avança Nitis. Interrogeons les prêtres de Lycopolis en espérant qu'ils nous fourniront une réponse positive.

— Lycopolis... L'atteindrons-nous ?

— Toi, pessimiste ? s'étonna Kel. La protection des dieux ne te suffit-elle pas ?

— Mange du poisson grillé, rétorqua le comédien. Ensuite, nous nous reposerons avant de reprendre la route. Rester ici trop longtemps serait dangereux, surtout si cet obstiné de juge continue à nous poursuivre.

Satisfait de la qualité de l'herbe et des roseaux sucrés, Vent du Nord sommeillait.

— Les dieux, concéda Bébon, ce n'est quand même pas rien. En portant leurs masques, je n'imaginais pas leur puissance. Des crocodiles amicaux, des flèches de feu, la liberté... La vie m'apparaît de plus en plus mystérieuse.

43.

Ils étaient trois, affreux, sales et méchants.

Chassés de leur village par le conseil des anciens, ils vivaient de rapines et cherchaient des voyageurs à détrousser.

Or, un indice leur signalait la présence de naïfs ignorant les dangers de l'endroit : une fumée montant du bosquet des jeunes tamaris proche du fleuve.

Personne ne venait jamais dans ce coin-là.

— Des policiers ? s'inquiéta Bouche-tordue.

— M'étonnerait, rétorqua Nez-cassé. On les aurait vus arriver en bateau. Et ceux-là, ils se cachent.

— S'ils se cachent, estima Peau-grêlée, ce ne sont pas des gens honnêtes. Moi, je déteste les malhonnêtes.

— D'un autre côté, voler des voleurs, ce n'est pas un crime, s'aventura Bouche-tordue, surtout s'ils ne sont pas armés. Parce que les voleurs armés, c'est trop risqué.

Après mûre réflexion, Nez-cassé approuva.

— Va voir, toi, et reviens nous dire.

— Pourquoi pas toi ?

Une longue délibération débuta. Vu son échec, les trois affreux recoururent à la courte paille. Vainqueur déçu : Bouche-tordue. En cas d'incident, ses compagnons n'avaient nullement l'intention de voler à son secours.

— On ferait mieux de renoncer, précisa-t-il.

— Le destin t'a choisi, rappela Peau-grêlée. Les

voyageurs emportent forcément de quoi payer leurs achats. On les tue, on les vole et on s'en va.

La simplicité du plan et l'appât du gain séduisirent Bouche-tordue qui consentit à s'acquitter de sa mission d'éclaireur.

De retour, il avait de la bave aux lèvres.

— Ils sont trois et ils dorment à poings fermés.

— Trois hommes costauds ? questionna Nez-cassé.

Bouche-tordue bava davantage.

— Deux hommes pas trop costauds… et une femme ! Belle, jeune, je vous dis pas ! Elle, on ne la tuera pas tout de suite. Et comme je l'ai vue le premier, je serai le premier !

Peau-grêlée parut inquiet.

— Un viol, ça vaut la peine de mort.

— Un assassinat aussi, répliqua Bouche-tordue. Puisqu'on la tuera après, elle ne nous dénoncera pas.

Le raisonnement dissipa les appréhensions.

— Ils ont un âne, ajouta l'éclaireur. On se le garde pour porter le butin.

— Il pourrait donner l'alerte, avança Nez-cassé.

— Pas si on vient par la berge, à l'inverse du vent.

— Est-il attaché ?

— Non, couché près d'un des deux hommes.

— Alors, entrave-le en utilisant cette corde. Moi, je menacerai d'étrangler la fille, et Peau-grêlée d'égorger l'un des deux types.

— Et l'autre ?

— Tu t'en occuperas après avoir entravé l'âne.

La présence de la femme écarta les inquiétudes de Bouche-tordue. Jamais les trois compères n'avaient bénéficié d'une pareille chance.

Pris d'une brusque fièvre, ils mirent aussitôt leur plan à exécution.

Vent du Nord se redressa juste avant l'attaque. Tout en poussant un braiment d'alerte, il lança une ruade d'une telle violence que ses sabots défoncèrent le front de Bouche-tordue. Mais Nez-cassé, de ses mains poisseuses, serrait déjà le cou de Nitis et, avec son couteau de silex, Peau-grêlée s'apprêtait à égorger Bébon.

— Arrêtez ! hurla Kel. Sinon, je ne vous révèle pas l'endroit où nous avons caché notre sac de pierres précieuses.

Les deux voleurs se figèrent.

Un trésor et une femme !

— Dépêche-toi, exigea Nez-cassé. Nous, on est pressés. On prend le sac et on s'en va.

Les yeux braqués sur Nitis, Peau-grêlée gloussa. Il allait s'amuser la nuit durant.

Impuissant, Vent du Nord grattait le sol de sa patte arrière. S'il fonçait, il provoquerait un massacre.

Kel s'approcha lentement des braises.

— Relâche la femme et je te donne le sac, dit-il à Nez-cassé.

— Pas question.

— Si tu nous tues, tu n'auras pas le trésor.

L'alternative brouilla les facultés de raisonnement du voleur.

Une idée jaillit.

— Lance-moi la corde que tient encore le pauvre Bouche-tordue. Doucement !

Évitant un geste brusque, Kel obéit.

Nez-cassé obligea Nitis à se plaquer face contre terre et lui ligota les poignets et les chevilles. Cette superbe femelle ne perdait rien pour attendre.

Brandissant son couteau de silex, il marcha vers le scribe.

— Maintenant, le sac de pierres précieuses !

Saisissant les braises à pleines mains, Kel les jeta au visage de Nez-cassé qui poussa un hurlement de douleur, lâcha son arme et recula.

Vent du Nord bondit et lui brisa l'échine.

Abasourdi, Peau-grêlée oublia Bébon et voulut frapper Kel. Le comédien lui faucha les jambes et le bourra de coups de pied jusqu'à ce qu'il s'évanouisse.

Déjà, le scribe délivrait Nitis.

— Tes mains sont brûlées, constata-t-elle. Il faut te soigner au plus vite afin d'éviter l'infection.

— Tu es vivante et indemne, c'est l'essentiel.

— Nous l'avons échappé belle, soupira Bébon. Quittons immédiatement les lieux.

— Je sais soigner la blessure de Kel, affirma Nitis, à condition de disposer des produits nécessaires. Nous les trouverons au temple de Lycopolis.

— Vu l'urgence, nous aurions besoin d'un bateau... Risque énorme ! Et tu nous vois nous présenter au laboratoire en compagnie de l'assassin que recherche le juge Gem dont les hommes sillonnent peut-être Lycopolis !

— J'apaiserai le feu grâce à quelques herbes et à la formule d'invocation à la brûlante Sekhmet, promit la prêtresse. Mais cela ne suffira pas.

Bébon se rendit à l'évidence : un scribe ne pouvait pas perdre ses mains. En tentant de les sauver, lui, Nitis et Bébon couraient à leur perte.

Le regard de la jeune femme le bouleversa.

— Il existe forcément une solution, n'est-ce pas ?

— J'ai une idée folle, complètement folle !

— Adoptée, décida Kel.

44.

En lisant le long et détaillé rapport de Phanès d'Halicarnasse, envoyé par courrier spécial, le juge Gem prit conscience de l'ampleur du complot. Le scribe Kel n'était vraiment pas un assassin ordinaire. Décidé à s'emparer du pouvoir, il disposait de solides appuis en Haute-Égypte, notamment l'ex-maire d'Éléphantine et l'ex-commandant de la forteresse. Enfin, son plan était dévoilé : rassembler des séditieux ; s'emparer du casque légendaire du roi Amasis ; supprimer ses collègues du service des interprètes afin de rendre l'Égypte sourde et aveugle ; lancer une rébellion à partir du Sud, probablement avec l'aide de tribus nubiennes, conquérir le Nord et devenir pharaon au terme d'une sanglante guerre civile.

Une véritable folie qui aurait pu embraser les Deux Terres ! La menace n'avait pas totalement disparu. Étant donné l'attitude des temples, Kel et ses alliés demeuraient dangereux. Tant qu'il serait vivant, le scribe ne renoncerait pas à ses projets dévastateurs.

Amasis serait bientôt informé des résultats de l'enquête et des initiatives efficaces du général en chef. En contrôlant de nouveau Éléphantine et la frontière méridionale du pays, Phanès ruinait la stratégie des comploteurs.

Ultime espoir : la Divine Adoratrice. Dépourvue d'armée, la vieille prêtresse était capable d'en lever une. De nombreux temples répondraient à son appel, les paysans se transformeraient en soldats. Certes, les mercenaires grecs n'en feraient qu'une bouchée ; mais combien de massacres et de souffrances !

Kel, à supposer qu'il eût survécu à l'attaque des crocodiles, devait encore atteindre Thèbes, rencontrer la Divine Adoratrice et la convaincre. Or Hénat, le chef des services secrets, l'aurait précédé et donné les bons conseils à son illustre interlocutrice.

— Je vous apporte les derniers rapports de police, annonça le secrétaire du juge en lui remettant des tablettes en bois recouvertes de l'écriture des chefs de section.

Gem les lut attentivement.

Aucune trace des corps du scribe Kel, de la prêtresse Nitis et du comédien Bébon.

Avis général : les crocodiles avaient dévoré les fugitifs.

Le juge empila les tablettes, se cala dans son fauteuil et contempla le Nil.

Hypothèse rassurante, tellement rassurante ! Mais les policiers omettaient un élément essentiel : Nitis était la disciple du grand prêtre de Saïs, l'un des sages les plus remarquables d'Égypte, digne des « grands voyants » de l'âge des pyramides. Malgré son jeune âge, Nitis avait reçu un enseignement exceptionnel. Elle connaissait donc la formule d'envoûtement des crocodiles, fils de la déesse Neit. Aussi s'était-elle jetée à l'eau, en compagnie de Kel et de Bébon, avec la certitude d'échapper aux monstres et à leurs poursuivants.

Ils étaient vivants, tous les trois. Et ils poursuivaient leur chemin vers Thèbes.

Leur prochaine étape : peut-être le temple de Lycopolis.

D'après la rumeur, son grand prêtre avait un caractère épouvantable. Autoritaire, pointilleux, il appliquait le règlement à la lettre et ne tolérait ni paresse ni indiscipline.

Son sanctuaire abritait d'importants textes relatifs à la géographie de l'au-delà, car le dieu Oup-ouaout, l'« Ouvreur des chemins », guidait les âmes des justes vers les paradis.

Se montrerait-il hostile ou favorable aux fugitifs, s'ils lui demandaient son aide ? Une descente de police à l'intérieur du sanctuaire se révélant impossible, le juge appliquerait sa nouvelle stratégie, qui venait de fournir de bons résultats : surveiller le port, les bateaux et les abords du domaine sacré.

*
* *

Le capitaine d'un des nombreux bâtiments de la police fluviale fut le premier à apercevoir un homme faisant de grands signes. Il se tenait sur la berge, à bâbord, et semblait très excité.

— On stoppe ! ordonna l'officier à son équipage.

La manœuvre fut impeccablement effectuée, des archers se mirent en position.

— Que veux-tu ?

— Vous parler.

— À quel propos ?

— Mission spéciale. À part vous, personne ne doit m'entendre.

Intrigué, le capitaine permit à l'homme de monter à bord. Il tira son épée du fourreau et l'emmena à la poupe, sous la surveillance des archers.

— Explique-toi, et pas de geste brusque.

— Je suis aux ordres de Hénat, directeur du palais royal et chef des services secrets, affirma Bébon. J'appartenais à un commando de cinq mercenaires, lancés à la poursuite d'un assassin, le scribe Kel. Nous sommes tombés dans une embuscade. Trois morts et un blessé grave, notre supérieur. Si on ne le soigne pas rapidement, il mourra.

— Possèdes-tu des documents prouvant tes dires ?

Bébon eut un sourire ironique.

— Lors de ce genre de mission, ce n'est pas l'usage.

Le comédien baissa la tête.

— Confidentiellement, murmura-t-il, je vous avoue que le juge Gem n'est même pas au courant. Nous espérions être les premiers à intercepter ce criminel et nous avons commis une lourde erreur.

— Où se trouve le blessé grave ?

— Au milieu du massif de roseaux.

— Je dois vérifier.

— À votre guise, capitaine. Le temps d'envoyer un messager à Saïs et d'attendre son retour, mon supérieur sera mort depuis longtemps. Moi, je ferai mon rapport et vous, vous vous expliquerez avec Hénat. Le temple de Lycopolis est tout proche. Ses médecins sauveront le blessé, et vous aurez une promotion. Mon supérieur est un élément d'élite, fort apprécié du chef des services secrets.

À la réflexion, le capitaine ne risquait rien. Transporter un blessé grave et garder prisonnier un mercenaire ne présentait pas d'inconvénients. Dès l'arrivée à Lycopolis, il demanderait confirmation et instructions.

— Va chercher ton supérieur.

— J'ai besoin d'une civière et de trois hommes.

Bardé de pansements végétaux, Kel ressemblait à une momie. On distinguait à peine ses yeux.

— Faites attention, recommanda Bébon. Le moindre choc pourrait lui être fatal.

Immobile, semblant inconscient, le scribe joua son rôle à la perfection. Lui songeait à Nitis, accompagnée de Vent du Nord. Impossible de l'adjoindre à cette tentative insensée de gagner Lycopolis en utilisant un bateau de police ! Simple paysanne livrant des légumes au temple, elle prendrait l'une des embarcations reliant les villages à la ville. Le juge Gem recherchait un trio, non une femme seule.

Impressionné par l'état du blessé, le capitaine navigua vers Lycopolis.

45.

L'enceinte du sanctuaire de Lycopolis marquait la frontière entre le monde profane et le domaine sacré du dieu chacal. À la porte principale, plusieurs gardiens filtraient les prêtres purs et les artisans autorisés à travailler dans les ateliers du temple.

— J'aimerais accompagner mon supérieur, dit Bébon au capitaine.

— Hors de question. Nous le remettrons aux médecins qui sauront s'en occuper. Toi, tu restes avec nous.

— Serais-je votre prisonnier ?

— Pas de grands mots !

— Donc, je reste auprès du blessé.

— Tu reviens au bateau, et je ne te quitte pas des yeux.

— N'auriez-vous pas confiance en moi ?

— Le règlement m'impose de vérifier tes dires. Ce ne sera pas si long ! Du repos, de la nourriture correcte, puis tu rempliras une nouvelle mission.

Insister aurait paru suspect. Aussi Bébon s'inclina-t-il et vit-il le brancard passer le poste de garde.

Un désastre.

Le premier thérapeute venu s'apercevrait du véritable état du blessé et avertirait les forces de l'ordre.

Le scribe perdrait en même temps ses mains, la liberté et la vie. Et celle de Bébon ne vaudrait pas une paire de sandales en papyrus.

Les gardes appelèrent quatre prêtres purs. Ils portèrent la civière à l'hôpital du temple où officiaient des thérapeutes expérimentés.

Kel se demandait comment réagir. Tenter de s'enfuir, dire la vérité, inventer une fable ? Ses mains commençaient à le faire atrocement souffrir, et il avait un besoin urgent de soins. Nul médecin ne le croirait, et il serait jeté en pâture au juge Gem.

La civière fut déposée à l'intérieur d'une petite pièce fraîche, et les porteurs se retirèrent. Kel s'interrogeait encore sur la conduite à suivre quand deux personnes pénétrèrent dans la salle.

— Une urgence, déclara une voix irritée. Moi, je suis débordé ! Saurez-vous vous en occuper ?

— Je l'espère.

— En cas de difficultés, prévenez-moi. Les coffres en bois contiennent le nécessaire.

— J'agirai au mieux.

Cette voix douce et posée... Celle de Nitis !

Elle ôta les pansements végétaux, il ouvrit les yeux.

— Nitis, comment...

— On ne refuse pas l'hospitalité à une femme médecin de la prestigieuse école de Saïs, en route pour la capitale, après un séjour à Dendera. Il est temps de s'occuper convenablement de tes mains.

Nitis appliqua une pommade composée de sel marin, de graisse de taureau, de cire, de cuir cuit, de papyrus vierge, d'orge et de rhizomes de souchet comestible.

— Guérison rapide, promit-elle. Grâce aux formules de conjuration de la flamme dévorante, il ne restera pas de cicatrices. Le médecin-chef ne reviendra pas avant ce soir ; nous, nous partons immédiatement. Et j'emporte la quantité de produit indispensable. Où se trouve Bébon ?

— Il n'a pas été autorisé à m'accompagner. J'espère qu'il a pu échapper à la police. Et Vent du Nord ?

— À l'étable du temple. Comme il porte mes sacoches médicales, il bénéficiera d'un traitement de faveur.

***

— Sale histoire, dit Bébon au capitaine qui le ramenait vers le bateau en compagnie d'une dizaine d'archers. Nous, on poursuivait un criminel en fuite, et nous voilà confrontés à une véritable armée ! Ce Kel est un redoutable chef de guerre.

— Tu n'exagères pas ?

— Le pouvoir a des soucis en perspective ! Moi, j'aimerais rentrer à Saïs et ne plus m'occuper de cette affaire. Un poste aux archives me conviendrait à merveille. Quand on a vu la mort de près, on ne songe qu'à vivre tranquillement.

— As-tu rempli beaucoup de missions dangereuses au service de Hénat ?

— Rien de comparable à celle-là ! Tenez-vous sur vos gardes, capitaine. Ce Kel peut attaquer n'importe où.

— Rassure-toi, le juge Gem a triplé le nombre de bateaux de police. Ce bandit ne nous échappera pas.

Au moment de grimper la passerelle, Bébon s'immobilisa.

— Vous avez vu ?

Le capitaine fut intrigué.

— Que devrais-je voir ?

— La coque… Regardez la coque, au niveau de la proue.

— Elle me paraît normale.

— Pas à moi ! Mon père était charpentier, et je m'y

connais en construction navale. Regardez mieux : la couleur du bois a légèrement foncé.

— Et ça t'inquiète ?

— On risque une rupture de charge, et le bateau coulera en quelques instants. Je vais examiner cette coque.

N'attendant pas l'autorisation du capitaine, Bébon plongea.

Le capitaine n'avait jamais entendu parler de cette anomalie, mais il n'était pas charpentier de marine.

La différence de couleur semblait bien mince. Seul un œil d'expert pouvait la remarquer.

Les secondes, puis les minutes s'écoulèrent. L'agent secret ne remontait pas à la surface. Avait-il été victime d'un accident ? Le capitaine ordonna à deux marins de plonger à leur tour.

Pas trace de Bébon.

— Ce type m'a roulé ! s'exclama le capitaine. Qu'on boucle le port et qu'on me le ramène ! Moi, je retourne au temple.

Le capitaine dut palabrer, car les gardes respectaient les consignes du grand prêtre : pas de policier étranger à l'intérieur de l'enceinte, en dépit de la nouvelle loi promulguée par Amasis. Devant l'insistance de l'officier et la menace d'une intervention brutale, on alla chercher l'assistant du grand prêtre.

— Je veux interroger un blessé qui vous a été amené aujourd'hui même. Il s'agit sans doute d'un dangereux malfaiteur.

— Au médecin-chef de vous accorder ou non cette autorisation.

Nouvelle attente, et arrivée d'un personnage rébarbatif. Le capitaine s'expliqua.

— J'ai confié cet homme à une jeune confrère de Saïs, la meilleure école du pays.

— Une femme, murmura l'officier.

— Eh oui, capitaine ! Ignorez-vous qu'elles font d'excellents médecins ?

Le faux agent secret, le faux blessé, la prêtresse de Saïs jouant les médecins... Le trio de terroristes que recherchaient toutes les polices !

— J'exige de voir immédiatement le prétendu patient.

— Vu son état, vous n'en tirerez rien. Il est incapable de parler.

— Conduisez-moi auprès de lui.

— Les consignes du grand prêtre...

— Étant donné l'urgence de la situation, mes archers forceront le barrage, et le juge Gem me donnera raison.

Le capitaine n'ayant pas l'air de plaisanter, le médecin-chef céda et le guida jusqu'à la petite pièce où la jeune thérapeute soignait le blessé.

Une petite pièce vide.

46.

Bébon ne regrettait pas les longues heures, en compagnie de Kel, passées à nager sous l'eau jusqu'à épuisement. Devenus de véritables poissons, les deux garçons reprenaient rarement leur souffle et parcouraient de longues distances.

Aujourd'hui, cet entraînement intensif lui sauvait la vie.

Bébon émergea à l'extrémité du quai, aspira une grande goulée d'air et s'éloigna davantage du bateau de la police.

À bonne distance, il escalada la berge.

Un éclat de rire le fit sursauter.

Assis sur une butte, un gamin le regardait.

— Pourquoi suis-je si amusant, petit ?

— Tu es tout rouge !

Du limon.

Du limon charrié par le Nil, en provenance du grand Sud. Autrement dit, l'arrivée de la crue. Pendant plusieurs jours, en raison de la puissance du flot, impossible de naviguer. Et l'eau, chargée de cette boue fertile, à l'origine de la prospérité des Deux Terres, ne serait plus potable.

Voilà qui compliquait singulièrement la tâche des voyageurs et facilitait celle de la police ! Elle n'aurait qu'à surveiller les chemins de terre.

Nitis et Kel avaient-ils réussi à sortir du temple ? Conscient des risques, Bébon marcha en direction de l'enceinte.

Au principal poste de garde, les soldats discutaient ferme.

Le comédien s'adressa à une sentinelle.

— J'aimerais proposer mes poireaux au responsable des achats.

— Ce n'est pas le jour, mon gars !

— J'ai fait un long chemin.

— Le temple est bouclé pour une durée indéterminée.

— Que se passe-t-il ?

— Des brigands se sont échappés, paraît-il. Ne reste pas là, retourne chez toi.

Excellente nouvelle !

Mais le jeune couple, constatant l'arrivée de la crue, serait désemparé. Une seule solution : trouver une caravane passant par le désert et s'y inclure comme marchands. La présence de Vent du Nord les y aiderait. La prêtresse et le scribe auraient-ils cette bonne idée ?

Bébon se rendit au centre de la ville ; constamment sur ses gardes, il redoutait d'être identifié et interpellé. Humilié et furieux, le capitaine avait dû lancer une nuée de policiers à ses trousses.

Il obtint aisément le renseignement recherché : le lieu de repos des caravaniers entre deux étapes.

***

Debout, très raide face au juge Gem, le capitaine de bateau de la police fluviale se décomposait à vue d'œil.

— Un scandale au temple, une femme médecin et un blessé grave qui disparaissent et que vous auriez amenés à Lycopolis… J'aimerais comprendre.

— C'est simple… et compliqué.

— Tentez de résoudre cette contradiction, capitaine.

— C'est simple et...

— Compliqué, vous venez de le dire. Alors, simplifiez.

Le capitaine se jeta à l'eau.

— Je dois vous fournir des informations désagréables.

— Surtout, ne vous gênez pas.

— Un agent spécial, agissant sur ordre du chef des services secrets Hénat, m'a demandé de le conduire à Lycopolis en compagnie de son supérieur, gravement blessé lors d'une embuscade tendue par le scribe Kel et ses complices.

— Hénat... Son nom a bien été prononcé ?

— Affirmatif.

— En réalité, cet homme vous a abusé.

Le capitaine baissa les yeux.

— Je le crains.

— Et vous n'avez pas vérifié ses dires ?

— J'ai envoyé un messager à Saïs, mais ce simulateur m'a faussé compagnie.

Le juge Gem grommela.

— Déplorable.

— Déplorable, confirma le capitaine. Néanmoins, je ne considérais pas le fait de sauver un policier en danger de mort comme une faute.

— Dans les circonstances actuelles, votre naïveté en est une. À l'avenir, montrez-vous vigilant.

— Vous... vous ne me renvoyez pas ?

— Si, à votre poste. Et ne commettez plus d'erreur.

Peu importait la stupidité du capitaine. Kel, Nitis et Bébon étaient bien vivants et faisaient preuve d'une redoutable habileté.

Une étrange idée vint à l'esprit du juge. L'habile comédien – forcément Bébon – avait-il inventé une histoire ou était-il réellement au service de Hénat ? Espion infiltré, aux ordres du chef des services secrets, il demeurait aux côtés du scribe Kel afin de découvrir la totalité de ses complices et l'étendue de son réseau.

Ce genre de coup tordu portait la marque de Hénat, habitué à jouer en solitaire et incapable de collaborer avec la justice.

Peut-être le magistrat pouvait-il tirer avantage de la situation. En tout cas, il ne fournirait plus aucune information à Hénat et mènerait sa propre barque.

***

Kel et Vent du Nord demeurant en retrait, Nitis s'engagea sur le quai. Elle comptait repérer les bateaux de la police et tenter de savoir si Bébon était détenu à bord de l'un d'eux. Énervés, de nombreux soldats allaient et venaient.

Elle aborda un gradé à la fière allure.

— Je devais livrer des légumes, mais l'on m'a dit qu'un prisonnier venait de s'évader et que personne ne pouvait accéder aux bâtiments pendant les recherches.

— Exact, jeune dame. Retourne chez toi et n'en bouge pas avant nouvel ordre. Sinon, tu auras des ennuis.

Soumise, Nitis s'éloigna et rejoignit le scribe.

— Bébon leur a échappé, lui apprit-elle. Et j'ai aperçu quantité d'insectes sautillant à la surface des eaux et produisant un bruit caractéristique[1] : voués à la déesse Neit, ils annoncent l'arrivée imminente de la crue.

— Le fleuve ne sera donc plus navigable ! Restent les chemins de terre.

— Armée et police empêcheront tout accès à Thèbes,

1. Il s'agit d'une sorte de coléoptère, l'*Agrypnus notodanta.*

objecta Nitis. Emprunter une route normale devient impossible.

Seul Vent du Nord ne paraissait pas abattu. Les oreilles dressées, il désirait quitter les lieux.

— Suivons-le, recommanda la prêtresse.

L'âne contourna la ville, empruntant des sentiers qui longeaient des cultures, puis revint vers le faubourg de l'est.

Dans une palmeraie, une centaine d'ânes et de nombreux marchands en tuniques colorées.

— Une caravane ! constata Kel. Le seul moyen d'échapper aux contrôles. Mais prendra-t-elle la direction du sud ?

Le trio s'approcha. Un gardien lui barra le passage.

— Nous voudrions voir le patron, demanda le scribe.

Il s'appelait Hassad, avait une quarantaine d'années, était syrien et portait une petite moustache.

— Pouvons-nous connaître votre destination ?

— Nous allons à Coptos en passant par le désert. De là, nous nous rendrons jusqu'à la mer Rouge.

Coptos, au nord de Thèbes, non loin de la cité d'Amon !

— Nous acceptez-vous parmi vous ?

Hassad ne parut guère enthousiaste.

— Ma caravane ne comprend que des marchands professionnels. Ils partagent les bénéfices… et les frais.

Nitis présenta un magnifique lapis-lazuli.

— Cette pierre suffira-t-elle ?

Les yeux du patron s'écarquillèrent.

— Ça devrait. Nous partons après le déjeuner. Vous et votre âne marcherez à l'arrière, juste devant le surveillant.

— Entendu.

Kel et Nitis s'assirent à l'écart. On leur apporta des galettes remplies de fèves et de salade.

— Bébon aura-t-il le temps de nous rejoindre ? s'inquiéta le scribe.

— Si tel n'est pas le cas, il nous rattrapera en cours de route, promit Nitis.

***

Depuis plusieurs heures, Bébon passait de cache en cache afin d'échapper aux soldats. Le juge Gem avait ordonné une fouille systématique de Lycopolis et n'épargnait même pas le temple. À la tombée de la nuit, les recherches cessèrent et le comédien put enfin se rendre à l'oasis où stationnaient les caravaniers.

Déserte.

Adossé à un puits, un vieillard mastiquait des oignons.

— Y a-t-il eu un départ aujourd'hui ? questionna Bébon.

— Direction Coptos.

— As-tu aperçu un jeune couple et un âne ?

Le vieillard eut un drôle de sourire.

— Une sacrée belle fille ! À sa place, j'aurais évité cette caravane-là. Le patron, Hassad, est un tordu. Et il déteste les femmes.

47.

Impressionnant.

Très impressionnant.

Saïs était une fort belle ville, mais elle ne soutenait pas la comparaison avec Thèbes la Puissante[1], la cité sainte du dieu Amon.

Hénat ne s'attendait pas à tant de grandeur.

Tout au long de son voyage, il avait rencontré quantité de correspondants en leur demandant de commenter l'état d'esprit des populations locales et l'attitude des temples. Imposée par la force, la politique d'Amasis n'emportait pas l'adhésion. Certes, on appréciait la sécurité ; cependant, l'omniprésence des mercenaires grecs, la création de l'impôt sur le revenu de chaque habitant et la suppression des privilèges traditionnels des sanctuaires heurtaient les esprits.

Heureusement, la Divine Adoratrice préservait les valeurs ancestrales en refusant la décadence et en célébrant les rites qui maintenaient la présence divine.

Et Thèbes n'était pas une petite agglomération sommeillant loin de la capitale. Le vaste domaine d'Amon trônait au cœur de la plus riche des provinces d'Égypte. De la proue de son bateau, Hénat découvrit, de part et d'autre du Nil, de grandes plaines bien cultivées. Les

1. En égyptien *Ouaset*, « Celle du sceptre Puissance ».

Thébains jouissaient d'une abondance de légumes et de fruits, les nombreux troupeaux de vaches bénéficiaient de pâturages luxuriants, et les pêcheurs ne rentraient jamais bredouilles.

Villages coquets à l'ombre des palmeraies, digues solides, bassins de retenue d'eau parfaitement entretenus, canaux irriguant la campagne, des centaines d'ânes livrant les denrées au temple et à la ville... La gestion de cette province semblait remarquable.

À l'évidence, la Divine Adoratrice ne sombrait pas dans un mysticisme éloigné des réalités quotidiennes et des impératifs économiques. Et l'ampleur de ses richesses n'était pas une légende.

À l'approche de Karnak, le temple des temples [1], Hénat n'en crut pas ses yeux. Du débarcadère, il aperçut une forêt de monuments dont les toitures dépassaient le mur d'enceinte en brique, et des obélisques perçant le ciel. Ici avaient œuvré les Sésostris, les Montouhotep, les Amenhotep, les Thoutmosis, Séthi Ier et Ramsès II. Et chaque pharaon avait embelli le domaine d'Amon, dieu des victoires et garant de la puissance des Deux Terres.

Héritière et gardienne de ce fabuleux trésor, la Divine Adoratrice était initiée à sa fonction selon les rites royaux. Lors de son installation, un ritualiste venait la chercher dans la demeure du matin où elle avait été purifiée. Neuf prêtres purs la revêtaient des vêtements, des bijoux et des amulettes liés à sa dignité, et le scribe du livre divin lui en révélait les secrets. Proclamée souveraine de la totalité du circuit céleste que parcourait le disque solaire, elle présidait à la subsistance de tous les êtres vivants. À l'instar des

1. *Ipet-sout*, « Le recenseur des places », à savoir le sanctuaire qui donne à chaque divinité sa juste place et l'accueille en son sein.

pharaons, la Divine Adoratrice recevait des noms de couronnement inscrits à l'intérieur d'un cartouche[1] et accomplissait des rites jadis réservés aux monarques.

Découvrir Karnak permit à Hénat de prendre conscience de la véritable puissance de la Divine Adoratrice. À la tête de ce gigantesque domaine sacré, patronne de milliers de paysans et d'artisans, auréolée d'un immense prestige, la vieille prêtresse disposait d'un pouvoir considérable. Combien de chefs de province lui obéiraient-ils si elle décidait de faire sécession et de ne plus reconnaître l'autorité d'Amasis ?

Certes, nul indice n'accréditait cette hypothèse, et les espions de Hénat ne lui avaient signalé aucune velléité de révolte de la part de l'administration thébaine. Mais leurs rapports étaient-ils fiables ? Les Divines Adoratrices formaient une sorte de dynastie purement religieuse, limitée à la province de Thèbes et au temple d'Amon, et parfaitement fidèle au pharaon régnant. Jusqu'à ce jour, elles s'étaient cantonnées à ce rôle.

Élément rassurant. Trop, peut-être.

Le bateau accosta. Hénat ne parvenait pas à détacher son regard de Karnak où, à l'évidence, se concentrait un nombre imposant de forces divines. Sous l'égide d'Amon, la totalité des divinités du ciel et de la terre était abritée ici. Au-delà de l'enceinte, le temporel et le profane n'avaient pas leur place. Comme ce monde paraissait éloigné de celui du Delta, particulièrement de la cité grecque de Naukratis ! Tourné vers le passé et la tradition, Karnak refusait l'avenir et le progrès.

1. Ovale plus ou moins allongé en fonction du nombre de hiéroglyphes composant le nom royal. Il symbolise à la fois la corde magique reliant entre eux les divers éléments de la vie et l'ordre de l'univers.

Hénat s'attendait à une gloire usée, à des édifices rongés par le temps, à un conservatoire désuet de coutumes dérisoires.

Il s'était lourdement trompé.

Face à lui se dressait un immense vaisseau magique, en parfait état de fonctionnement.

Le chef des services secrets avait hâte d'en savoir davantage et de rencontrer la vieille ritualiste chargée de diriger l'équipage. Les années avaient-elles réellement prise sur elle, succombait-elle sous leur poids ou bien gardait-elle un dynamisme comparable à celui de ces pierres millénaires, nourri des rites pratiqués ?

En ce cas, la partie s'annonçait rude.

Il faudrait pourtant que la Divine Adoratrice se soumette et obéisse aux ordres de Pharaon. Sinon, Hénat envisagerait une solution radicale, en accord avec le souverain.

L'optimisme voulait qu'une seule entrevue suffît. Hénat exposerait la situation, fournirait à son illustre interlocutrice les précisions nécessaires et lui indiquerait la conduite à suivre. Jamais elle ne recevrait le scribe Kel et ses complices. Et si, d'aventure, ils parvenaient jusqu'à Thèbes, ils y seraient arrêtés et reconduits à Saïs.

Un prêtre au crâne rasé demanda l'autorisation de monter à bord.

— Bienvenue à Karnak. Puis-je connaître votre nom, vos titres et le motif de votre visite ?

— Je suis Hénat, le directeur du palais de Saïs, envoyé spécial du pharaon Amasis. N'auriez-vous pas reçu le courrier officiel annonçant mon arrivée ?

— Pardonnez-moi, je ne suis que le préposé à la circulation des bateaux sur le canal menant au temple. En raison de la crue, nous devons prendre des dispositions particulières.

— Conduisez-moi à mon logement de fonction.

Le prêtre parut affreusement gêné.

— Comme je vous l'indiquais, je m'occupe des bateaux et…

— Avez-vous bien entendu mon nom et mon titre ?

— Désolé, mes compétences sont strictement limitées.

— Eh bien, allez chercher un responsable !

Le prêtre réfléchit longuement.

— J'essaierai de vous être agréable, mais pas avant la fin de mon service. Sinon, je serai réprimandé.

D'un geste de la main, Hénat congédia l'insupportable personnage.

Un courrier officiel perdu… Impossible ! On se moquait de lui. Sortant de sa cabine, il descendit la passerelle et se heurta à deux hommes armés d'épées et de gourdins.

— On ne vous a pas autorisé à quitter votre bateau, dit l'un d'eux. Les formalités sont en cours.

— Je m'appelle Hénat, directeur du palais royal, et vous somme de me laisser passer !

— Désolé, les consignes du grand intendant Chéchonq sont formelles.

Furibond, le chef des services secrets n'entama pas l'épreuve de force.

— Conseillez-lui de venir rapidement, très rapidement !

48.

La caravane était un abri idéal. En dépit de la chaleur, elle progressait à bonne allure tout en respectant des temps de repos suffisants, pour ne pas épuiser les organismes des hommes et des bêtes. Hassad avait pris soin d'emporter une grande quantité de gourdes d'eau nouvelle [1], talismans contre la soif. Et il connaissait l'emplacement des puits jalonnant la piste.

Radis, ail, oignon, poisson séché, fromage, pain et bière figuraient au menu des repas.

— Je n'aime pas ce Syrien, confia Nitis à Kel en lui enduisant les mains de la pommade régénératrice. Son regard est faux.

— Nous l'avons grassement payé et il semble satisfait.

— Bientôt, il réclamera davantage.

— Nous possédons de quoi le combler. À Coptos, nous quitterons la caravane.

— Je suis inquiète, Kel.

Soudain, les ânes stoppèrent.

Irrité, Vent du Nord gratta le sol.

— Tenez-vous tranquilles, ordonna le surveillant d'arrière. On attend les instructions du patron.

Hassad vint à la hauteur du couple.

— Contrôle de police. Il faut vous séparer.

1. L'eau du Nil redevenue potable après la première semaine de crue.

— Pas question, rétorqua le scribe.

— Si vous restez ensemble, ils vous arrêteront. Toi, jeune femme, je te présenterai comme l'épouse de mon cousin ; toi, mon garçon, tu fais la cuisine ; et votre âne se mêlera à ses congénères.

Nitis et Kel n'eurent même pas le temps de s'étreindre. Et la prêtresse dut convaincre Vent du Nord d'obéir.

Hassad remonta vers la tête de la caravane où son frère cadet tentait de répondre aux questions d'un lieutenant de patrouilleurs du désert. Équipés d'arcs et de frondes, ses subordonnés n'avaient pas l'air commode.

— Tout est en règle, affirma Hassad. Vous pouvez fouiller sacs et paniers.

— Nous recherchons une femme médecin et un blessé. T'ont-ils demandé de les cacher ?

— Lieutenant ! Voilà plusieurs années que je parcours ce désert, et la police n'a jamais rien eu à me reprocher. Je n'ai nullement envie de ruiner ma réputation et de perdre ma caravane ! Si ces personnes m'avaient contacté, j'aurais refusé de les emmener. Seuls voyagent mes employés et leurs familles.

— On vérifie.

— À votre guise.

Le lieutenant dévisagea hommes et femmes. Hassad lui donna leurs noms et précisa leurs fonctions. La beauté de Nitis retint le policier un interminable moment, mais il accepta l'explication du Syrien.

Et la caravane repartit.

Bientôt, la patrouille fut hors de vue. Alors, Kel voulut rejoindre Nitis.

Quatre hommes s'emparèrent de lui et le ligotèrent.

Goguenard, Hassad contempla son prisonnier.

— Te voilà moins fier, mon garçon !

— Mon épouse… Ne lui faites pas de mal !

— Ne t'inquiète pas, je m'en occuperai moi-même. Auparavant, je veux savoir qui vous êtes.

— De simples marchands.

— Vous désiriez quitter cette ville en échappant aux forces de l'ordre ! Et la police recherche un couple formé d'une femme médecin et d'un blessé.

— Je suis en parfaite santé, et mon épouse n'est pas médecin !

Hassad tâta les poils de sa moustache.

— J'ai entendu parler d'un redoutable assassin, le scribe Kel, accompagné d'une belle prêtresse et d'un comédien. À Hermopolis, ils ont échappé au juge Gem, arrivé récemment à Lycopolis. Et moi, un simple caravanier, j'ai la chance de tenir deux de ces fuyards entre mes mains.

— Vous vous égarez !

— Tu parleras, crois-moi. J'ai déjà récupéré le sac contenant les pierres précieuses et je suis ravi de vous avoir acceptés, toi et cette si jolie femme.

— Vous avez osé…

— Rassure-toi, elle est indemne. Ou bien elle me donnait ce sac, ou bien je tuais votre âne. À cause de son cœur sensible, elle n'a pas tergiversé. Un magnifique trésor, je le reconnais, mais j'espère mieux, beaucoup mieux ! Livrer à la police le scribe Kel me vaudra une fortune. Donc, tu vas avoir la gentillesse d'avouer.

Kel soutint le regard du Syrien.

— Oh ! je n'espérais pas une collaboration immédiate ! Par bonheur, le soleil frappe fort. Pendant que nous mangeons et buvons à l'ombre des tentes, tu y seras exposé, étendu sur le dos, poignets et chevilles attachés à des piquets. Tu verras, c'est vite insupportable. Avoue, et l'épreuve prendra fin.

***

Bébon avait retrouvé la trace de la caravane. À l'approche du détachement de la police du désert, il eut juste le temps de se cacher derrière un amas de roches. Ces fouineurs avaient forcément fouillé les commerçants et découvert Kel et Nitis !

Pourtant, il n'aperçut ni l'un ni l'autre.

Une seule explication : le patron de la caravane les protégeait, sans doute en les présentant comme les membres de sa famille. Mais comment faisait-il payer sa protection ?

Se contentant de rares et petites gorgées, le comédien hâta l'allure. Bientôt, son outre serait vide, et lui à bout de forces.

Refusant la fatigue, il vit ses efforts récompensés deux heures plus tard : les caravaniers avaient dressé leurs tentes près d'un puits.

Fourbu, le souffle court, Bébon frissonna d'effroi en découvrant le supplice que subissait le scribe.

Impossible de le secourir. À lui seul, le comédien ne pourrait terrasser une vingtaine d'hommes.

Et Nitis ?

En rampant, Bébon tourna autour du campement.

Elle se trouvait un peu à l'écart, attachée à un poteau, sous la surveillance de deux Syriennes vêtues de tuniques bariolées. Assises, les gardiennes sommeillaient.

D'ordinaire, il ne brutalisait pas les femmes. Cas de force majeure ! Il ramassa une pierre ronde, s'approcha lentement, se releva au dernier instant et frappa d'un coup sec à la nuque. Ni l'une ni l'autre n'eurent le loisir de crier.

Bébon déchira les tuniques, utilisa les lambeaux comme bâillons, et leur lia les mains et les pieds.

Puis il libéra Nitis qui s'effondra, inerte.

On l'avait droguée !

— Réveille-toi, je t'en prie !

Bébon ressentit une présence dans son dos.

Piégé.

Aucune chance de s'en sortir.

L'agression attendue ne se produisant pas, il se retourna.

— Vent du Nord !

Le puissant grison lécha doucement le front de Nitis, la jeune femme revint à elle.

— Il faut quitter le campement, implora le comédien.

— Bébon ! As-tu délivré Kel ?

— Impossible.

— Je ne partirai pas sans lui.

Le comédien redoutait cette exigence.

— Les caravaniers sont trop nombreux. Mettons-nous en sécurité afin d'étudier un plan.

Vent du Nord posa une patte légère sur l'avant-bras de Nitis.

— Lui en a un.

49.

Hassad comptait et recomptait les pierres précieuses. Ses préférées étaient les lapis-lazulis en provenance d'Afghanistan. Un voyage long et dangereux, au cours duquel nombre de négociants périssaient, victimes du climat et des tribus locales. Depuis toujours, ce pays lointain se vouait aux pillages et aux tueries. Mais il abritait cette pierre merveilleuse, analogue au ciel étoilé.

En ajoutant la valeur de ce sac à la prime énorme que lui remettrait la police quand il lui livrerait les deux terroristes, Hassad serait à la tête d'une immense fortune. Il s'achèterait une somptueuse villa à Coptos, entourée d'un jardin, il distribuerait ses ordres à une armée de domestiques. Devenu propriétaire d'une dizaine de caravanes, il régnerait en maître sur le commerce du désert de l'est et s'offrirait même un ou deux bateaux sillonnant la mer Rouge.

À plusieurs reprises, il avait accepté des clandestins, en échange d'une forte rémunération. Aucun n'était parvenu à bon port. Hassad les égorgeait après les avoir dépouillés, et vautours, hyènes, chacals et insectes se chargeaient de faire disparaître leurs cadavres. D'ailleurs, personne ne les réclamait.

Cette fois, la prise dépassait ses espérances les plus folles ! Bientôt, il disposerait d'un harem composé de femmes superbes. Totalement soumises, elles satisferaient ses caprices. Lorsque l'une d'elles le lasserait, il l'abandonnerait à ses serviteurs.

Un détail l'intriguait : l'arc extrait d'une des sacoches de l'âne, appartenant à ses prisonniers. Une arme de bonne taille, en bois d'acacia.

En la manipulant, son cousin avait poussé un cri de douleur, et ses mains s'étaient couvertes de cloques. Et son frère venait de connaître une mésaventure identique !

À présent, l'arc gisait à proximité d'un feu où cuisaient des galettes.

— Cet objet est maudit, lui confia son frère. Il nous portera malheur. Relâche ce couple, et continuons notre route.

— Serais-tu devenu fou ? Grâce à eux, nous allons devenir riches !

— Ta cupidité t'égare, Hassad. L'arc prouve qu'ils disposent de terrifiants pouvoirs magiques.

— Ridicule !

— Se moquer de la magie et des dieux provoque leur colère.

— Racontars d'imbéciles !

— Alors, saisis l'arc.

Hassad hésita. Il songeait plutôt à violer la belle jeune femme, mais redoutait de l'abîmer et de lui faire perdre une partie de sa valeur marchande. Des femelles, il en aurait des dizaines à ses pieds ! Et il ne pouvait perdre la face.

D'une poigne décidée, il s'empara de l'arme.

Aussitôt, sa chair grésilla et une odeur épouvantable emplit le campement.

Lâchant l'arc de la déesse Neit, Hassad hurla.

— Regarde, l'avertit son frère, les ânes nous menacent !

À la stupéfaction du patron de la caravane, les

quadrupèdes formaient un cercle et grattaient le sable de leurs sabots, visiblement irrités.

— Sales bêtes ! Elles vont tâter du fouet.

Le cousin tenta d'en frapper un. Vent du Nord se détacha de la troupe et lui percuta le bas du dos.

Brisé, le Syrien s'écroula.

Épouvantés, les caravaniers se regroupèrent autour du patron.

Nitis apparut, calme et déterminée.

— Ne bougez pas, ordonna-t-elle. Sinon, les ânes obéiront au dominant et vous massacreront.

La colère animant le regard de Vent du Nord convainquit les rares téméraires d'obtempérer.

Elle s'approcha de Hassad, tordu de douleur. Les paumes de ses mains saignaient.

Nitis prit l'arc.

— Voyez, la déesse Neit m'autorise à manier son symbole ! Quiconque l'outrage et ignore les formules d'apaisement du feu est justement châtié. Votre chef vous a trompés. Il n'est qu'un voleur et un assassin. Libérez immédiatement l'homme soumis à la torture et amenez-le.

Deux caravaniers s'empressèrent d'obéir.

Mal en point, Kel parvenait cependant à marcher. Et revoir Nitis lui redonna une énergie insoupçonnée.

Bébon surgit derrière Hassad et lui posa la lame du couteau grec sur la gorge.

— Ramasse les pierres et remets-les dans le sac.

— J'ai mal, je…

— Dépêche-toi.

En dépit de la souffrance, le Syrien s'exécuta.

— Maintenant, mes amis et moi, on s'en va. Équipez notre âne de paniers remplis d'eau et de nourriture. Vite !

Nitis humecta les lèvres de Kel. Son regard exprimait tant d'amour qu'il oublia son épreuve.

— On y va, dit Bébon à Hassad.

— Tu... tu dois me relâcher ! Je suis le chef de cette caravane, ma famille a besoin de moi !

— Tu la rejoindras plus tard, elle t'attendra. En avant.

Vent du Nord s'élança le premier, suivi de Nitis, de Kel et de Bébon piquant les reins du Syrien de la pointe de son couteau.

Formant toujours un cercle, les ânes demeuraient menaçants. Ils ne relâcheraient l'étau qu'au moment où le dominant estimerait ses protégés en sécurité.

La pommade apaisa les brûlures dont souffrait le scribe, et des tuniques bariolées protégèrent les voyageurs du soleil.

— Indique-nous la route de Coptos, exigea Bébon.

— C'est par là, répondit Hassad en désignant un sentier passant entre des collines de sable.

Vent du Nord continua à l'opposé.

— Pourriture, tu continues à mentir !

Le Syrien s'agenouilla.

— Ne me tuez pas, je vous en supplie !

— On verra ça au prochain point d'eau.

Le couchant procura un peu de fraîcheur. On but, on mangea sobrement, et le comédien garrotta Hassad.

Au terme d'une nuit réparatrice, le voyage reprit.

Soudain, Vent du Nord s'immobilisa et regarda fixement le Syrien.

— Empêchez ce monstre de m'agresser !

— Tu peux partir, estima Nitis.

— Je... je suis libre ?

— Un criminel de ton espèce peut-il l'être vraiment ?

D'abord hésitant, le Syrien marcha à reculons. Puis il se retourna et courut.

— Bon débarras, estima Bébon. À mon avis, nous devrions obliquer vers la vallée et tenter d'atteindre Abydos.

— Abydos, le fief du ministre Péfy, rappela Nitis.

— Ami ou ennemi ?

— Nous ne tarderons pas à le savoir, estima Kel.

Une série de hurlements les interrompit.

Lui succéda un profond silence. Le désert entier se taisait.

Alors résonnèrent des grognements profonds et, au sommet d'une butte, apparut une lionne, la gueule ensanglantée.

Nitis éleva l'arc de Neit en signe d'offrande.

Apaisé, le fauve s'éloigna. Hassad ne regagnerait jamais sa caravane.

50.

Hénat arpentait le pont de son bateau. D'ordinaire si calme, le chef des services secrets ne tenait pas en place. L'humiliation dont il était victime aurait mérité une réaction violente, mais il préférait continuer à analyser cette situation surprenante.

En manifestant de manière ostensible son hostilité, la Divine Adoratrice prenait de grands risques. Amasis n'apprécierait pas son attitude et prendrait forcément de lourdes sanctions. À Saïs, Hénat l'aurait encouragé. Toutefois sa meilleure connaissance de la Haute-Égypte et sa découverte de Karnak, quoique sommaire, l'incitaient à la réserve.

Simple intimidation ou réelle volonté de s'opposer aux volontés d'un des plus hauts personnages de l'État ? Trop tôt pour répondre.

Le soleil se couchait, les pierres du temple se couvraient de teintes dorées. Au-dessus du lac sacré, les hirondelles dansaient.

La paix de ces lieux se nourrissait de siècles de sagesse. Ici, le temps s'échouait et les affaires humaines paraissaient dérisoires. Refusant de se laisser prendre à cette magie, Hénat songea à sa mission. Et il décida de descendre à terre. Aucun soldat ne l'en empêcherait.

Alors qu'il abordait la passerelle, un cortège équipé de torches arriva sur le quai. Des prêtres entouraient un imposant personnage à la démarche pesante.

Les gardes s'inclinèrent et lui libérèrent le passage.

La courte ascension fut lente et pénible.

— Me pardonnerez-vous cet effroyable incident, directeur Hénat ? Je suis le grand intendant[1] Chéchonq, au service de la Divine Adoratrice, chargé de gérer son domaine temporel. À ce titre, j'aurais dû organiser une grande réception afin de vous accueillir dignement, mais...

— Mais ?

— Je n'ai pas été informé de votre arrivée !

— Un courrier officiel vous a été adressé.

— Il ne m'est pas parvenu, hélas ! Ainsi s'explique cette déplorable situation. Dès qu'on m'a averti de votre présence, j'ai cessé toute activité, et me voici !

— Un courrier officiel égaré ? Impossible !

— Entre le Nord et le Sud, les services postaux ont mal fonctionné, ces derniers temps. Je tenais précisément à informer Saïs de multiples incidents. Une étude serrée des erreurs et des manquements permettra d'y remédier, d'autant plus que vous venez d'en être victime ! Je tiens un dossier détaillé à votre disposition.

Tout en rondeurs, le grand intendant était un personnage éminemment sympathique. Jovial, chaleureux et courtois, il semblait sincère et plaidait sa cause de façon convaincante.

— Votre bateau n'étant pas annoncé, les gardes ont strictement respecté les consignes. En cette période de début de la crue, les manœuvres présentent de sérieuses difficultés. Des accidents se sont déjà produits.

— Pourquoi m'a-t-on empêché de quitter mon bateau ?

— Simple raison de sécurité. Les visiteurs inconnus sont retenus au débarcadère, le temps des formalités administratives. Je vous le répète, cette malheureuse perte de

1. Le titre égyptien est également traduit « chambellan, majordome ».

courrier est la seule cause de ce misérable accueil. Au nom de la Divine Adoratrice, je vous présente mille excuses.

Chéchonq dissipait le malentendu. Et ses explications ne manquaient pas de force, car Hénat venait de constater les difficultés de liaison entre la Basse et la Haute-Égypte.

— Thèbes se réjouit et se flatte de la présence du directeur du palais royal, poursuivit le grand intendant. Nous recevons trop rarement les hauts personnages de l'État et tenons à les traiter avec tous les égards dus à leur rang. Notre belle province sert fidèlement le roi Amasis.

— Je n'en doutais pas.

Chéchonq parut contrarié.

— J'ai malheureusement d'autres regrets.

Le visage de Hénat se crispa. Après tant de civilités, on abordait les sujets délicats.

— En raison des circonstances, déplora le grand intendant, votre logement de fonction ne sera prêt que demain. Cette nuit, je vous prie d'accepter mon hospitalité.

Le chef des services secrets était pris au dépourvu.

— Mon bateau est suffisamment confortable et…

— Vous ne me pardonnez pas mon erreur ! Je le comprends et j'accepte votre courroux. Permettez-moi néanmoins d'insister et de solliciter votre indulgence.

— Entendu.

Un large sourire anima le visage épanoui de Chéchonq.

— Les dieux soient loués ! Je vous promets un agréable repas, arrosé d'un excellent vin.

Le grand intendant ne se vantait pas.

Proche du temple de Karnak, sa demeure était un véritable palais. Une vingtaine de pièces, deux salles de réception, plusieurs chambres accolées à des salles d'eau, une vaste bibliothèque, des dépendances destinées aux domestiques, une cuisine où œuvrait un artisan de génie et une cave contenant des merveilles.

— Avant de dîner, désirez-vous un massage ? suggéra le grand intendant. Je ne connais pas de meilleur remède pour effacer les fatigues d'une longue journée de travail. Laissez-vous convaincre, vous ne le regretterez pas !

Réticent, Hénat accepta.

Le masseur sut effacer les tensions du directeur du palais. Une douche tiède, un savon parfumé, une tunique de lin royal, des sandales neuves... Le grand intendant savait vivre et appréciait le confort.

Le dîner fut somptueux. Hénat n'avait jamais goûté des cailles au vin aussi délicieuses, et la chair d'une perche du Nil, servie sur un lit d'oignons et de poireaux, atteignait la perfection. Quant au vin rouge d'Imaou, il aurait enchanté le roi Amasis en personne.

Les doutes de Hénat étaient dissipés : l'administration thébaine n'avait nullement cherché à l'humilier, et son chef lui réservait un accueil au-delà de ses espérances.

— J'ai visité Saïs il y a plus de trente ans, révéla Chéchonq, et j'ai beaucoup apprécié le charme de notre capitale. Mais je vous avoue préférer celui de la province thébaine, si riche de souvenirs. Tant d'illustres pharaons reposent sur la rive d'Occident, tant de temples magnifiques ont été édifiés afin de garder vivant leur *Ka* ! De fabuleuses découvertes vous attendent. Et je ne parle pas de Karnak, un monde à lui seul. Thèbes saura vous séduire, j'en suis persuadé.

— Je ne suis pas un visiteur ordinaire, rappela Hénat. Le pharaon m'a confié une mission, et j'entends la remplir rapidement.

— De quelle manière puis-je vous aider ?

— En m'obtenant un entretien privé avec la Divine Adoratrice.

— Je solliciterai une audience dès que possible. Demain, je dois recevoir les responsables des digues et m'assurer qu'ils ont suivi mes instructions. Selon les spécialistes, la crue sera d'un bon niveau, ni trop haute ni trop basse. Malgré leur compétence, je reste méfiant. Un optimisme béat pourrait conduire à la négligence, et le niveau des bassins de retenue me préoccupe. La saison chaude est plus rude ici qu'à Saïs, et notre prospérité dépend de la rigueur et du travail Désirez-vous des pâtisseries ?

— Non, merci.

— Un peu d'alcool de dattes pour digérer ?

— J'ai déjà beaucoup bu, grand intendant. Permettez-moi de me retirer.

Un serviteur conduisit Hénat jusqu'à sa chambre.

Fatigué, il apprécia la douceur des draps et le moelleux du coussin. Son séjour thébain promettait d'être aussi bref qu'agréable.

51.

— Nous avons arrêté dix suspects, dit au juge Gem l'officier chargé du contrôle de police à Lycopolis. Huit hommes et deux femmes.

— Amenez-les-moi immédiatement.

La déception fut cruelle.

De petites gens, coupables de délits mineurs.

Kel, Nitis et Bébon avaient donc réussi à quitter la ville. Pas par le fleuve, à cause de la violence des premiers jours de la crue qui rendait le Nil non navigable. Et une multitude de soldats surveillait routes et chemins en direction du sud. Les responsables adressaient au juge un rapport quotidien et lui présentaient les suspects. Là encore, échec total.

Restait une possibilité : le désert.

Mais comment les fugitifs échapperaient-ils à ses dangers ? La soif, les fauves, les serpents et les scorpions ne leur permettaient pas d'aller loin. Seuls des professionnels expérimentés, tels les patrouilleurs ou les caravaniers, survivaient à cet enfer.

Une caravane... Peut-être la clé de l'énigme !

Le juge convoqua le scribe chargé d'enregistrer l'arrivée et le départ des nomades, et de les taxer en fonction de leur durée de séjour à Lycopolis.

— Combien de caravanes ont emprunté la piste du sud, ces derniers jours ?

— Une seule, répondit le fonctionnaire : celle du Syrien Hassad.

— Destination exacte ?

— Coptos.

— Ce Hassad… Honnête et sérieux ?

— Il connaît bien les pistes et l'emplacement des points d'eau. Son honnêteté, en revanche…

— Accepterait-il d'emmener des voyageurs en situation irrégulière ?

Le fonctionnaire hésita.

— À ce sujet, des rumeurs ont couru. Mais je ne dispose d'aucune preuve.

— Les patrouilleurs chargés de surveiller le secteur dépendant de Lycopolis sont-ils de retour ?

— Pas avant demain.

Le magistrat prit son mal en patience.

Et le retard s'amplifia.

Au terme du quatrième jour, certain qu'un grave incident s'était produit, le juge décida d'envoyer une équipe de secours. Elle s'apprêtait à partir lorsque les patrouilleurs apparurent à l'entrée est de la ville.

Leur chef fut aussitôt conduit auprès de Gem.

— Des événements incroyables ! déclara-t-il. Nous avions pourtant contrôlé la caravane de Hassad, sans rien remarquer d'anormal. Et puis nous avons été rejoints par des membres de sa famille, totalement désemparés. D'après eux, les ânes se seraient révoltés pour libérer un homme et une femme que leur patron comptait remettre à la police de Coptos en échange d'une belle prime. Un second homme aurait pris Hassad en otage, et le quatuor se serait évanoui. Deux de mes patrouilleurs conduisent la caravane à destination. Et nous n'avons retrouvé ni Hassad ni ses ravisseurs.

« Kel, Nitis et Bébon ! » conclut le juge.

Leur otage les guiderait à travers le désert et, parvenus à destination, ils s'en débarrasseraient.

Coptos ? Exclu ! Là-bas, la police les attendait.

Consultant une carte, le juge Gem tenta de se mettre à la place des terroristes.

Et un nom s'imposa : Abydos.

Abydos, la cité préférée de Péfy, le ministre de l'Économie. Étrange coïncidence, il y résidait alors que le scribe Kel et ses alliés tentaient d'atteindre Thèbes.

Abydos, étape obligée. L'assassin y retrouverait un complice, l'un des hauts dignitaires de l'État, qui lui fournirait un abri sûr et l'aiderait à contacter la Divine Adoratrice.

Péfy, ami intime du défunt grand prêtre de Saïs, maître spirituel de la prêtresse Nitis. Péfy, la tête pensante du complot. Utilisant le scribe Kel comme bras agissant, il l'avait aidé en toutes circonstances.

Abydos serait le tombeau des comploteurs.

***

Appréciant peu la fournaise du désert, Vent du Nord se réjouissait de rejoindre la vallée du Nil. Frappant le sol de leur bâton, les voyageurs émettaient des vibrations dissuadant les serpents de les attaquer. La nuit, un feu écartait les prédateurs.

Soudain, l'air changea de nature et la chaleur sembla moins insupportable.

— Le fleuve n'est plus très loin, estima Kel.

— Redoublons de prudence, recommanda Bébon. Si nous nous heurtons à des patrouilleurs du désert, nous sommes fichus.

Chaque colline de sable, parsemée d'éclats de pierre, leur servit de poste d'observation. Entre les monticules, ils coururent et Vent du Nord galopa.

Après une nuit passée au sommet d'une dune, Nitis aperçut des monuments.

— Abydos, le royaume d'Osiris, précisa Bébon. J'y ai joué de nombreuses fois le rôle de Seth, lors de la célébration du drame rituel, sur le parvis du temple. Ça fait de l'effet, vous pouvez me croire ! Le masque est terrifiant, et la victoire finale d'Osiris ne semble pas acquise d'avance. Sacrés bons souvenirs... L'un de mes meilleurs rôles !

— Le feu de Seth nous a permis de traverser le désert, fit remarquer Nitis.

— On s'en sort à merveille, reconnut le comédien. Pas la moindre envie d'y retourner ! Ne crions quand même pas victoire. Une caserne remplie de mercenaires grecs, originaires de Milet, assure la protection d'Abydos. À supposer qu'elle obéisse aux ordres du ministre Péfy, nous allons droit dans la gueule du chacal.

— Péfy était l'ami de mon maître, objecta Nitis. Il écoutait ses conseils et tenait compte de ses avis. N'ignorant rien de l'affaire d'État à laquelle nous sommes injustement mêlés, il a tenté en vain de nous défendre. Face à l'aveuglement du roi, il a choisi de se retirer à Abydos et de se consacrer au culte d'Osiris.

— Bel optimisme ! s'exclama Bébon. Moi, je songe plutôt à un traquenard superbement organisé. Vieux courtisan, Péfy tient à ses privilèges. De peur d'être soupçonné, il s'est prêté à une machination destinée à nous broyer. Nous ne sortirons pas vivants d'Abydos.

Comment trancher ?

— Nous n'avons plus d'eau, constata Kel, et nous devons nous ravitailler.

L'argument était décisif.

— Je connais une ferme où nous serons bien accueillis, révéla Bébon.

— La fermière serait-elle l'une de tes conquêtes ? interrogea le scribe.

— Non, sa fille. Intelligence moyenne et vocabulaire limité, mais poitrine de rêve.

— Vous êtes-vous quittés en bons termes ?

— J'ai connu pire.

L'estomac dans les sabots, Vent du Nord avait envie de luzerne et de pousses de chardons. Aussi mit-il fin aux discussions et prit-il la direction des cultures.

Sortir du désert fut un intense soulagement. Enfin, des arbres, de la végétation et le doux frémissement de l'eau des rigoles d'irrigation !

— Halte ! ordonna une voix rugueuse.

Cinq mercenaires grecs.

Vent du Nord stoppa, ses compagnons l'imitèrent.

— Qui êtes-vous ?

— Des marchands ambulants.

— D'où venez-vous ?

— Du nord.

— Avec un seul âne ? Pas clair, tout ça ! Les marchands du coin, on les connaît. Vous, on ne vous a jamais vus. Suivez-nous, on vous interrogera à la caserne.

« On ne sortira pas vivants d'Abydos », se répéta Bébon. Terrasser ces cinq gaillards paraissait impossible.

— Vous allez nous conduire chez le ministre Péfy, exigea Nitis.

Le mercenaire ouvrit des yeux ronds.

— Il ne reçoit pas les marchands !

— Je suis la fille de son meilleur ami, le grand prêtre de Saïs, et le ministre m'attend.

52.

Hénat avait passé une délicieuse journée. Son logement de fonction était une vaste villa, à une demi-heure du palais du grand intendant Chéchonq. Une cohorte de domestiques répondait à ses moindres désirs, un cuisinier lui servait ses plats préférés, barbier, manucure et masseur se tenaient à sa disposition.

Un bassin purifié par des lotus lui avait donné l'occasion de nager, et il s'était endormi à l'ombre d'une pergola. À son réveil, de la bière fraîche et légère.

— Votre excellence désire-t-elle autre chose ? lui demanda une délicieuse brunette vêtue d'un petit pagne.

— Pas pour le moment.

Mutine, elle s'éclipsa.

Sans doute un cadeau du grand intendant !

Ces moments de détente inespérés montraient au chef des services secrets l'étendue de sa fatigue. Depuis plusieurs années, il ne s'était pas accordé le moindre repos, tant les tâches et les soucis l'accablaient. Cette brusque rupture le déstabilisait en lui dévoilant des aspects de l'existence auxquels il n'avait pas songé.

Thèbes la tentatrice… Non, il ne céderait pas à ce mirage ! L'habile Chéchonq, lui-même bon vivant, ne lui ferait pas oublier sa mission.

À la tombée du jour, un émissaire du grand intendant le

convia à dîner au palais du patron de l'administration thébaine.

Illuminée et parfumée, la salle à manger accueillait une dizaine de convives. Ils se levèrent tous à l'entrée de Hénat.

— Directeur du palais royal, déclara Chéchonq, visiblement ravi, je vous présente mes principaux collaborateurs et leurs épouses. Nous sommes enchantés de recevoir l'envoyé du pharaon Amasis et tenons à lui faire honneur.

À côté de ce banquet officiel, le dîner de la veille ressemblait à une collation ! Trois entrées, quatre plats principaux et deux desserts furent agrémentés de danses d'une exquise sensualité. Trois jeunes danseuses, uniquement parées d'une ceinture d'améthystes, développèrent de gracieuses figures, accompagnées d'un orchestre féminin composé d'une harpiste, d'une luthiste et d'une flûtiste.

« Amasis aurait apprécié cette réception digne d'un roi ! » songea Hénat.

Chéchonq pria le scribe du Trésor d'exposer à leur hôte la manière dont il gérait les finances de la province thébaine. Puis ce fut le tour du scribe des champs de préciser les modalités de sa politique agricole, en insistant sur les réserves de céréales prévues en cas de mauvaise crue. Quant au supérieur des artisans, il vanta leur conscience professionnelle et leur dévouement au domaine d'Amon. Le responsable des échanges commerciaux, lui, se félicita de la quantité de bateaux circulant entre le Nord et le Sud et de la rapidité des livraisons.

Bref, tout allait pour le mieux dans le meilleur des mondes, et Thèbes vivait heureuse sous le règne d'Amasis.

En dépit de l'extraordinaire qualité des vins, Hénat prit soin de boire peu. Au terme de cette ronronnante soirée, les dignitaires de l'administration thébaine saluèrent le directeur du palais et le remercièrent de sa présence.

— La maison vous convient-elle ? s'inquiéta Chéchonq.

— Elle me paraît parfaite, répondit Hénat.

— C'est bien certain ?

— Certain.

— Le personnel vous donne-t-il entière satisfaction ?

— Il est parfait, lui aussi.

— N'hésitez pas à me signaler le moindre problème. Je le résoudrai immédiatement.

— Soyez-en remercié, Chéchonq. Ce séjour thébain est un enchantement, mais j'ai une mission à remplir : m'entretenir avec la Divine Adoratrice.

— Je ne l'oublie pas, cher Hénat !

— À demain, grand intendant.

***

Hénat se leva de bonne heure. On lui servit aussitôt du lait tiède et de fines galettes au miel, un aliment rare et coûteux. La première heure de la matinée était exquise. Ensuite viendrait la lourde chaleur, contraignant hommes et animaux à se protéger des ardeurs du soleil.

— Que souhaitez-vous au déjeuner ? demanda le cuisinier.

— Côte de bœuf et salade.

Le blanchisseur apporta une tunique neuve, le barbier le rasa délicatement et le parfumeur lui fit choisir sa fragrance.

Le chef des services secrets s'installa au bord du bassin en attendant Chéchonq. En fin de matinée, voire l'après-midi, Hénat parlerait à la Divine Adoratrice et lui transmettrait les directives d'Amasis. Si l'accueil de la vieille prêtresse était aussi chaleureux que celui de son grand intendant, l'entretien serait cordial et fructueux.

Les heures passèrent.

Hénat déjeuna du bout des lèvres, puis arpenta le jardin.

Enfin, Chéchonq !

— Je vous invite à un banquet où seront présents les principaux scribes préposés aux offrandes, annonça le grand intendant. Ils vous expliqueront en détail comment fonctionne l'économie de Karnak et des temples de la rive ouest.

— Passionnant. Quand pourrai-je voir la Divine Adoratrice ?

— Allons nous asseoir à l'ombre.

Chéchonq paraissait embarrassé.

Un serviteur s'empressa d'apporter de la bière.

— La Divine Adoratrice refuserait-elle de me recevoir ? s'inquiéta Hénat.

— Évidemment non ! Il s'agit d'un simple contretemps. Et je vous dois la vérité : moi-même, aujourd'hui, je n'ai pu la rencontrer. Nous avions pourtant prévu d'aborder de nombreux sujets relatifs à la gestion de son domaine.

— Cet incident s'est-il déjà produit ?

— Rarement.

— Pour quelle raison ?

La gêne du grand intendant s'accentua.

— La Divine Adoratrice attache davantage d'importance aux tâches rituelles qu'aux soucis matériels. Mon devoir consiste d'ailleurs à l'en délivrer, à condition d'obtenir son accord à propos des décisions majeures.

Hénat ne cacha pas son scepticisme.

— Me dites-vous *toute* la vérité, Chéchonq ?

Le grand intendant baissa les yeux.

— Il faut comprendre la situation, Hénat. La Divine

Adoratrice est une très vieille dame à la santé fragile. Remplir l'ensemble de ses obligations devient difficile, et je ne m'autorise pas à la brusquer.

— Je comprends.

— J'ai déposé votre demande d'audience par écrit. Quand j'obtiendrai une réponse, je vous avertirai immédiatement. En attendant, je mets à votre disposition une chaise à porteurs. Thèbes offre tant de merveilles que vos prochaines journées seront bien remplies ! À ce soir, cher ami. Mes subordonnés sont impatients de vous connaître.

Hénat demeura étrangement calme.

Soit Chéchonq mentait, et la Divine Adoratrice refusait de voir l'envoyé de Pharaon ; soit ses confidences reflétaient la réalité, et la vieille dame était réellement souffrante, voire agonisante. En ce cas, elle ne serait d'aucun secours au scribe Kel.

Le chef des services secrets continuerait de jouer le rôle de l'hôte satisfait, de manière à ne pas susciter la méfiance du grand intendant.

Une tâche urgente s'imposait : contacter ses agents thébains et vérifier les déclarations de Chéchonq.

53.

La demeure du ministre Péfy se trouvait à proximité du grand temple d'Osiris, œuvre de Séthi Ier, le père de Ramsès II. Depuis la première dynastie, les pharaons bâtissaient à Abydos, et certains y avaient fait édifier la demeure d'éternité du *Ka*, ressuscitant en compagnie du dieu vainqueur de la mort.

Le chef du petit groupe de mercenaires s'adressa au gardien.

— Une jeune femme désire voir le ministre. D'après elle, il l'attendrait.

— Son nom ?

— Elle refuse de me le donner. Elle serait la fille du meilleur ami du ministre, le grand prêtre de Saïs.

— Je vais prévenir mon maître.

Bébon n'en menait pas large, Kel gardait son calme. Les mercenaires demeuraient vigilants et ne leur avaient pas laissé l'occasion de s'enfuir.

Si Péfy refusait de les recevoir, ils seraient brutalement interrogés et remis à la police. Et s'il les estimait coupables, il avertirait le juge Gem.

À la réflexion, l'initiative de Nitis était vouée à l'échec.

Le gardien réapparut.

— Qu'elle vienne.

Un mercenaire empoigna le bras de la prêtresse.

— Lâche-la, je m'en occupe.

Nitis traversa une petite antichambre où se dressait un autel dédié aux ancêtres, emprunta un couloir qu'éclairait une fenêtre haute et aboutit à un bureau encombré de papyrus et de tablettes.

— La voici, seigneur.

Assis en scribe, Péfy leva la tête.

— Nitis ! Ainsi, c'est bien toi.

— Je ne suis pas seule : Kel m'accompagne. Il m'aime et je l'aime. Et son ami Bébon nous a sauvés de situations périlleuses. Je n'oublie pas notre âne, Vent du Nord, intelligent et courageux.

— Et tu vas affirmer l'innocence d'un scribe que recherchent toutes les polices du royaume ! Les preuves sont accablantes, nul ne doute de la culpabilité de Kel. Maintenant, te voilà accusée de complicité ! Le juge Gem vous considère comme de redoutables comploteurs dont le parcours est semé de cadavres.

— Tout est faux, affirma tranquillement la jeune femme, et les véritables séditieux continuent à agir dans l'ombre.

— Qui sont-ils et que veulent-ils ?

— Nous l'ignorons encore, mais un texte crypté contient probablement leurs noms et leur but.

— Comment croire une telle fable ?

— En admettant la vérité. Un jeune scribe, une prêtresse et un comédien menaçant le trône d'Amasis… Cette fable-là serait-elle crédible ?

— Kel a assassiné ses collègues et s'est enfui. En l'aidant, tu t'associes à ces meurtres.

— La Divine Adoratrice nous donnera la clé du code et nous permettra de prouver notre innocence. Aidez-nous à gagner Thèbes et à obtenir une audience.

Le regard du vieux dignitaire se détourna.

Nitis attendit son verdict. D'un mot, il pouvait les faire arrêter, donc les condamner à mort.

— Je viens d'envoyer ma démission au roi Amasis, avoua-t-il. Gérer l'économie du pays ne m'intéresse plus, et je n'approuve pas la politique menée en faveur de la Grèce. Aussi ai-je décidé de m'installer ici et de me consacrer au culte d'Osiris.

La prêtresse reprit espoir.

— Acceptez-vous de nous secourir ?

— Je n'ai qu'une autorité limitée sur la garnison des mercenaires. Son commandant signalera votre présence à son supérieur, lequel avertira le juge Gem. Sous prétexte de vous interroger, je vous abriterai et vous procurerai des vivres. Ne m'en demande pas davantage.

— Alors, vous me croyez ?

— Va chercher Kel et Bébon.

Seul Vent du Nord demeura à l'extérieur. Un domestique lui apporta de l'eau et du fourrage, et l'âne ne se fit pas prier.

Péfy contempla longuement le scribe plongé au cœur d'une affaire d'État. L'épreuve l'avait mûri, son visage était devenu celui d'un homme décidé à combattre jusqu'au bout. Il ne semblait ni abattu ni épuisé. Et sa question surprit le ministre.

— Avez-vous rédigé le papyrus codé ? demanda Kel.

— Non… Certes non !

— En connaissez-vous l'auteur ?

— Je ne le connais pas. À présent, je vous confie à mon chambellan. Moi, je dois renvoyer la patrouille de mercenaires.

Manifestant un appétit dévorant et une soif inextinguible, Bébon se promit de ne plus traverser le désert. Nitis et Kel ne parvinrent pas à manger avant le retour de Péfy.

— Ils ont regagné leur caserne, précisa le ministre, mais exigent un compte rendu des interrogatoires et s'étonnent de mon intervention. Vu ma position éminente, ils se sont inclinés. Leur commandant ne tardera pas à manifester sa réprobation, car je n'ai pas à me mêler des affaires de police et de sécurité.

— Combien de temps pouvons-nous rester ? s'informa Kel.

— Deux jours au maximum. Je redoute une réaction brutale. Maintenant, mangez et reposez-vous.

— Votre bateau personnel se trouve-t-il au port d'Abydos ?

— En effet.

— Nous autorisez-vous à le dérober pour nous rendre à Thèbes ?

— La Divine Adoratrice ne vous recevra pas. Malgré son rayonnement spirituel, elle doit obéir au roi. Hénat, le chef des services secrets, vous décrira comme les pires des criminels et la convaincra de se tenir à l'écart de cette sinistre affaire.

— Nous verrons bien. Cette autorisation ?

— Je ne comptais plus me servir de ce bateau. Le vol constaté, je porterai plainte.

***

Laissant les amoureux à leur bonheur, Bébon sortit de la demeure du ministre en passant par la terrasse. Il éprouvait l'envie irrésistible de revoir l'atelier où l'on fabriquait les masques des dieux utilisés lors de la célébration des mystères. Situé non loin de là, il lui donnerait l'occasion de rêver à son récent passé de comédien ambulant et aux joyeuses heures passées en compagnie de la délicieuse spécialiste des cartonnages peints.

Abydos dormait déjà. Cité reliquaire, dépourvue d'activité économique, elle se consacrait entièrement à Osiris et voyait son petit nombre d'habitants diminuer chaque année.

La porte principale de l'atelier était fermée, mais Bébon savait ouvrir une fenêtre, à l'arrière du bâtiment.

Ses yeux s'habituèrent à l'obscurité, et il discerna bientôt les visages du faucon Horus et de l'effrayant animal de Seth, une sorte d'okapi aux grandes oreilles dressées.

Soudain, un bruit l'alerta.

Risquant un œil à la fenêtre, il vit des mercenaires se déployer.

Le ministre Péfy avait vendu ses hôtes.

54.

Phanès d'Halicarnasse s'inclina devant le roi Amasis.

— Mission accomplie, Majesté. Éléphantine est à présent une véritable forteresse et notre frontière sud fermement établie. Des officiers sérieux encadrent une garnison correctement entraînée et prête à repousser n'importe quel assaut. Le nouveau commandant et le nouveau maire sont de fidèles serviteurs du royaume qui obéiront à vos ordres.

— Les Nubiens ont-ils été prévenus de ces changements ?

— J'ai envoyé des messagers aux principaux chefs de tribu. S'il existait des velléités de révolte, elles seraient anéanties.

— Excellente initiative, Phanès.

— Je ne suis pas complètement satisfait, Majesté. Certaines provinces du Sud conservent un esprit frondeur et n'appliquent pas les lois de manière rigoureuse. Une reprise en main me semble nécessaire.

— Que proposes-tu ?

— Implantons davantage de casernes à proximité des principales agglomérations. La présence des mercenaires calmera les contestations.

— J'y songerai, Phanès. Pour l'heure, j'ai une importante mission à te confier.

Le Grec se tint bien droit, les bras le long du corps.

— À vos ordres, Majesté.

— Connais-tu mon fils Psammétique ?

— J'ai aperçu le prince lors de cérémonies officielles.

— Qu'en penses-tu ?

— Majesté, je ne me permettrais pas…

— Permets-toi.

— C'est un homme jeune, élégant et posé.

— Trop élégant et trop posé ! À son âge, je maniais l'épée et la lance. Lui fréquente les scribes et la haute société, et oublie l'armée. Il est temps de lui donner une formation militaire approfondie. Demain, il sera à la tête de nos troupes et devra défendre les Deux Terres.

— Majesté, mes méthodes…

— Elles me conviennent. Ne le tue pas, mais ne le ménage pas. Ce garçon doit devenir rapidement un guerrier de première force. Je te l'envoie aujourd'hui même.

— Je formerai votre fils, Majesté, et il se montrera digne de son père. Comme je comptais entreprendre de grandes manœuvres afin de maintenir l'armée du Nord à son meilleur niveau, je l'y associerai.

— Au travail, Phanès.

Le général se retira d'un pas décidé. Lui succéda le chancelier Oudja, toujours aussi imposant.

— Vos migraines ont-elles disparu, Majesté ?

— Ton remède était efficace ! Plus la moindre douleur, et l'énergie retrouvée. La marine de guerre participe aux grandes manœuvres, j'espère ?

— Assurément. La coordination entre navire, infanterie et cavalerie me paraît essentielle. Nous venons de recevoir un courrier diplomatique de Crésus : il nous assure de l'amitié de l'empereur des Perses et souhaite nous rendre visite en compagnie de son épouse Mitétis. Cette dernière adresse tous ses vœux de santé à la reine Tanit.

— Réjouissante nouvelle, chancelier ! Les Perses

semblent réellement se calmer et renoncer à leur politique de conquête. Néanmoins, ne baissons pas la garde. Le service des interprètes se reforme-t-il ?

— En l'absence de Hénat, le recrutement piétine, Majesté. Mieux vaut prendre du temps et n'engager que des professionnels de très haut niveau, conscients de leurs devoirs. Le nombre actuel de fonctionnaires suffit à traiter le gros du courrier diplomatique.

— Hénat a-t-il rencontré la Divine Adoratrice ?

— Pas encore, Majesté.

— Oserait-elle refuser de recevoir le directeur du palais ?

— Inimaginable, estima le chancelier. La dernière lettre de Hénat ne formule d'ailleurs pas cette accusation. À coup sûr, le chef des services secrets reprend en main son réseau thébain et récolte des renseignements avant son entrevue.

Amasis approuva d'un hochement de tête. C'était bien le style de Hénat.

— Des rapports du juge Gem ?

— Il se rapproche de sa proie, Majesté. À Lycopolis, le scribe assassin et ses complices lui ont échappé de peu.

— Lycopolis… Le fuyard se rapproche de Thèbes.

— Sa base d'Éléphantine détruite, l'homme est traqué.

Amasis entrevit une sombre perspective.

— Et si Kel ne se rendait pas à Thèbes, mais à Abydos, le fief de Péfy, mon ministre de l'Économie ?

— Ex-ministre, Majesté. Je viens de recevoir sa démission.

— Péfy, démissionnaire pour mieux me combattre ! Péfy, l'âme du complot… Préviens immédiatement le juge Gem !

— Rassurez-vous, il a suivi un raisonnement identique

et compte investir Abydos avec l'espoir d'y arrêter les conjurés.

— Péfy… Ce serait donc lui, leur chef, et Kel, l'exécuteur des basses œuvres ?

— Attendons les conclusions du juge.

— Douterais-tu encore ?

— Péfy ne fut-il pas un remarquable ministre ? Nos finances se portent à merveille, le pays est riche, l'agriculture prospère.

— Un parfait collaborateur, intègre et travailleur… Admirable Péfy ! Pourquoi a-t-il voulu prendre le pouvoir ? À son âge, une vraie folie ! L'idéal de sagesse se perd, chancelier. Assez travaillé pour aujourd'hui.

Amasis sortit du palais et rejoignit son épouse qui se reposait à l'ombre d'un vieux sycomore.

— Une promenade en barque vous plairait-elle, Tanit ?

— J'avais précisément besoin de vous parler.

Quatre rameurs, un homme à la proue, un homme à la barre, du vin blanc frais, un parasol. Amasis s'étendit sur des coussins et regarda le ciel.

— Parfois, ma chère, les humains m'ennuient. Je devrais songer davantage aux dieux et moins me soucier du bonheur de mes sujets. Mais peut-on échapper à son destin ? Alors, je continue à supporter les devoirs de ma charge, et vous seule en connaissez le véritable poids. Ce ciel me paraît si beau, si pur et si… mystérieux ! L'Égypte ne doit pas douter de son roi, et moi, je ne dois pas douter de la direction à prendre.

— Je suis inquiète, avoua la reine.

Amasis se redressa.

— Quels soucis vous hantent, Tanit ?

— Il s'agit de votre fils, Psammétique. Ne vient-il pas

de quitter le palais en compagnie du général Phanès d'Halicarnasse ?

— Exact, ma chère. Le temps est venu de l'aguerrir.

— La brutalité de Phanès, la fragilité de notre fils...

— Il me succédera, Tanit, et doit apprendre à connaître la rigueur de l'existence. Le confiner au palais serait une grave erreur.

— Ne pouviez-vous pas patienter ?

— Les années s'écoulent vite, Psammétique n'est plus un adolescent. Demain, il donnera des ordres à des mercenaires. J'ai négligé son éducation en l'abandonnant à des lettrés empêtrés dans leurs bonnes manières. Sur un champ de bataille, leur érudition ne lui servira à rien !

— La guerre ne nous menace pas, objecta la reine.

— Nous allons bientôt recevoir Crésus et son épouse, révéla Amasis, et nous leur réserverons un accueil chaleureux. Grâce à lui, la Perse est informée de nos capacités militaires et se gardera donc de nous attaquer. Néanmoins, je continue à me méfier de ce peuple agressif. Un jour, peut-être, Psammétique l'affrontera.

55.

Une cinquantaine de mercenaires progressaient vers la demeure du ministre Péfy. Silencieux, ils ne tarderaient pas à établir leur jonction avec les hommes du juge Gem qui coordonnait l'opération. Arrivé à Abydos le jour même et informé de la présence des trois suspects chez le ministre, il avait décidé une intervention immédiate.

Cette fois, les comploteurs ne lui échapperaient pas.

La pleine lune éclairait la cité endormie.

L'un des mercenaires se retourna. Et ce qu'il vit l'épouvanta au point de déclencher un cri de terreur. Ses camarades se figèrent et, à leur tour, découvrirent l'horrible spectacle : jaillissant des ténèbres, le dieu Seth les menaçait !

Les superstitieux prirent la fuite, heurtant les indécis, en renversant certains. La belle stratégie d'approche vola en éclats.

Satisfait du résultat, Bébon battit en retraite, ôta son masque et courut jusqu'au port. Trop tard pour alerter Kel et Nitis, Vent du Nord s'en chargerait. Impossible d'affronter seul cette armée. Unique issue : s'emparer du bateau du ministre et se préparer à appareiller en espérant que le jeune couple pourrait le rejoindre.

Connaissant Abydos à la perfection, Bébon emprunta une succession de ruelles aboutissant au port. Étaient amarrés plusieurs bâtiments de la police, dont celui du juge Gem. Des militaires les surveillaient.

À l'extrémité du quai, un bateau de belle taille. Peu à peu, des nuages noirs cachèrent la lune. Profitant de l'obscurité, Bébon escalada la poupe. Il faillit se heurter à un marin endormi et le réveilla en lui piquant le bas des reins de la pointe de son couteau.

— Ou tu m'aides, ou je te tue.

***

Kel sursauta.

La voix puissante de Vent du Nord brisait la quiétude de la nuit.

— Nitis, habille-toi, vite !

Le visage las, Péfy sortit de sa chambre.

— Vous êtes en danger, dit-il à ses hôtes. Passons par l'arrière de la maison et rendons-nous au temple. Les mercenaires n'oseront pas y pénétrer.

— Vent du Nord…

— Désolé, trancha Péfy. Animal de Seth, l'âne n'est pas admis dans le sanctuaire d'Osiris.

— Il nous attendra, assura Nitis.

— Hâtons-nous, exigea Péfy. Mon gardien ne les retiendra pas longtemps.

Le ministre ne se trompait pas. Et le gardien, craignant d'être frappé, leur apprit que les occupants de la maison s'étaient réfugiés au temple de Séthi Ier.

Enfin regroupés, les mercenaires se précipitèrent à la suite de leur supérieur.

Un prêtre sortit du lieu saint.

— Ne violez pas la quiétude de cet espace sacré.

— Vous abritez des criminels, rétorqua le commandant. Livrez-les-nous.

— Hors de question.

— Vous violez la loi !

— Je ne connais que celle des dieux.

À l'intérieur, Péfy indiqua au jeune couple le passage menant à l'Osireion, le temple en partie souterrain réservé à la célébration des grands mystères. Un couloir voûté les conduirait à la lisière du domaine divin, non loin du port.

— Mon bateau se trouve à l'extrémité du quai. Si votre ami a pu l'atteindre, peut-être parviendrez-vous à quitter Abydos.

— Et vous ? s'inquiéta Kel.

— Moi, affirma Péfy, je ne risque rien. Partez, et que les dieux vous protègent.

Un éclair zébra le ciel, le tonnerre gronda et de lourdes gouttes d'une pluie chaude commencèrent à tomber.

Les prêtres s'étaient rassemblés pour dissuader les soldats grecs d'envahir le temple. Péfy les rejoignit et imposa sa voix grave.

— Dispersez-vous, ordonna-t-il. Je suis le ministre de l'Économie et je parle au nom du pharaon.

— Ne l'écoutez pas, recommanda le juge Gem, fendant les rangs des mercenaires. Cet homme est un traître et cache des assassins.

— Tu te trompes, Gem, et tu pourchasses des innocents !

— Aucun temple ne se situe en dehors de la loi. Les soldats d'Amasis vont y pénétrer et s'emparer des criminels qui complotent contre lui.

— Je leur interdis de profaner le sanctuaire d'Osiris !

— Écarte-toi, Péfy !

— Jamais !

— Mort au traître ! clama le commandant des

mercenaires dont la lance, projetée avec force, se ficha dans la poitrine de Péfy.

L'ex-ministre s'écroula, les prêtres s'enfuirent et les soldats se ruèrent à l'intérieur de l'édifice.

« J'aurais préféré un procès », pensa Gem, déplorant cette tragédie. Mais la tête pensante des séditieux était éliminée.

***

La violence de la pluie et du vent gêna la progression de Kel et de Nitis. Ils atteignirent néanmoins le port où, stoïque, Vent du Nord les attendait. Oubliant un instant le déchaînement des éléments, ils le caressèrent et le trio se dirigea vers l'extrémité du quai.

En ce jour terrible du grand affrontement d'Horus et de Seth[1], il fallait rester chez soi, ne pas se baigner, ne pas monter sur un bateau et ne pas voyager. Le Nil était déchaîné, d'énormes vagues agressaient les bâtiments et menaçaient de les couler. Abandonnant leur poste, les soldats de garde cherchaient des abris.

— Vite, hurla Bébon, on largue la dernière amarre et on part !

— C'est de la folie, jugea Kel. Le bateau sombrera et nous péririons noyés.

— L'âne du dieu Seth nous protégera, affirma Nitis. Il connaît le secret de l'orage et ne le redoute pas.

Le trio parvint à monter à bord.

— Le marin de garde s'est enfui, précisa Bébon, trempé, et nous ne réussirons pas à manœuvrer.

1. Le 26 du premier mois de la saison *akhet*, approximativement le 14 août.

— Partons, décréta Nitis.

De nouveaux éclairs déchirèrent un ciel noir d'encre. Kel serra très fort son amulette et enlaça Nitis.

Poussé par le courant, ballotté par des vents tempétueux, le bateau du ministre assassiné disparut dans la nuit.

56.

Le soleil dissipa les derniers nuages. Ne s'éteignant qu'à l'aube, le terrifiant orage avait causé des dégâts considérables, et un vent d'est d'une rare puissance continuait à souffler.

Sortant du temple d'Osiris où les mercenaires n'avaient trouvé que des prêtres, le juge Gem s'immobilisa devant le cadavre de Péfy. Pourquoi ce ministre exemplaire s'était-il ainsi égaré ?

— Enterrez-le, ordonna le magistrat aux soldats.

Le commandant de la garnison serait suspendu quelques jours pour indiscipline, et Gem rédigerait un rapport détaillé à l'intention du roi Amasis.

Une partie du quai avait été détruite, tous les bateaux étaient gravement endommagés.

— Deux ont sombré, précisa un marin, et celui du ministre a disparu.

— Quelqu'un l'a-t-il vu partir ? demanda le juge.

On trouva un témoin, encore choqué.

— À cause de la pluie battante, je ne distinguais pas bien. Mais je suis sûr d'avoir aperçu un couple monter à bord avec un âne. Puis le bateau s'est brusquement détaché du quai, et le courant l'a emporté à une vitesse incroyable.

— Il se sera disloqué, avança le marin, et les passagers auront péri noyés.

— Nous allons entreprendre des recherches, décida le juge Gem.

— Les réparations nécessiteront du temps !

— D'autres bâtiments de la police ne tarderont pas.

— Sauf votre respect, ces investigations sont inutiles. Même un marin expérimenté ne saurait survivre à une telle tempête. Crocodiles et poissons ne laisseront rien des cadavres.

***

Hénat visita plusieurs temples des millions d'années de la rive ouest, notamment ceux de Ramsès II [1] et de Ramsès III [2], gigantesques édifices entourés d'annexes. Entrepôts, ateliers et bibliothèques continuaient à fonctionner.

Quatre serviteurs satisfaisaient les moindres exigences du directeur du palais royal et s'assuraient de son confort. Hénat s'entretint avec un bon nombre de responsables, s'intéressant à leurs méthodes de travail et à leur manière de résoudre les difficultés.

Au Ramesseum, il interrogea longuement le technicien préposé à la fabrication des papyrus de qualité supérieure, les seuls utilisés pour la rédaction des rituels. L'artisan les livrait notamment à la Divine Adoratrice et se rendait fréquemment à Karnak. Il était aussi le chef du réseau chargé d'informer Hénat.

— Quel honneur de vous accueillir à Thèbes !

— Oublions les formules de politesse. J'ai besoin de renseignements précis.

1. Le Ramesseum.
2. Medinet Habou.

— Ici, calme plat. La province est tranquille, les temples gèrent l'économie à la satisfaction générale et l'on se préoccupe surtout de vénérer les dieux.

— Parle-moi du grand intendant Chéchonq.

— À la fois théologien et administrateur, il bénéficie de l'estime des dignitaires comme de celle du peuple. En dépit de son apparence pataude et de son amour de la bonne chère, c'est un travailleur acharné et méticuleux. Intransigeant, il ne supporte ni les paresseux ni les incapables. La Divine Adoratrice ne s'est pas trompée en le nommant au poste de grand intendant.

— L'as-tu rencontrée récemment ?

— Elle est invisible depuis deux mois. Selon de proches serviteurs, sa santé se dégraderait rapidement. Elle continue cependant à célébrer certains rites mais ne franchit pas l'enceinte de Karnak et demeure la plupart du temps dans son palais.

— Chéchonq lui rend-il visite ?

— Au moins trois fois par semaine. Il doit la consulter avant de prendre des décisions importantes concernant la gestion de la province. Ces derniers jours, elle a refusé de le recevoir. D'aucuns pensent qu'elle agonise.

Ainsi, Chéchonq ne mentait pas. Prudent, Hénat voulait une certitude absolue.

— Connais-tu le médecin de la Divine Adoratrice ?

— Il m'a déjà soigné. C'est un homme affable et très compétent.

— Apprends-lui que je suis souffrant et envoie-le à mon logement de fonction. Le grand intendant n'aurait-il pas financé une milice secrète ?

— Soyez rassuré, seigneur ! Réduites au minimum, les forces de sécurité sont loin de former une armée. Les gardes de Karnak se contentent de surveiller les accès du temple. Le rayonnement spirituel de la Divine Adoratrice demeure considérable, mais elle n'a rien d'un chef de guerre.

***

Du bateau du ministre Péfy ne subsistaient que de pauvres débris. La furie du Nil avait disloqué le bâtiment, pourtant d'excellente facture.

— A-t-on retrouvé des restes humains ? demanda le juge Gem aux policiers chargés d'inspecter l'épave, retrouvée près de Dendera, entre Abydos et Thèbes.

— Le fleuve et ses habitants ont tout nettoyé.

Kel, Nitis et Bébon noyés... Probable, en effet.

Sceptique, le juge poursuivit ses investigations plus au sud.

Aucun résultat.

Vu la violence de la tempête qui avait duré plusieurs heures, les chances de survie des fugitifs étaient inexistantes. Le magistrat ne devait-il pas se rendre à l'évidence, conclure à leur disparition et lever les barrages ?

Ils avaient déjà échappé à tant de dangers... Un doute subsistait.

Le juge Gem convoqua un petit groupe de mercenaires et leur donna ses instructions.

***

Portant une lourde sacoche en cuir remplie de médicaments, le médecin pénétra dans la chambre de Hénat, occupé à lire un rapport de son chef de réseau.

— Je suis venu aussi vite que possible. De quoi souffrez-vous ?

— Je me porte à merveille.

Le thérapeute fronça les sourcils.

— Je ne comprends pas ! On m'a dit…

— Je désirais vous voir, docteur. Officiellement, vous aurez soigné un malade. En réalité, j'ai besoin d'un renseignement.

— À votre service.

— Vous êtes bien le médecin personnel de la Divine Adoratrice ?

— En effet.

— Je veux tout savoir de son état de santé.

— Désolé, impossible. Le respect du secret professionnel fait partie de mes devoirs.

— Oubliez-le !

— Impossible, je vous le répète.

— Nous nous comprenons mal, docteur. J'exige une réponse précise. Sinon…

— Vous me menacez ?

— Vous et votre famille. Le roi m'a confié une mission et je la remplirai.

— Vous n'oseriez pas…

— Je dispose des pleins pouvoirs et, à mes yeux, seul compte le service de l'État. Je vous recommande vivement de me répondre.

— Trahir la confiance de ma patiente m'afflige et…

— Cas de force majeure.

Le médecin avala sa salive.

— Vous me demandez beaucoup.

— Seuls vous et moi saurons que vous avez parlé. Vous vous tairez, moi aussi.

Le thérapeute prit une profonde inspiration.

— La Divine Adoratrice souffre de maux divers et incurables. Cœur usé, poumons fatigués, canaux d'énergie rétrécis. Étant donné son grand âge, la médication demeure inopérante. Je peux seulement soulager ses souffrances.

— Accorde-t-elle encore des audiences ?

— Elle n'en a pas la force et refuse même de voir son principal collaborateur, le grand intendant Chéchonq.

— Estimez-vous la Divine Adoratrice... condamnée ?

— Malheureusement oui. Son exceptionnelle résistance lui permettra peut-être de survivre quelques semaines. Si les douleurs devenaient insupportables, je serais contraint de lui administrer des drogues puissantes qui la plongeraient dans le coma. Et je n'exclus pas une crise cardiaque fatale. Cette prochaine disparition sera une immense perte.

— Nous la déplorerons tous, affirma Hénat, ravi d'apprendre ces excellentes nouvelles.

Chéchonq avait dit la vérité, et la Divine Adoratrice ne représentait plus le moindre danger.

***

En sortant de la demeure du chef des services secrets, le médecin éprouva un intense soulagement. Les mains moites et le dos trempé de sueur, il s'était comporté à la manière d'un équilibriste terrorisé par la froideur de Hénat. Parvenant à se maîtriser, il avait suivi les directives de son auguste patiente : persuader ce redoutable personnage qu'elle se trouvait au seuil de la mort, impotente et incapable d'agir. Il confirmait ainsi le témoignage du grand intendant et dissipait définitivement les doutes du chef des services secrets.

57.

Un instant, un bref instant, le chef des conjurés douta de la réussite de son plan. Les dieux semblaient protéger un jeune scribe promis au rôle de victime idéale, une prêtresse destinée au temple et un comédien ambulant, amateur de plaisirs. Étrange trio, incapable d'échapper aux forces de l'ordre ! Et pourtant, il continuait sa folle aventure, se jouait de ses poursuivants et des coups du sort.

Cette chance insolente ne durerait pas. Kel, Nitis et Bébon étaient condamnés, et leurs illusoires succès n'aboutiraient qu'au néant. Jamais ils ne déchiffreraient le papyrus codé et, quand ils connaîtraient la vérité, il serait trop tard, beaucoup trop tard.

Renoncer ? Hors de question, car il n'existait pas d'alternative. L'issue se rapprochait, et certaines des conséquences seraient cruelles. Impossible de les éviter. Le chef des conjurés ne regrettait rien. La mise en œuvre de sa décision, prise depuis longtemps, avait exigé patience et habileté. Et convaincre un à un ses alliés s'était révélé périlleux.

Aujourd'hui, il restait peu de chemin à parcourir, mais l'âme du complot ne maîtrisait pas le déroulement des ultimes événements. Guère d'inquiétude, cependant. Toute tracée, la route ne présentait pas d'embûches.

La mort d'innocents ? Inévitable. Kel avait beau s'agiter, il se heurterait à des murs infranchissables et en perdrait la tête.

***

Bébon vomit des litres d'eau. Étonné d'être encore vivant, il tâta ses bras, ses jambes et sa tête. Entier !

Se redressant, il découvrit une berge du Nil plantée de roseaux. Perché sur une ombelle, un bec-en-sabot le regardait.

— On a sombré ! Nitis, Kel, où êtes-vous ?

Le bec-en-sabot s'envola.

Vacillant, le comédien se fraya un chemin à travers l'épais fourré. Il revivait l'effroyable tempête, ressentait le souffle déchaîné, tentait de s'agripper au bastingage. Le bateau progressait à une vitesse incroyable, sautant de vague en vague. À cette allure-là, ne dépasserait-il pas Thèbes ?

Accolé au mât, réussissant à garder l'équilibre, Vent du Nord défiait le ciel ! C'était lui, le capitaine de ce bâtiment à la dérive, le seul capable de retarder l'échéance !

Kel et Nitis se terraient à l'intérieur de la cabine. Kel tentait désespérément de la protéger et de lui éviter toute blessure.

La nuit semblait éternelle, les heures défilaient.

Une vague monstrueuse souleva le bateau et le projeta vers la berge. Bébon ferma les yeux, persuadé de ne jamais les rouvrir.

Et il marchait de nouveau, à la recherche de ses compagnons qu'il appelait en vain.

Saisi de vertige, il s'assit. Lui seul rescapé… C'était horrible ! La vie, cette vie qu'il aimait tant, lui paraissait insipide et cruelle. Reprendre ses habitudes et le cours normal de son existence serait insupportable.

Surmontant sa lassitude, Bébon se releva et prit la

direction du fleuve. Hâpy, le génie de la crue, lui procurerait l'apaisement.

— Où vas-tu, Bébon ? murmura une voix connue. Ne serais-tu pas gavé d'eau ?

— Kel ! Es-tu intact ?

Couvert de boue, le scribe était méconnaissable.

— Des égratignures.

— Nitis ?

— Elle se nettoie. Sa tunique est en lambeaux.

— Vent du Nord ?

— Des plaies et des bosses. Il dort.

— Je vais finir par croire que les dieux nous protègent vraiment ! Survivre à un tel cataclysme, se retrouver, respirer… Je rêve.

Les deux amis s'étreignirent.

Puis ils rejoignirent Nitis qui caressait doucement Vent du Nord.

— L'orage de Seth nous a épargnés en raison de ta présence, remercia-t-elle. Sans toi, nous aurions péri.

— Le juge Gem devrait nous croire morts, espéra Kel, et cesser de nous poursuivre.

— Je vais tâcher de savoir où nous sommes, annonça Bébon. Ne bougez pas d'ici, les roseaux vous cachent.

Le Nil avait englouti l'arc de Neit, l'amulette en obsidienne représentant les deux doigts qui séparaient le ciel de la terre, le sac de pierres précieuses et le couteau grec. Aux pieds de Nitis, les fragments de la statuette du Répondant. En les transportant sains et saufs sur la rive orientale du fleuve, il avait rempli sa fonction. Chacun de leur côté, Kel et Nitis tracèrent dans le sable humide les signes du papyrus codé. Leur mémoire demeurait fidèle et le texte incompréhensible.

Les oreilles de Vent du Nord se dressèrent.

Une barque approchait.

— Des pêcheurs, constata Kel. Bébon se trouve parmi eux !

Le scribe écarta les roseaux, la barque accosta.

— Ces braves gens nous accordent l'hospitalité, déclara le comédien.

— Nous n'avons pas de quoi les payer.

— Ils viennent de faire une bonne pêche et sont heureux d'inviter de pauvres voyageurs à partager leur repas. Je leur ai expliqué que notre bateau de commerce avait fait naufrage et que nous avions tout perdu.

— Ici, près de Thèbes, l'orage n'a pas été très violent, précisa le patron pêcheur. Allons jusqu'à notre cabane. Nous y ferons du feu et grillerons les poissons.

Endolori, Vent du Nord se releva avec peine.

— N'auriez-vous pas un morceau de tissu pour ma compagne ? demanda le scribe. Sa tunique a été déchirée.

Le patron découpa un pan de toile rugueuse destinée à réparer sa voile. Malgré ce vêtement de fortune, la beauté de Nitis subjugua les pêcheurs.

— Que transportiez-vous ? interrogea l'un d'eux.

— Des jarres de vin, répondit Bébon.

— Commandées par le grand intendant de la Divine Adoratrice, je suppose ?

— Non, nous nous rendions à Éléphantine, sans escale à Thèbes.

La cabane se trouvait sur une butte d'où l'on dominait le Nil, à présent apaisé. Les pêcheurs déposèrent leurs harpons et leurs paniers, on fit jaillir le feu et l'on but une bière rustique.

— Vous revenez de loin, observa le patron pêcheur. D'ordinaire, le fleuve en colère ne rend pas ses proies.

— La chance, affirma Bébon. La vue de vos poissons décuple mon appétit !

Trois grosses pièces furent grillées : un muge, un mormyre et un latès. Long d'un mètre, ce dernier avait un ventre et des flancs blanc argenté, et un dos brun olivâtre.

Serrée contre Kel, Nitis lui murmura quelques mots à l'oreille. Lors de la distribution des portions, le scribe empêcha discrètement son ami de goûter au latès. Les pêcheurs apprécièrent sa chair ferme et goûteuse.

— Il faudra raconter votre histoire à la police, préconisa le patron. Ça lui évitera de vous rechercher en vain. Nous pouvons vous conduire à la caserne la plus proche.

— Ce ne sera pas nécessaire, objecta Bébon. Indiquez-nous le chemin, nous nous débrouillerons.

Le patron pêcheur empoigna son harpon.

— Le chemin sera très court, l'ami. La police, c'est nous.

58.

Les mercenaires mandatés par le juge Gem pour interpeller d'éventuels suspects formèrent un cercle autour de leurs prisonniers.

De leurs harpons, ils les menaçaient.

Sans armes, Kel et Bébon étaient impuissants. Épuisé, endolori, Vent du Nord ne se sentait pas en état de combattre.

— Qui êtes-vous ? demanda le chef du commando.

— Des marchands, répondit le scribe.

— Le juge recherche un assassin dont la description te correspond, une très belle jeune femme appartenant au clergé de Saïs, et leur complice, un comédien ambulant. Un témoin les a vus disparaître à bord du bateau du traître Péfy. Celui-là a cessé de comploter.

— Que lui est-il arrivé ? interrogea Kel.

— Le commandant de la garnison d'Abydos a tué votre chef parce qu'il refusait de se rendre

— Péfy était fidèle au roi, protesta Nitis.

Le mercenaire sourit.

— Son sort t'intéresse, on dirait ? D'après nos informations, ce ministre véreux connaissait bien ta famille et n'a pas eu de peine à te recruter. Votre cavale s'arrête ici, mes agneaux. Nous allons vous livrer au juge, vous serez condamnés à mort, et nous, nous toucherons une belle prime !

— Je ne crois pas, déclara Nitis, sereine.

Le faux patron pêcheur serra davantage le manche de son harpon. Particulièrement dangereux, ce trio passait presque pour invulnérable. Rumeur stupide, à l'évidence ! Cette fois, les criminels ne s'échapperaient pas. Incapables de lutter, ils devaient s'avouer vaincus.

— Je suis une prêtresse de Neit, confirma la jeune femme, et mon maître m'a appris à déchiffrer les signes et les symboles. Nul ne peut s'opposer à la parole des dieux, et ils ont décidé que votre entreprise échouerait.

— Espères-tu nous terrasser grâce à des formules magiques ?

— Je n'en aurai pas besoin.

Inquiets, les mercenaires se regardèrent, prêts à utiliser leurs harpons.

— Suivez-nous et restez tranquilles, ordonna le chef du commando.

— Vous avez commis une erreur fatale, précisa Nitis, et le meilleur des médecins ne parviendrait pas à vous sauver.

— Un médecin… Que veux-tu dire ?

— Manger du poisson latès, incarnation de Neit, en présence de l'une de ses prêtresses, est une faute impardonnable. En brisant ce tabou, vous vous empoisonnez. Le sang noircit, obstrue les poumons et paralyse les membres. Ne sentez-vous pas vos forces disparaître ?

Au bord du malaise, un mercenaire lâcha son harpon et tomba à genoux.

— Reprends-toi ! exigea l'officier. Cette magicienne tente simplement de nous effrayer.

Un deuxième Grec tourna de l'œil.

— Cessez de vous comporter comme des femmelettes !

Quand le troisième s'effondra, le chef du commando se

couvrit d'une sueur malsaine et son regard se troubla. Brandissant son harpon, il tenta d'en transpercer Nitis. Kel bondit, lui bloqua le poignet et le désarma aisément.

Bébon n'eut pas à s'employer. Tous les membres du commando gisaient inanimés.

— Si j'avais mangé de ce poisson..., avança le comédien.

— Je t'en ai empêché, rappela Kel.

— J'ai failli m'énerver, tant sa chair semblait délicieuse !

— Partons, intima Nitis.

— Utilisons la barque de ces malfaisants, conseilla Bébon. Vu notre allure, les bateaux de la police fluviale ne nous importuneront pas ! Une famille de pauvres pêcheurs ne menace pas la sécurité de l'État.

— L'accès à Thèbes doit être rigoureusement contrôlé ! objecta Kel.

— Nous débarquerons au nord de la ville, à l'abri des regards.

— Et ensuite ?

— On improvisera. Si proche du but, renoncerais-tu ?

Le quatuor s'éloigna du sinistre campement et regagna la berge. D'un sabot hésitant, Vent du Nord accepta de descendre dans la barque. Bébon mania les rames et, après un long parcours sous le soleil, les confia à Kel.

En vue, un bâtiment des forces de l'ordre. À la proue, deux archers.

Lors du croisement, ils observèrent d'un œil méprisant les passagers de la barque, misérablement vêtus.

— Bonne pêche ? interrogea l'un d'eux.

— Médiocre, on y retourne ! cria Bébon.

Kel accentua la cadence. D'autres barques glissaient sur

le Nil, et de lourds bâtiments commerciaux voguaient au milieu du fleuve.

— Arrête-toi, recommanda Bébon.

L'accostage s'effectua en douceur.

Vent du Nord fut heureux de retrouver la terre ferme, et Nitis contempla longuement un acacia de grande taille, réplique du doyen des arbres sacrés du temple de Saïs, dont les fleurs s'épanouissaient le vingt-troisième jour du premier mois de l'inondation.

— Recueillons-nous, pria Nitis, nous sommes en présence d'un sanctuaire de Neit.

Le comédien ne contraria pas la prêtresse qui prononça les paroles de vénération. Le soleil animait les feuilles délicates de l'acacia, brillant d'un éclat régénérateur. Un ibis comata, incarnation de l'esprit lumineux, s'envola vers le ciel.

— Je connais un chemin menant aux faubourgs de Thèbes, révéla Bébon, mais il sera surveillé. Et nous n'avons pas de quoi acheter des vêtements décents et de la nourriture !

— Escaladons la berge, proposa Nitis.

Au bord du sentier, deux paniers remplis de poissons et une sangle.

— La déesse continue à nous secourir, constata la prêtresse. Bébon, sers-toi d'une branche morte comme d'une canne et joue au malheureux souffrant du dos. Moi, je te suivrai à bonne distance avec Vent du Nord. Il portera les paniers, je me déclarerai femme de pêcheurs, la police nous laissera passer. Je vendrai les poissons sur le marché et achèterai vêtements et sandales. Toi, Kel, tu te mêleras à un groupe de travailleurs agricoles se rendant à une auberge en plein air. Plaisante, discute, ne manifeste aucune inquiétude. Nous nous retrouverons à la sortie du marché, du côté de la ville.

Bébon était ébahi.

— Vous… vous connaissez les lieux ?

— Je les découvre. Les paroles de l'acacia de Neit furent claires et précises, suivons ses recommandations.

Le comédien, lui, ne les avait pas entendues.

Kel regrettait de se séparer de Nitis.

— Respectons les directives de la déesse, proposa-t-elle, et nous franchirons ce nouvel obstacle.

Le plan élaboré par l'arbre parlant, que Bébon regarda du coin de l'œil, présentait de sérieux risques. Mais le comédien n'en avait pas de meilleur.

59.

Féru de textes anciens, le grand intendant Chéchonq inspecta sa vaste demeure d'éternité de la rive ouest de Thèbes[1]. Les colonnes de hiéroglyphes s'inspiraient des *Textes des Pyramides* évoquant les incessantes mutations de l'âme dans les espaces célestes, et le voyage éternel de l'esprit lumineux. Au cours de sa longue carrière, Chéchonq avait bénéficié de l'enseignement de la Divine Adoratrice. Initié aux mystères divins, il dirigeait un collège de théologiens chargés de scruter la Tradition et de fournir aux dessinateurs, aux peintres et aux sculpteurs les thèmes à traiter lorsqu'ils décoraient les tombes.

La demeure de la mort était, en réalité, celle de la vie. Simple et rapide passage, l'existence humaine n'avait de sens qu'en fonction de l'au-delà. Chéchonq aimait venir méditer ici. Au cœur du silence apparent des parois couvertes de scènes rituelles, les dieux parlaient. Et rien n'était plus essentiel que d'entendre leurs voix.

— On vous demande d'urgence, grand intendant, l'avertit son secrétaire, gêné de troubler les réflexions de son supérieur.

— Est-ce vraiment urgent ?

— Je le crains.

1. Tombe thébaine 27.

À regret, Chéchonq s'arracha à la quiétude de sa demeure d'éternité.

Visiblement énervé, le scribe du Trésor l'attendait à la porte du tombeau.

— Grand intendant, cette situation est intolérable ! Je vous prie d'intervenir sans délai et de manière tranchante.

— Auparavant, puis-je avoir quelques éclaircissements ?

— Le scribe des troupeaux devait me livrer ce matin trois bœufs gras et cinq oies. Résultat : un seul bœuf et deux oies, ni explications ni excuses ! Quant au scribe des greniers, il a réduit d'office l'approvisionnement de la boulangerie de Karnak. Autrement dit, elle ne produira pas assez de pain pour l'ensemble du personnel. Et ces gens-là se prétendent responsables ! Ils mériteraient une bonne bastonnade. À votre place, je les remplacerais immédiatement par des administrateurs compétents.

— Je m'occupe de ces problèmes, promit Chéchonq.

— De la sévérité, grand intendant ! Sinon, ce sera le chaos.

Ce discours-là, Chéchonq l'entendait souvent. Pointilleux à l'extrême, le scribe du Trésor ne cessait de pester contre ses collègues et leur reprochait d'impardonnables erreurs avant même qu'ils ne les commettent. Le scribe des champs buvait trop, celui des greniers s'égarait dans des querelles familiales, celui des troupeaux perdait des heures à bavarder et celui des bateaux distinguait mal l'important du secondaire.

Chéchonq passait une bonne partie de son temps à réparer leurs erreurs et à éteindre les conflits. Néanmoins, ses subordonnés aimaient leur travail et ne comptaient pas leurs heures. Lors de la réunion hebdomadaire, le grand intendant parvenait à effacer les ressentiments au profit de l'intérêt général. Il savait écouter chacun et ne privilégiait personne. Connaissant son intégrité et son impartialité, les scribes lui accordaient respect et confiance.

À l'image des précédentes, la journée s'annonçait longue et chargée. Passant de bureau en bureau, Chéchonq éteindrait les incendies et rétablirait l'harmonie. Le temple continuerait à fonctionner malgré les faiblesses humaines, et le service des dieux serait assuré. À ce travail habituel s'ajoutait le délicat maniement du chef des services secrets, Hénat. D'après le médecin de la Divine Adoratrice, il avait mordu à l'hameçon. Mais le personnage, rusé et méfiant, feignait peut-être de croire ce témoignage décisif.

Chéchonq se rendit à la villa du directeur du palais dont l'accès était sévèrement gardé. Le grand intendant félicita les fonctionnaires pour leur vigilance et fit avertir Hénat de sa présence.

La demeure ne manquait pas de charme. Les peintures murales représentaient des parterres de bleuets survolés d'alouettes et, en contemplant ces chefs-d'œuvre de délicatesse, on oubliait aisément les difficultés du monde extérieur.

Hénat apparut.

— La Divine Adoratrice a-t-elle répondu à ma demande, grand intendant ?

— Malheureusement non. Et les miennes demeurent également lettre morte. Manquant de directives précises, je dois apaiser les tensions entre les scribes chargés de diriger les divers secteurs de l'administration. Un véritable casse-tête !

Hénat se garda de sourire. Cet aveu correspondait au rapport établi par son chef de réseau. Désemparé, le grand intendant se contentait d'expédier les affaires courantes en attendant le décès de la vieille prêtresse qui n'accordait plus la moindre audience, même à Chéchonq.

— Désolé d'envisager cette triste éventualité, mais… comment se passera la succession ?

— La Divine Adoratrice choisit une fille spirituelle qu'elle associe au trône afin de la former. À la mort de sa Mère, elle assure l'ensemble de ses fonctions rituelles.

— Ce choix a-t-il été opéré ?

— Pas de manière formelle. Cependant, Sa Majesté n'a pas caché ses intentions. Elle veut adopter une jeune prêtresse, Nitocris, férue de sciences sacrées.

« Décidément, pensa Hénat, ce brave intendant ne me cache rien. »

Cette information-là, en effet, le directeur du palais l'avait déjà obtenue grâce à son chef de réseau. Timide et réservée, la jeune Nitocris vivrait recluse à Karnak et n'aurait pas un rayonnement comparable à celui de l'actuelle titulaire du poste.

En songeant au scribe Kel, Hénat eut envie de rire. Tant d'efforts et de risques en vain ! Même s'il était parvenu à rencontrer la Divine Adoratrice, il n'aurait contemplé qu'une agonisante, incapable de l'aider.

— J'ai organisé un banquet en votre honneur, annonça Chéchonq avec chaleur. Y participeront les responsables des temples de la rive ouest, ravis à l'idée de vous rencontrer.

— Désolé de les décevoir. Je n'assisterai pas à ces réjouissances.

Le grand intendant parut effondré.

— Vous aurais-je offensé, ai-je commis une erreur grave, ai-je…

— Pas de souci, grand intendant ! Vous n'êtes nullement en cause, et je vous remercie de votre parfait accueil à Thèbes. J'en parlerai d'ailleurs au roi et je souhaite vous voir confirmé dans vos fonctions. La nouvelle Divine

Adoratrice aura bien besoin de votre expérience. Continuez à gérer au mieux cette belle province thébaine.

— Je m'y efforcerai, assura Chéchonq, mais votre refus...

— Une explication simple : je regagne Saïs. Ce séjour m'a enchanté, et j'ai beaucoup apprécié votre hospitalité. Ne tenant pas à forcer la porte d'une mourante, je préfère retourner à mon bureau où de nombreux dossiers m'attendent.

— Peut-être pourrais-je entreprendre une ultime démarche et...

— Inutile, trancha Hénat. Veuillez m'avertir de la date des funérailles. Un représentant du roi y assistera.

— Je n'ose vous demander une faveur...

— Osez, grand intendant.

— Accepteriez-vous de présenter au roi l'assurance de mon absolue fidélité ?

— Je n'y manquerai pas.

Véritable chef de la province thébaine, Chéchonq courbait l'échine avec la souplesse d'un roseau. Attitude ô combien satisfaisante et rassurante ! Seul inconvénient : l'habile dignitaire espérait une promotion qu'il n'obtiendrait pas. À la cour de Saïs, il ne serait d'aucune utilité. Ici, il contrôlait la situation au bénéfice d'Amasis.

— Thèbes aura-t-elle le plaisir de vous revoir ?

— Aux dieux d'en décider, répondit Hénat.

Le grand intendant s'occupa personnellement de faciliter au maximum l'embarquement du chef des services secrets. Et quand il le vit quitter le quai de Karnak, il se félicita d'avoir mené à bien le plan conçu par la Divine Adoratrice.

60.

Au sortir du canal menant au débarcadère du temple de Karnak, le bateau de Hénat en croisa un autre, chargé de policiers et de militaires. À la poupe, assis sous un parasol, le juge Gem ! Au moment où les deux bâtiments se frôlèrent, le chef des services secrets apostropha le magistrat.

Une belle manœuvre les amena bord à bord, et les deux hommes se retirèrent dans la cabine de Gem.

— Vous quittez Thèbes, Hénat ?

— En effet.

— La Divine Adoratrice vous a-t-elle assuré de sa parfaite collaboration ?

— Je ne l'ai pas vue.

— Vous moqueriez-vous de moi ?

— J'ai la certitude qu'elle est gravement malade et vit ses derniers jours. Elle ne reçoit même plus son grand intendant et ne prêtera assistance à personne. Voilà pourquoi je regagne Saïs. Et vous devriez m'imiter.

— Vous n'avez pas à me dicter ma conduite, Hénat. Je mène mon enquête comme je l'entends.

— Une enquête qui traîne en longueur !

— Croyez-vous ?

Le regard ironique du juge intrigua le chef des services secrets.

— N'oubliez pas vos obligations, Gem : me communiquer la totalité des éléments dont vous disposez.

— Les vôtres ne sont-elles pas identiques ? Et je n'ai pas le sentiment que vous les respectiez.

— Vos sentiments ne m'intéressent pas !

— En revanche, l'un des faits majeurs de mon enquête devrait vous passionner.

Hénat était en position de faiblesse. Et puisque le juge souhaitait goûter à un triomphe partiel, il lui accorda ce plaisir.

— Acceptez-vous de me le révéler ?

— Donnant donnant. Qu'avez-vous appris à Thèbes, concernant le scribe Kel et ses complices ?

— Absolument rien.

— Et vous pensez que je vais vous croire ?

— Si l'assassin avait été repéré, mon réseau m'aurait informé.

Le magistrat parut convaincu.

— J'ai décapité la cohorte des comploteurs, révéla-t-il.

— Avez-vous arrêté Kel ?

— Son chef a été tué.

— Son chef…

— Le ministre de l'Économie, le traître Péfy. Il abritait ses complices dans sa demeure d'Abydos et leur a permis de s'enfuir. Le commandant des mercenaires grecs l'a transpercé de sa lance. Ayant agi sans ordre, il subira une sanction.

La sécheresse des faits étonna Hénat.

— J'ai informé Sa Majesté, ajouta le juge. Elle sait ainsi que mon action a progressé de manière décisive. Le ministre Péfy voulait prendre le pouvoir en utilisant les services d'une bande de criminels dirigée par le scribe Kel.

— Serait-il toujours vivant ?

— Probablement pas. Une tempête aurait causé sa perte et celle de ses principaux complices, la prêtresse Nitis et le comédien Bébon. D'après tous les marins consultés, ils seraient morts noyés. Mais je n'ai pas retrouvé les cadavres.

— Crocodiles et poissons les auront dévorés !

— Possible.

— En douteriez-vous ?

— J'aurais préféré les voir.

— Le perfectionnisme n'est pas forcément une vertu, juge Gem.

— Pensez-vous m'apprendre mon métier ?

— Au lieu de perdre votre temps à rechercher des morts, rentrez à Saïs.

— Je n'ai pas encore mis un terme à mon enquête. Moi, et moi seul, choisirai le bon moment.

— Thèbes est une cité fort agréable, et le grand intendant Chéchonq un hôte exceptionnel. Vous apprécierez sûrement de délicieux moments de détente.

— J'ai l'intention de travailler, non de m'assoupir. Et je souhaite l'assistance de vos agents.

— Au roi d'en décider.

— Il répondra favorablement à ma demande écrite, estima le magistrat. Faites-moi gagner du temps.

Le chef des services secrets réfléchit.

— Contactez de ma part le technicien du Ramesseum chargé de la fabrication des papyrus de première qualité. Il dirige mon réseau thébain.

Le juge serait déçu, car le subordonné de Hénat n'aurait pas d'information essentielle à lui fournir.

— Merci de votre collaboration.

— L'affaire Kel ne se termine-t-elle pas au mieux ? Nous voilà débarrassés de ce criminel et de ses alliés ! Vous évitez une procédure qui aurait abouti à la peine suprême. Belle réussite, juge Gem. Le roi sera satisfait de vos services, et vous méritez bien quelques jours de repos à Thèbes.

— Je n'en ai nul besoin et vous rappelle que je compte terminer ici mon enquête.

— En arrêtant des spectres ? Profitez un peu de la vie !

— Ce n'est guère votre habitude, me semble-t-il.

— Le charme de Thèbes vous surprendra. N'oubliez pas de revenir à Saïs.

— Bon voyage, Hénat.

Les deux bateaux s'écartèrent, celui du magistrat se dirigea vers le quai de Karnak. Le préposé à la sécurité du temple accueillit le magistrat avec déférence.

— Votre logement de fonction est prêt, déclara-t-il. Le grand intendant vous prie de l'excuser, il ne pourra pas vous rencontrer avant demain, à cause d'une urgence administrative.

La villa naguère occupée par Hénat avait été nettoyée, et une cohorte de serviteurs se préparait à satisfaire les moindres désirs du juge.

— L'endroit ne me convient pas. Trouvez-moi un immeuble en ville. J'ai besoin d'une dizaine de bureaux pour mes collaborateurs, d'une salle de réunion et d'un casernement. Deux autres bateaux de la police ne tarderont pas à arriver, et je déploierai mes hommes sur les deux rives.

— Je dois consulter le grand intendant et…

— C'est un ordre, trancha Gem. Son avis n'y changera rien. Je ne passerai qu'une nuit dans cette maison.

Un cuisinier aux joues rebondies se présenta.

— Le dîner se composera de deux entrées, à savoir…

— Annulez. Je me contenterai d'une bouillie de fèves.

— Comme vin, je propose…

— Apportez-moi de l'eau.

Insensible à la décoration raffinée de la villa, le juge s'assit à l'ombre d'un sycomore et consulta, une fois encore, le dossier du scribe Kel. Fallait-il le clore définitivement ?

Un officier de police vint au rapport.

— Des nouvelles de l'équipe de faux pêcheurs. De mauvaises nouvelles.

— Ont-ils été attaqués ?

— Apparemment pas. On les a retrouvés morts, à leur campement.

— Cause du décès ?

— Selon un médecin militaire, empoisonnement alimentaire. Ils auraient consommé un poisson toxique.

Étrange incident… La prêtresse Nitis n'aurait-elle pas utilisé une drogue ? Et le scribe Kel avait empoisonné ses collègues du service des interprètes !

Le juge ne referma pas le dossier.

61.

Favori[1], le chien de la Divine Adoratrice, quémanda une caresse. Aussitôt, Jongleur, le petit singe vert, lui mordilla la queue, inaugurant une belle séance de jeux. Ces deux fidèles compagnons réjouissaient le cœur de la Divine Adoratrice[2]. Vouée au culte d'Amon, son époux divin, elle n'avait pas d'enfant. Son mariage symbolique garantissait la pérennité de la création et repoussait le chaos. Représentante terrestre du principe féminin primordial, Mère de tous les êtres, la Divine Adoratrice avait partagé le secret d'Amon lors de son couronnement, et leur communion, grâce à la pratique quotidienne des rites, ne subissait aucune altération.

« Douce d'amour », « Maîtresse du charme », « Riche de faveurs », « Régente de toutes les femmes », la souveraine gouvernait le cosmos et la terre entière. Remplissant les salles du temple du parfum de sa rosée, elle possédait une voix enchanteresse et jouait une musique céleste.

Comme chaque matin, elle fut purifiée et vêtue d'une

1. *Hesyf-Maâty*, « Son favori (ou : celui dont elle fait des louanges) en rectitude ».

2. Elle se nommait *Ânkh-nes-nefer-ib-Râ*, « Que le roi vive pour elle (ou : la vie lui appartient), le cœur de la lumière divine (Râ) est en perfection », *Héqat-neferou-merit-Mout*, « Régente de la perfection, aimée de Mout (l'épouse divine d'Amon, dont le nom signifie à la fois "mère" et "mort") ». À l'instar des pharaons, ces noms étaient inscrits dans un cartouche. Cette femme d'exception occupa la plus haute fonction sacerdotale thébaine pendant une soixantaine d'années.

longue tunique serrée à la taille par une ceinture. Un prêtre enserra son front d'un bandeau rouge que retenait, à l'arrière, un nœud d'où sortaient deux bandeaux flottant sur les épaules.

En dépit de son grand âge, la Divine Adoratrice bénéficiait d'une excellente santé, nourrie d'une énergie inépuisable. La fréquentation des divinités effaçait le temps, l'allure majestueuse et la beauté de la prêtresse demeuraient intactes. N'éprouvant pas la nostalgie de la jeunesse, elle remerciait Amon de lui avoir accordé tant de bonheur.

— Pas de curieux ? demanda-t-elle au ritualiste en chef.

— Majesté, le temple est hermétiquement clos.

La Divine Adoratrice se dirigea vers le « Rayonnant des monuments [1] », le sanctuaire édifié par Thoutmosis III et destiné à l'initiation des grands prêtres de Karnak. Ici lui avaient été dévoilés les grands mystères de la mort, de la résurrection et de l'illumination.

Elle s'arrêta devant une statue-cube représentant le grand sage Amenhotep, fils de Hapou, lisant un papyrus déroulé sur ses genoux. Animée d'une vie surnaturelle, elle devait être purifiée de sorte qu'aucune infection ne souille le granit. Aussi la Divine Adoratrice versa-t-elle de l'eau provenant du lac sacré, reflet terrestre de l'océan primordial.

Puis un prêtre lui tendit une torche et ouvrit le chemin jusqu'à un brasier. Un autre ritualiste lui présenta une broche. Piquée à son extrémité, une figurine en cire de révolté, tête tranchée, mains liées derrière le dos.

La Divine Adoratrice la jeta au feu.

Les crépitements ressemblèrent aux gémissements d'un torturé.

L'ennemi calciné, elle banda son arc et simula le lancer

1. *Akh-menou.*

d'une flèche aux quatre points cardinaux. Le rite brisa les forces du mal, les empêchant d'obscurcir le ciel et le rayonnement des dieux.

La route de ceux qu'elle attendait se dégageait enfin. Après avoir surmonté quantité d'épreuves, ils atteignaient le territoire thébain. Pourtant, nombre de dangers subsistaient, et la réussite de leur mission n'était pas acquise.

La flamme s'éteignit.

D'un pas lent, la Divine Adoratrice marcha en direction de deux chapelles dédiées à Osiris qu'elle avait fait construire le long du chemin menant au temple de Ptah. Empruntant une petite allée pavée, elle pénétra dans celle d'Osiris, « maître des aliments [1] ».

Associé à la fête de régénération de l'âme royale, le dieu lui offrit les nourritures spirituelles et matérielles. Ainsi voyait-on représenté le pharaon Amasis, suivi de son *Ka*, sa puissance de création, et accédait-on aux pavillons dressés à l'occasion de ce cérémonial. Le roi offrait du vin à Amon-Râ, accompagné de Maât, et la Divine Adoratrice recevait des mains du dieu les sistres dont les vibrations dispersaient les forces maléfiques. Crachant du feu, des serpents cachaient ces mystères aux profanes que mettaient en pièces de terrifiants gardiens à tête de crocodile ou de rapace, armés de couteaux.

Au cœur du sanctuaire s'accomplissait le couronnement d'Osiris, selon les rites d'Abydos. La Divine Adoratrice venait souvent les vivre en esprit, se préparant à franchir les portes de l'invisible.

Son grand intendant, ami et confident Chéchonq était associé à sa démarche puisqu'il figurait sur une paroi de cette chapelle.

1. *Neb djefaou.*

Il y attendait sa souveraine, à l'abri des regards.

— Majesté, le chef des services secrets a quitté Thèbes, croyant à votre fin prochaine. Ne vous considérant plus comme un danger, il a décidé de rentrer à Saïs.

— Son réseau, lui, reste en place.

— Il ne m'inquiète guère, car je connais tous ses membres. Peu actif, leur chef ne devrait pas nous causer de graves ennuis. En revanche, l'arrivée du juge Gem et d'une nuée de policiers me soucie. Lors de notre rencontre, je tâcherai de connaître son plan d'action.

— Sois extrêmement prudent. Obstiné et méticuleux, ce haut magistrat ne relâchera pas ses efforts. Or les voyageurs espérés s'approchent de nous.

— Ils seraient donc vivants !

— Les dieux les ont protégés. L'ultime étape s'annonce difficile et périlleuse, le moindre faux pas les condamnera.

— S'il vous estime mourante, le juge Gem ne renoncera-t-il pas à poursuivre ses investigations ?

— Son obsession consiste à arrêter le scribe Kel. Et nul ne le fera renoncer.

— J'espérais un répit après le départ de Hénat, déplora le grand intendant. Il faut peut-être se préparer à pire ! Contacter le scribe et ses amis sera particulièrement délicat.

— Tu as déjà résolu beaucoup de problèmes insolubles, Chéchonq.

— La confiance de Votre Majesté m'honore, mais je ne me suis jamais heurté à la police et à la justice du roi Amasis !

— Tu disposes d'un trésor inestimable : l'expérience. Face à la brutalité, tu utiliseras la ruse.

— Le juge Gem m'en laissera-t-il le temps ? Il ne manquera pas de tendre des pièges, et le scribe Kel risque d'y tomber.

— Tente de les déjouer et de libérer le chemin de Karnak. Nous pouvons encore sauver l'Égypte.

— Je ferai l'impossible, Majesté.

Le léger sourire de la Divine Adoratrice bouleversa le grand intendant. Il admirait sa noblesse innée, sa dignité exemplaire et son rayonnement inégalable. Pour la servir et ne pas la décevoir, il donnerait sa vie.

62.

À force de jouer les malades, Bébon finissait par avoir mal au dos. S'appuyant ostensiblement sur sa canne, il ne ressemblait pas à un dangereux malfaiteur en fuite. On l'arrêta pourtant à l'un des barrages de police interdisant l'accès à Thèbes.

— Où vas-tu, mon brave ?

— Chez le rebouteux du faubourg nord.

— Tu es paysan ?

— Laboureur. Mes reins se sont bloqués, impossible de travailler.

— Le rebouteux a de bonnes mains, il te guérira.

Prenant soin de claudiquer, Bébon se rendit au marché aux poissons, occupant une grande partie du quai. Il ne tarda pas à repérer Nitis qui achevait de vendre au meilleur prix les superbes poissons appréciés des connaisseurs.

Tuniques, sandales, nourritures diverses, petits vases faciles à négocier : le troc était un beau succès.

— As-tu repéré Kel ? demanda la prêtresse au comédien.

— Malheureusement non. Il franchira le barrage, j'en suis sûr. Les policiers s'occupent surtout des couples et des scribes.

Nitis remplit les paniers de ses acquisitions. Vent du Nord se releva et accepta de les porter. Bébon les suivit jusqu'à la sortie du marché, du côté de la ville. Une patrouille les croisa sans leur prêter attention.

— J'attends ici, décida le comédien. Tâchez de louer un local où nous pourrons nous changer.

Le faubourg nord de la cité d'Amon connaissait une intense animation, en raison du nombre d'entrepôts accueillant des marchandises. On parlait fort, on négociait, on chargeait des ânes, on programmait les livraisons.

Le temps passait, Bébon commençait à s'inquiéter.

Un groupe de paysans s'approcha. En tête, deux braillards satisfaits de venir en ville. À l'arrière, Kel !

Le comédien lui fit signe, le scribe se détacha du cortège. Ils s'adossèrent à l'angle d'une ruelle.

Peu de temps après, Nitis vint les chercher et les emmena au rez-de-chaussée d'une maison de trois étages. En réfection, le local servait de remise.

— Ça ne ressemble pas à un palais, constata Bébon, mais nous voici à Thèbes ! Je n'arrive pas à y croire.

— Cette ville pourrait être notre tombeau, déclara Kel. Comment parvenir à rencontrer la Divine Adoratrice ?

— Son bras droit, le grand intendant Chéchonq, me paraît plus accessible. L'homme fort de Thèbes, c'est lui. Il dirige l'ensemble des services administratifs et maintient la prospérité de la province.

— Et s'il se montre hostile ?

La mine du comédien s'assombrit.

— En ce cas, il faudra décamper.

— Nous n'en sommes pas là, intervint Nitis. Et nous avons tous besoin de dormir.

***

Le juge Gem prit possession de son nouveau domaine. Il visita chacun des bureaux et répartit ses assistants dans l'immeuble réquisitionné. Son secrétaire rangea les papyrus et les tablettes en bois sur des étagères et disposa le mobilier au goût de son patron. Des livreurs apportèrent le matériel nécessaire, notamment des pins d'encre, des stylets, des calames, des gommes, des palettes, des chiffons et quantité de corbeilles.

En quelques heures, le centre de commandement devint opérationnel. En face, plusieurs maisons furent vidées de leurs locataires, relogés ailleurs, et réservées aux policiers et aux militaires qui venaient d'arriver à Thèbes.

Le magistrat sentait que la dernière phase de son enquête se jouerait ici. Kel et ses complices avaient éliminé les faux pêcheurs, évité les barrages et atteint leur destination. Encore leur fallait-il franchir les portes de Karnak. Et cette démarche insensée n'aurait servi qu'à rencontrer une mourante, incapable de les aider !

Mourante, la Divine Adoratrice l'était-elle vraiment ? D'ordinaire, on n'abusait pas le chef des services secrets. En regagnant Saïs, Hénat affichait sa certitude. Et si le comédien Bébon travaillait pour lui, ne livrerait-il pas bientôt son « ami » Kel à la justice ?

La venue du grand intendant interrompit les réflexions du magistrat. D'emblée, ce personnage imposant, rondouillard et sympathique exaspéra le juge.

— Je n'espérais plus vous rencontrer, avança sèchement Gem.

— Des impératifs d'ordre administratif m'ont empêché de vous accueillir, et je vous prie de m'en excuser. Cette grande province n'est pas facile à gérer, croyez-moi !

— Chacun ses problèmes.

— Êtes-vous convenablement installé ?

— Cela me suffira.

— Afin de mieux vous reposer, ne souhaiteriez-vous pas une villa tranquille, entourée d'un jardin ?

— Je n'ai pas l'intention de me reposer, mais d'arrêter un redoutable criminel et sa bande.

— J'ai entendu dire qu'ils avaient péri noyés, s'étonna Chéchonq.

— Ne vous fiez pas aux rumeurs.

— Les Thébains seraient-ils en danger ?

— J'assurerai leur sécurité et je compte sur leur coopération, à commencer par la vôtre.

— Elle vous est totalement acquise, juge Gem !

— Fournissez-moi un plan détaillé de la ville et de la province et mettez en alerte vos forces de sécurité.

— Oh ! elles sont bien minces et se contentent de protéger le temple de Karnak !

— À partir de cet instant, elles obéiront à mes ordres.

— J'aurais dû en référer à la Divine Adoratrice, mais…

— Qu'est-ce qui vous en empêche ?

Les mots peinèrent à sortir de la bouche de Chéchonq.

— Il s'agit d'une sorte de secret d'État, et…

— Je représente le pharaon, et j'exige de tout savoir. Je comptais d'ailleurs rencontrer la Divine Adoratrice dès demain et lui exposer mes intentions.

— Ce sera malheureusement impossible, murmura Chéchonq, affligé. Son état de santé lui interdit de recevoir quiconque, moi compris. La population ignore cette tragédie, et je suis désemparé.

— Continuez à vous taire et à remplir vos fonctions.

— Ce soir, je vous convie à un grand banquet organisé en votre honneur. Nos cuisiniers…

— Ce soir, réunion des responsables de l'armée et de la police. J'estime votre présence indispensable.

***

Une grande carte de la province thébaine avait été déployée sur des tables basses accolées. Grâce à la précision des scribes du cadastre, le juge Gem se fit une idée précise de la cité d'Amon et de ses environs.

L'ampleur du territoire à surveiller et à fouiller paraissait décourageante. Kel pouvait se cacher au cœur même de la cité, dans la campagne ou à l'intérieur d'un temple hostile à la politique d'Amasis.

Premier impératif : une partie des troupes s'occuperait de la rive occidentale, l'autre de l'orientale. L'entrée de la Vallée des Rois serait bloquée et l'accès des sanctuaires réservé aux seuls ritualistes.

À tout moment, des contrôles volants intercepteraient passants et commerçants. Et l'on implanterait de nombreux postes de police à proximité des bâtiments officiels, sans oublier la multiplication des patrouilles terrestres et fluviales. Enfin, une belle prime serait offerte à qui fournirait au juge des renseignements dignes d'intérêt.

Consterné, Chéchonq garda le silence.

Le scribe et ses amis ne sortiraient pas de cette nasse et ne rencontreraient jamais la Divine Adoratrice.

63.

Vêtu d'une tunique asiatique bariolée, les cheveux retenus par un bandeau multicolore, chaussé de sandales de luxe, Bébon jouait à la perfection le marchand syrien à la recherche de bonnes affaires. Arpentant les principaux marchés, il se montrait volubile et charmeur.

— Le nombre de policiers m'étonne, confia-t-il à un négociant en tissu. Lors de mon dernier séjour à Thèbes, je n'en avais pas vu autant !

— À circonstances exceptionnelles, mesures exceptionnelles. N'avez-vous pas entendu parler d'une bande d'assassins que commande un scribe ?

— De vagues échos, en effet.

— Ces redoutables criminels se cacheraient ici, à Thèbes ! C'est pourquoi le juge Gem en personne a déployé des forces considérables. Les deux rives sont sévèrement contrôlées, et cette racaille ne passera pas à travers les mailles du filet. Au moins, en Égypte, la justice et l'ordre sont respectés.

— Vous pouvez le dire, approuva Bébon. Plus vite cette affaire se terminera, mieux cela vaudra pour le commerce.

— Très juste ! Et le grand intendant Chéchonq, un homme remarquable et un gestionnaire de première force, ne doit guère apprécier cette intervention du pouvoir central. Les Thébains sont fiers de leur relative autonomie et critiquent volontiers, à mots feutrés, la politique de Saïs. Leur seul pharaon, c'est la Divine Adoratrice.

— J'aimerais précisément proposer au grand intendant des parfums de grande qualité, destinés au temple de Karnak.

— Vous avez de la chance, il se trouve aujourd'hui à la mairie de Thèbes et y reçoit des marchands étrangers. Dépêchez-vous de demander audience.

— Merci du conseil.

Bébon passa prendre Kel qui emprunta à nouveau son allure de travailleur agricole, assisté de son âne chargé de fourrage. Ils prirent soin de marcher lentement, portant toute la misère des Deux Terres sur leurs épaules.

Des soldats gardaient l'entrée de la mairie et fouillaient chaque visiteur.

L'arrivée du grand intendant, précédé d'une dizaine de scribes élégamment vêtus, ne passa pas inaperçue.

— Quand nous débarrasserez-vous de cette armée ? l'interpella un bourgeois. Thèbes est une cité pacifique et libre !

— Cas de force majeure, rétorqua Chéchonq. Il sera bientôt résolu.

Le grand intendant échangea quelques mots avec ses administrés puis pénétra à l'intérieur de la mairie, suivi des marchands accrédités. Manquant de références sérieuses, Bébon n'avait pas présenté sa candidature.

— Ne le lâchons pas d'une semelle, recommanda-t-il à son ami. À un moment ou à un autre, Chéchonq sera moins entouré, et tu pourras lui parler. Sois bref et convaincant afin de capter immédiatement son intérêt. S'il exige davantage d'explications, tu auras gagné. Sinon…

Une longue attente débuta.

En fin d'après-midi, Chéchonq sortit de la mairie.

Refusant la chaise à porteurs, il marcha en direction du port, toujours accompagné de scribes et de soldats.

Il monta à bord de plusieurs bateaux, inspecta les cargaisons et vérifia la qualité des produits proposés. Bébon se félicita de n'avoir pas tenté un coup de bluff !

S'ensuivirent des discussions avec les armateurs, les marchands et le scribe du Trésor. On discutait les prix, les quantités et les dates de livraison. Les contrats conclus, on se félicita chaudement, et le grand intendant reprit la direction du centre de la ville.

Il demeura une bonne heure chez le scribe du Trésor pour récapituler les transactions en cours. À sa sortie, il accepta la chaise à porteurs.

« Il rentre dîner », pensa Bébon, dépité.

S'introduire à l'intérieur du vaste domaine de Chéchonq présentait de sérieuses difficultés. En étudiant attentivement le terrain, peut-être trouverait-il une solution.

La chaise à porteurs s'immobilisa à la hauteur d'une taverne en plein air. Le grand intendant en descendit et s'installa, seul, sous une pergola. À l'évidence, il éprouvait le besoin de reprendre des forces avant un probable banquet officiel.

Respectant ce temps de repos, policiers, scribes et porteurs se tenaient à l'écart.

L'occasion rêvée.

Bébon fit un clin d'œil à Kel qui approchait d'un pas mesuré, suivant Vent du Nord.

Jaugeant la situation, le scribe décida d'agir.

Il emprunterait le sentier longeant la pergola, obliquerait brusquement vers la droite, franchirait à toute vitesse l'espace le séparant du grand intendant et lui présenterait sa requête.

Trouverait-il les paroles justes ?

Tournant et retournant dans sa tête mille et une formules, il les jugeait exécrables. Restait la simplicité : « Je suis le scribe Kel, innocent des crimes dont on m'accuse. Si vous voulez sauver le pays du désastre, présentez-moi à la Divine Adoratrice, et je prouverai la véracité de mes dires. »

Une chance sur un million.

La dernière chance.

Kel aurait aimé dire à Bébon combien son courage et son amitié le touchaient. Il le lui confierait probablement dans un autre monde.

Le regard du comédien l'encouragea : rien n'était perdu ! Parfois, un coup de dés procurait la fortune. Et les dieux ne l'abandonneraient pas au moment décisif !

Kel avança.

Encore trois pas, et son destin serait joué.

— Dis donc, paysan, hurla Bébon, tu pourrais t'excuser !

Stupéfait, Kel se figea. Les policiers sortirent de leur torpeur, le grand intendant de son demi-sommeil.

— Incroyable, vociféra le comédien, ce bouseux m'a bousculé et a souillé ma tunique neuve ! Regardez-moi ça ! En échange, je lui réclame au moins son âne.

Montrant ostensiblement le bas de son vêtement sali, il prit les policiers à témoin.

— Fiche le camp, ordonna un officier. Tu nous casses les oreilles.

— Je réclame justice !

— Veux-tu tâter de mon gourdin ?

Bébon recula.

— Non, oh non !

— Alors, disparais.

La chaise à porteurs reprit son chemin.

Bébon et Kel se retrouvèrent à l'opposé, loin de tout regard.

— Pourquoi cette intervention ? s'étonna le scribe.

— C'était un piège ! Les rayons du soleil couchant ont provoqué de curieux reflets, juste derrière la pergola. Des reflets de lames d'épées ! Et l'un des soldats postés en embuscade s'est relevé trop tôt. Tu n'aurais pas eu le temps d'ouvrir la bouche.

Atterré, Kel aboutit à l'inévitable conclusion.

— Le grand intendant est donc l'allié du juge Gem ! Il voulait m'attirer à lui et livrer la bête fauve au chasseur.

— Ne comptons pas sur lui pour nous mener à la Divine Adoratrice, confirma Bébon.

64.

— Permettez-moi de manifester mon profond mécontentement, dit le grand intendant au juge Gem, occupé à lire les premiers rapports des chefs de section.

— À quel propos ?

— Vous m'avez utilisé comme appât sans me prévenir !

Le magistrat fixa son interlocuteur.

— Je dirige cette enquête à ma manière et n'ai aucun compte à vous rendre, Chéchonq.

— Je suis le grand intendant de la Divine Adoratrice et…

— Vous êtes un sujet du roi Amasis et devez m'obéir.

Chéchonq soutint le regard du magistrat.

— Votre comportement est inadmissible.

— Ne m'irritez pas, recommanda le juge. J'ai mené un long et pénible combat, et me voici au seuil de la victoire dans cette bonne ville de Thèbes, si accueillante. Mon devoir consiste à retrouver le pire des criminels et à l'arrêter. Les moyens importent peu.

— Oubliez-vous la légalité ?

Les yeux de Gem flamboyèrent.

— Contentez-vous de suivre mes directives, grand intendant, et ne prenez pas d'initiative. Ainsi, notre collaboration demeurera un excellent souvenir.

Chéchonq se retira.

En s'attaquant à lui et en le méprisant, le juge venait de

commettre une erreur. Le grand intendant donnerait un large écho à l'incident, et pas un seul Thébain ne prêterait main-forte à la police.

***

Gem réquisitionna l'un des nombreux bacs effectuant d'incessantes navettes entre les deux rives. Indifférent à la beauté des lieux, il pressa le batelier de hâter la manœuvre. Au débarcadère, il vérifia le dispositif de sécurité avant de monter dans une chaise à porteurs qui le conduisit au Ramesseum, le temple des millions d'années de Ramsès II.

Sous prétexte d'inspecter les lieux et de s'assurer du bon fonctionnement de l'administration locale, il convoqua les responsables, dont le chef du réseau de Hénat, spécialiste de la fabrication des papyrus de première qualité.

— Je connais ton rôle souterrain, affirma le juge.

— Je ne comprends pas, je…

— Inutile de mentir. Ton patron t'autorise à parler.

— J'aurais aimé un ordre écrit.

— Si ma parole ne te suffit pas, la prison te déliera la langue.

Le chef de réseau préféra ne pas tenir tête au magistrat.

— Je suis à votre disposition.

— Comment Hénat a-t-il acquis la certitude que la Divine Adoratrice était gravement malade ?

— Grâce au témoignage de son médecin personnel. La vieille dame ne reçoit même plus le grand intendant Chéchonq.

— Aurait-il le courage et la possibilité de s'opposer à l'action de la justice ?

— Sûrement pas ! Il se contente de gérer les affaires de la province, d'organiser de somptueux banquets et de préparer son vaste tombeau. Vous n'avez rien à craindre de lui. Privé des directives de la Divine Adoratrice, il se sent perdu. Rassurez-le en lui promettant qu'il conservera ses privilèges, et il vous obéira au doigt et à l'œil.

— Pas de milice parallèle ?

— Pas la moindre ! Et les gardes de Karnak ne sont pas des foudres de guerre.

— Mets tes informateurs en alerte. Le scribe Kel, la prêtresse Nitis et le comédien Bébon se cachent à Thèbes. Recueille même les rumeurs et informe-moi immédiatement.

— Entendu.

Le chef de réseau ne prendrait pas de risques et rédigerait des rapports anodins. Ces criminels-là semblaient beaucoup trop dangereux. Et s'il découvrait une piste sérieuse, il n'informerait que Hénat.

***

Nitis, Kel et Bébon ne se voilaient pas la face : l'alliance du grand intendant et du juge Gem était un désastre.

— Échouer si près du but ! déplora le comédien.

— Ne renonçons pas, recommanda Nitis.

— Gem et Chéchonq verrouillent la province. Quittons-la pendant qu'il est encore temps.

— Pour aller où ? questionna Kel. Seule la Divine Adoratrice nous aidera à faire surgir la vérité.

— Elle réside à Karnak. En raison des dispositifs de sécurité, impossible d'y accéder.

— Des prêtres et des artisans y entrent et en sortent chaque jour, rappela Nitis.

— Ils sont sévèrement contrôlés, objecta Bébon. Et franchir ce premier barrage ne garantit pas le succès ! La résidence de la Divine Adoratrice doit être inaccessible.

— N'aurais-tu pas joué de mystères à Karnak ? s'interrogea Kel.

Le comédien parut gêné.

— La souveraine du temple ne goûte pas ce genre de distractions et préfère ses ritualistes permanents à des hôtes de passage.

— Te connaissant, tu as forcément façonné des amitiés.

— Assez peu. Thèbes est moins accueillante qu'il n'y paraît, et je ne connais personne d'important.

— Pas un seul employé du temple ? insista Nitis.

— Indirectement.

— Voilà peut-être une solution !

— Sûrement pas. La solution, c'est de sortir de cette province et de trouver un refuge sûr, loin du juge Gem.

— Nous devons chacun tenter notre chance, estima la prêtresse. L'un de nous parviendra à voir la Divine Adoratrice.

— Impossible, assena Bébon.

— Ce contact indirect, demanda le scribe, de qui s'agit-il ?

— Un brave homme sans influence.

— Son métier ?

— Portier.

— Son patron ?

— Le scribe du Trésor.

— Tu connais le portier du scribe du Trésor et tu ne le disais pas !

— J'avais oublié.

— Et lui, qui connaît-il à Karnak ?

— Le chef jardinier.

— Fabuleux ! Rencontre ce portier et demande-lui son aide.

— Trop risqué, je refuse.

— Toi, Bébon ? s'étonna Nitis. Tu me décevrais.

***

Occupant une superficie de 450 m^2, la villa du scribe du Trésor était entourée d'un mur d'enceinte percé d'une seule porte que gardait la journée durant un professionnel aguerri, fier de sa tâche. Muni d'un balai fait de fibres de palmier, il mettait un point d'honneur à préserver un seuil d'une propreté absolue.

Chaque matin, le haut fonctionnaire lui remettait la liste des visiteurs et des livreurs. Le portier vérifiait, les priait d'attendre et avertissait l'intendant de leur présence. Impitoyable, il refoulait importuns et quémandeurs.

Alors qu'il s'apprêtait à balayer, il crut être victime d'une hallucination.

— Bébon ! C'est toi ? C'est vraiment toi ?

— Eh oui, je suis revenu ! Et j'ai besoin d'un petit service.

Le portier demeura figé un long moment. Puis il leva rageusement son balai.

— Espèce de vaurien, je vais te défoncer le crâne !

65.

Protégeant sa tête de ses mains, Bébon tentait en vain d'éviter les coups de balai.

— Arrêtez, je vous en prie ! s'écria Nitis.

Surpris par l'intervention de la jeune femme, le portier interrompit la bastonnade.

— Seriez-vous sa nouvelle maîtresse ?

— Simplement son amie.

— Ça m'étonnerait ! Ses amies, ce débauché les met dans son lit.

— J'ai échappé à ce triste sort.

— Si vous dites vrai, remerciez les dieux et prenez la fuite !

— Pourquoi frappez-vous Bébon ?

— Parce qu'il a séduit et abandonné ma petite Aurore, une pure et innocente jeune fille.

— N'exagère pas, rectifia le comédien. D'abord, je n'étais pas son premier amant ; ensuite, je ne l'ai pas forcée.

Le portier brandit à nouveau son balai.

— Et tu ne l'as pas honteusement quittée, peut-être !

Bébon protesta.

— Je l'avais prévenue : on s'amuserait quelque temps, et je repartirais. Elle n'est pas morte de chagrin, je suppose ?

Le balai s'abaissa.

— Non, pas tout à fait. Le temple lui a donné un poste d'apicultrice, à la lisière du désert.

— En tant que médecin, précisa Nitis, j'utilise beaucoup de miel. J'aimerais rencontrer votre fille et parler avec elle de ses techniques.

Favorablement impressionné, le portier s'apaisa et donna à la thérapeute les indications nécessaires pour atteindre les ruches.

Reprenant un ton rugueux, il se tourna vers Bébon.

— Ce service, de quoi s'agit-il ?

— J'aimerais aider un ami, un jardinier à la recherche d'un travail. Acceptes-tu de le voir ?

— Un débauché, lui aussi ?

— Vraiment pas ! s'exclama Bébon. Plutôt le genre sérieux.

— Amène-le-moi.

Le comédien alla chercher Kel. Le portier l'examina des pieds à la tête.

— Présentable, jugea-t-il. Tu as de l'expérience, mon garçon ?

— J'ai travaillé dur chez mes parents.

— Mon ami le chef jardinier de Karnak recherche des temporaires. Rends-toi à la porte du nord, au coucher du soleil, et présente-toi de ma part.

***

Le juge Gem remit les rapports à son secrétaire.

— Classe-les.

— Des éléments intéressants ?

— Du bavardage administratif dépourvu d'intérêt.

Au cours de la journée, deux témoignages avaient attiré l'attention du magistrat. Un boulanger aurait vu le scribe

Kel dans une petite maison du faubourg nord, en compagnie de dix hommes armés. Et un agriculteur était certain de l'avoir repéré au cœur d'une palmeraie, en train de sortir des armes d'un grand sac.

Les soldats revenaient enfin rendre compte.

— Résultats ? demanda le juge à l'officier responsable.

— De pures inventions. Ces gens se sont moqués de nous.

— Injure à la justice ! Ils seront sanctionnés.

— Sauf votre respect, mieux vaudrait oublier l'incident. Sinon, personne n'osera plus parler.

— La loi est la loi.

Furibond, Gem claqua la porte de son bureau.

***

À la porte nord de Karnak, baignée de la lumière du couchant, plusieurs postulants attendaient le chef jardinier.

— Il paraît que c'est un bonhomme odieux, avança un rouquin.

— Et prétentieux, ajouta un adolescent. On ne peut jamais se plaindre !

— Moi, rétorqua un maigrichon, je ne me laisserai pas faire !

— Et moi non plus ! surenchérit son camarade.

Sortant de la file, un trapu à la tête carrée parla d'une voix forte.

— Vous quatre, décampez !

Le rouquin s'insurgea.

— Dis donc, toi ! Pourquoi t'obéirait-on ?

— Je suis le chef jardinier, et vos propos me déplaisent.

Les fautifs se dispersèrent. Les rescapés subirent le regard inquisiteur de leur éventuel patron.

— Vous deux, disparaissez. Votre tête ne me revient pas.

Seuls restaient Kel et un échalas à l'air fatigué.

— Ça vous plairait de porter des palanches qui blessent le cou, de travailler toute la nuit, d'arroser les légumes à l'aube, d'irriguer les vergers et de récolter les herbes médicinales au crépuscule ?

— Et on dort quand ? demanda l'échalas.

— Quand je le décide.

— Trop dur pour moi ! Je vais tenter ma chance ailleurs.

— Moi, dit Kel, j'accepte vos conditions. Le portier du scribe du Trésor m'avait prévenu.

— Un vieil ami à la bonne mentalité ! Je t'engage, mon garçon. Pourtant, tu n'as pas des mains de jardinier.

— Le labeur ne m'effraie pas.

— Alors, porte ces poteries remplies d'eau et suis-moi.

— À l'intérieur du temple ?

— Pas ce soir. Nous devons nous occuper des jardins situés à l'extérieur de l'enceinte, avec la première équipe de nuit. Tâche de ne pas me décevoir.

Surmontant sa propre déception, Kel s'arma de courage et de patience.

***

La Divine Adoratrice contemplait le symbole d'Abydos, une longue hampe recouverte d'un cache. Il voilait la tête d'Osiris ressuscité dont la vision n'était offerte qu'aux initiés aux grands mystères.

Elle reconnut le pas lourd du grand intendant.

— De bonnes nouvelles, j'espère ?

— Malheureusement non, Majesté. Entre le juge Gem et moi, la rupture est consommée. Il me déteste, et je ne parviendrai pas à modifier son attitude. En revanche, son comportement à mon égard déclenchera l'hostilité des Thébains qui refuseront d'aider la police.

— A-t-il quadrillé la province ?

— En effet, Majesté. Pis encore, il empêche tout accès à Karnak et me fait passer pour son allié. Autrement dit, Kel, Nitis et Bébon me considèrent comme un collaborateur et n'oseront pas me contacter. J'ignore où ils se cachent, et même s'ils sont vivants.

— Ils le sont, Chéchonq. Je ressens leur présence.

— Rendons-nous à l'évidence, Majesté : ils ne parviendront pas jusqu'à nous.

— Les dieux ne les protègent-ils pas, grand intendant ?

66.

En lisière du désert, Aurore, la fille du portier, gérait une trentaine de ruches, à la grande satisfaction du maître apiculteur. Il s'agissait de poteries disposées les unes sur les autres et ouvertes aux abeilles. Elles y fabriquaient leurs rayons sous la surveillance attentive de la jeune femme, chargée de récolter le miel après les avoir enfumées.

Alors qu'elle bouchait une jarre destinée à Karnak, elle vit venir un couple dans sa direction.

— Bébon ! De retour à Thèbes ?

— Tu ne m'en veux pas trop, Aurore ?

— Tu ne m'as laissé que de bons souvenirs. Cette ravissante personne serait-elle ton épouse ?

— Non, une thérapeute désireuse de te connaître.

— J'utilise beaucoup le miel, précisa Nitis, car ses vertus curatives sont remarquables. J'aimerais vous seconder, le temps de mon séjour à Thèbes.

— Pourquoi pas ? En échange, vous m'enseignerez des rudiments de médecine.

— Volontiers.

Les deux femmes sympathisèrent immédiatement, et Bébon se sentit oublié.

— Es-tu mariée, Aurore ?

— Je ne suis pas pressée ! À toi, je ne pose pas la question.

— À cause de mes soucis professionnels, je ne pourrais pas être un bon mari.

— Que t'arrive-t-il ?

— J'abandonne le métier de comédien : trop de fatigue et de voyages. Je souhaiterais me fixer ici, à Thèbes, en occupant un emploi stable au service du temple.

L'apicultrice réfléchit.

— Il existe une possibilité… Mais ce ne sera pas une tâche facile.

— Le courage ne me manque pas.

***

Le patron des cuisines extérieures de Karnak regarda Bébon d'un œil sceptique.

— Comme ça, on désire travailler chez moi ?

— Aurore, l'apicultrice, me recommande.

— Une brave petite ! Je cherche un marmiton, en effet, et pas un paresseux.

— En ai-je l'air ?

— Tu commences maintenant ou tu t'en vas.

— Je commence.

— J'ai le déjeuner des prêtres à préparer. Va nettoyer la cuisine et affûte les couteaux.

L'équipement était remarquable : marmites, écuelles, moules à pain, meules à moudre, fours, plaques en cuivre destinées au pâtissier, cuillères en bois. Utilisant un morceau de basalte, Bébon aiguisa de longs couteaux à lame ovale.

Le patron fut impressionné.

— Tu te débrouilles, mon gars.

— Ma spécialité, c'est le pot-au-feu.

— Je te préviens, je déteste les vantards ! Et les prêtres de Karnak aiment les bons plats.

— Donnez-moi ma chance.

Le patron hésita.

— Je ne tolérerai pas un ratage !

Bébon se mit aussitôt au travail. Tenant sa recette d'une délicieuse bourgeoise, il utilisa de la langue de bœuf, des côtes, de la cuisse, le foie, la trachée-artère et des légumes. Et il fit cuire à feu doux, sans relâcher une seconde sa vigilance.

De retour après inspection des autres cuisines, le patron goûta.

— Fameux, constata-t-il, étonné. Les prêtres vont se régaler.

— Je serais heureux de leur livrer mon pot-au-feu.

— Mes assistants et moi-même nous en chargerons. Toi, sers-nous de bonnes portions de cette merveille. Nous, on mange avant les clients.

***

Supporter le poids d'une palanche aux extrémités de laquelle étaient suspendues de lourdes poteries remplies d'eau était épuisant. Mais Kel ne se plaignait pas, espérant pouvoir bientôt pénétrer à l'intérieur de Karnak.

Nitis et Bébon avaient-ils trouvé des emplois leur permettant de franchir les barrages de police ? En tentant chacun leur chance, ils seraient moins repérables.

Le scribe supportait mal cette séparation. Privé de Nitis, il se sentait perdu et n'éprouvait plus aucune joie de vivre. Seule l'exigence de la vérité lui donnait l'énergie de poursuivre cette quête insensée.

Au cours de la nuit, fourbu, la nuque douloureuse, il

avançait, pas à pas, et déversait le contenu des pots dans des rigoles d'irrigation.

Le chef jardinier interrompit son labeur.

— Toi, viens. On doit livrer des fleurs au temple pour l'offrande du matin.

Kel fut chargé de porter de splendides lotus blancs, un collègue des iris.

— La Divine Adoratrice les apprécie, lui confia-t-il.

— L'as-tu aperçue ?

— Jamais.

— Sais-tu où elle habite ?

— Ça, oui ! J'ai déjà déposé des fleurs à sa résidence.

Le garçon ne fut pas avide de détails, et Kel mémorisa le trajet à parcourir.

Le chef jardinier discuta longuement avec les gardes. La porte en bois s'ouvrit, et Kel suivit son patron.

Sa décision était prise : déposer les lotus à l'endroit prévu et s'élancer à toutes jambes vers la résidence de la Divine Adoratrice. Profitant de l'obscurité, il tenterait de s'introduire chez elle et de lui parler.

Pris au dépourvu, les prêtres n'opposeraient qu'une faible résistance. Conscient d'entreprendre une folie, Kel pria Nitis de l'aider.

Il n'eut guère le temps d'admirer les édifices, car une dizaine de gardes entourèrent les porteurs d'offrandes.

— Vous n'allez pas plus loin, déclara un gradé. Remettez les fleurs aux ritualistes.

— Ce n'est pas l'usage, protesta le chef jardinier, je...

— Ordre du juge Gem. Retournez à l'extérieur.

67.

Le miel produit par les abeilles d'Aurore était d'une qualité exceptionnelle. Il ne servait pas à l'alimentation, l'ensemble de la production étant réservé au corps médical thébain. Nitis admira l'habileté de l'apicultrice, et ne manqua pas de lui communiquer quelques indications thérapeutiques. Une compresse enduite de miel, notamment, guérissait les brûlures.

— Je dois livrer une dizaine de pots au médecin de la Divine Adoratrice, annonça Aurore. Acceptez-vous de m'accompagner ?

— Avec joie ! Vous me parlerez de ce temple extraordinaire.

Heureuses d'être ensemble, les deux jeunes femmes trouvèrent le trajet trop court. Aurore décrivit les pylônes, les obélisques, les grandes cours, la salle hypostyle, les maisons des prêtres permanents et la demeure de la Divine Adoratrice qu'elle avait eu la chance de croiser.

— Une femme rayonnante, au regard à la fois doux et impérieux. L'âge n'a pas de prise sur elle. Épouse du dieu Amon, elle tamise sa puissance et maintient l'harmonie en célébrant les rites. C'est elle, le véritable pharaon d'Égypte. L'autre, celui du Nord, ne s'intéresse qu'aux Grecs et à l'armée.

À l'entrée principale du temple, une file d'attente.

Le matin même, le juge Gem avait doublé les effectifs

et renforcé les contrôles. L'officier principal était un ami d'enfance d'Aurore et ne désespérait pas de l'épouser.

— Livraison de miel ?

— Dix pots scellés, à l'intention du médecin de Sa Majesté.

— Bon de commande officiel, s'il te plaît.

— Le voici.

L'officier vérifia.

— L'air du désert te rend encore plus belle, Aurore. Me refuserais-tu un dîner ?

— En ce moment, je suis débordée ! Mais j'y songerai.

— Promis ?

— Promis.

— Tu peux passer.

Nitis tenta de se glisser à la suite de l'apicultrice.

— Halte ! ordonna l'officier. Qui êtes-vous ?

— Une amie, répondit Aurore. Elle m'aide à porter les pots de miel.

— Désolé, aucune personne étrangère au service n'est autorisée à entrer.

— Ne peux-tu faire une exception ?

— Les consignes du juge Gem sont impératives. Je perdrais ma place.

— Je n'ai que deux bras et dix pots !

— J'appelle un prêtre. Vous, dit l'officier à Nitis, ne bougez pas d'ici. Je dois vous interroger et contrôler votre identité.

Il aida Aurore à porter son chargement à l'intérieur et lui trouva de l'aide.

Quand il revint au poste de garde, Nitis avait disparu.

***

Face au juge Gem, Aurore ne perdit pas contenance.

— Où et comment avez-vous rencontré cette femme ?

— Je m'occupais de mes ruches quand elle m'a abordée. Récemment divorcée, elle cherchait un emploi.

— Son nom ?

— Achait, une Syrienne. Mère de trois enfants, elle pleurait misère. Puisque j'avais besoin d'une employée, je l'ai engagée.

— N'était-elle pas accompagnée d'un ou de deux hommes ?

— Je n'ai vu qu'elle.

— D'après l'officier en fonction, vous l'avez qualifiée d'« amie ». Curieux, pour une employée !

— Ses malheurs m'ont touchée, et nous nous entendions bien.

— Si vous dissimulez des faits, même minimes, prévint le juge Gem, vous serez inculpée.

— Je vous ai tout dit.

— Cette femme s'est enfuie ! rappela le magistrat. Elle n'avait donc pas la conscience tranquille.

— Sans doute ai-je été naïve, déplora l'apicultrice. On ne peut pas se méfier de tout le monde.

— À l'avenir, soyez moins crédule et prenez des renseignements avant d'engager quelqu'un. Maintenant, partez.

Ce juge avait l'arrogance des hauts dignitaires du Nord et il détestait les Thébains. Heureuse de lui avoir menti, Aurore espérait que la femme médecin lui échapperait.

***

— Une urgence, dit le cuisinier à Bébon, occupé à nettoyer les écuelles. À part le pot-au-feu, as-tu d'autres spécialités ?

— Les brochettes d'agneau.

— Fabuleux ! Au travail. Je te donne trois heures.

— Les écuelles…

— Je les confie à un collègue. Et je t'apporte la viande.

Bébon la coupa en petits cubes et les fit macérer dans un jus d'oignon et d'huile, légèrement salé.

Ensuite, il les embrocherait et les grillerait.

Vent du Nord ne se plaignait ni de son nouveau travail ni de la nourriture. Il transportait des ustensiles de cuisine, des sachets de condiments et de fines herbes, et savourait les restes de plats variés. Son calme rassurait le comédien. Nitis et Kel devaient donc être libres, mais avaient-ils réussi à contacter la Divine Adoratrice ?

De son côté, échec total et nul espoir de succès en perspective. En raison des nouvelles mesures imposées par le juge Gem, un marmiton récemment engagé serait refoulé au contrôle et subirait un interrogatoire approfondi.

À midi, le cuisinier sortit du four du pain aux figures en forme d'ombelle de papyrus.

— Tes brochettes ?

— Appétissantes à souhait !

— Tant mieux, car notre client est un gourmet difficile à satisfaire ! Et je risque ma réputation.

— De qui s'agit-il ?

— Du meilleur ami du grand intendant Chéchonq. Il rédige les exemplaires du *Livre de sortir au jour*[1] destinés aux demeures d'éternité des hauts dignitaires thébains. Une main exceptionnelle, paraît-il ! Son talent ne l'empêche pas d'apprécier la bonne chère. Chaque semaine, il déjeune en compagnie de Chéchonq. Cette fois, il nous met à l'épreuve. Un privilège remarquable, crois-moi !

1. Connu sous l'appellation impropre de *Livre des morts*.

Le technicien était un personnage austère et compassé. Dès son arrivée, il goûta un dé de viande grillée et un morceau de pain.

La sueur perlait au front du cuisinier.

— Convenable, jugea le gourmet. Demain, vous livrerez six brochettes et deux pains chez le grand intendant.

S'inclinant bien bas, le cuisinier songea au profit qu'il tirerait de ce succès. Fournisseur de Chéchonq et de son meilleur ami !

Bébon, lui, avait d'autres pensées.

Lors de la pause, il se rendit à l'écurie.

— Conduis-moi auprès de Kel ou de Nitis, murmura-t-il à Vent du Nord.

68.

— Ton avis ? demanda le roi Amasis au général Phanès d'Halicarnasse. Et sois sincère !

— Votre fils Psammétique se comporte comme un excellent soldat, Majesté. J'ai rarement vu un jeune homme inexpérimenté accomplir autant de progrès en si peu de temps. Il se montre courageux, presque téméraire, ignore la fatigue et recommence l'exercice jusqu'à la perfection. Sa réputation grandit déjà parmi les hommes de troupe, et il sera un chef respecté.

— Poursuis sa formation, Phanès. Et demeure intransigeant.

— Comptez sur moi, Majesté.

Amasis rejoignit son épouse, chargée d'organiser un grand banquet auquel étaient conviés les principaux officiers supérieurs. Un dîner assommant que le pharaon jugeait indispensable.

— Excellentes nouvelles, ma chère ! Notre fils deviendra un véritable chef d'armée et saura défendre les Deux Terres. Nous pouvons être fiers de lui.

Tanit eut un triste sourire.

— Lui apprendrez-vous à gérer sainement le pays ?

— Je m'en occuperai en son temps, promit le souverain. Ce soir, nous féliciterons des braves et les encouragerons à rester vigilants.

— Psammétique sera-t-il présent ?

— Bien entendu. Je raccourcis ma dernière réunion de travail de la matinée, et nous nous offrons une promenade en barque avant le déjeuner.

Amasis regagna son bureau où l'attendaient le chancelier Oudja et Hénat. Ils avaient la mine des mauvais jours.

— Soyez brefs, exigea le monarque. Le temps est délicieux, et j'ai envie de goûter les charmes de la campagne.

— Le juge Gem a déployé de nombreuses forces de sécurité à Thèbes, indiqua le chancelier. Selon lui, le scribe Kel s'y dissimulerait.

— Cette affaire ne m'intéresse plus. Le traître Péfy éliminé, les comploteurs sont réduits au silence. Leur seul exploit consista à détruire mon casque. Laissons cependant le juge agir : en quadrillant Thèbes, il jugule toute velléité d'opposition. Et la prochaine Divine Adoratrice ne nous causera aucun ennui. Le voyage de notre ami Crésus se prépare-t-il ?

— Il retarde sa venue, déclara le chef des services secrets.

Amasis parut contrarié.

— Connaît-on ses raisons ?

— D'après le message d'un de nos agents parvenu au service des interprètes, il se rendrait d'abord à Samos pour y rencontrer le tyran Polycrate. De mon point de vue, ce dernier n'est pas un allié très sûr.

— Tu te trompes, Hénat ! Comme l'ensemble des Grecs, Polycrate admire l'Égypte et me soutient sans réserve. Il est trop heureux de nous fournir des mercenaires et de recevoir en échange des cargaisons de richesses ! Envoyons-lui une lettre chaleureuse et confions à Crésus notre désir de le revoir bientôt.

Pressé de retrouver la reine et de passer en sa compagnie des heures exquises au fil de l'eau, Amasis abandonna ses conseillers.

*
* *

La ville dormait, paisible.

Contemplant la nuit, le chef des conjurés voyait son plan se dérouler de manière implacable. La phase finale approchait. Il pouvait encore changer le cours du destin et se satisfaire de la situation présente.

Mais la réussite était trop proche, et personne ne l'empêcherait de jouir de son triomphe. La surprise serait totale, les réactions dérisoires. Et si certains inconscients s'obstinaient à résister, ils le paieraient de leur vie.

Un dernier obstacle… Au chef des conjurés de se montrer convaincant et d'utiliser les bons arguments afin de rallier à sa cause l'ultime récalcitrant.

Et s'il échouait, le plan continuerait quand même à s'appliquer.

*
* *

De fort méchante humeur, le juge Gem se rendit au palais du grand intendant. Son dernier entretien avec le responsable du réseau thébain de Hénat ne lui avait procuré aucun élément sérieux. Cet incapable se contentait de vivoter en touchant un bon salaire et n'exigeait pas de ses subordonnés un quelconque effort. Inutile de compter sur lui pour retrouver la piste du scribe assassin et de ses complices.

Le majordome du grand intendant accueillit le magistrat.

— Va chercher ton patron.

— Il se repose et…

— Réveille-le.

Le domestique ne discuta pas.

Gem fit les cent pas dans une antichambre à colonnes, décorée de fresques représentant une multitude d'oiseaux s'ébattant au-dessus des ombelles de papyrus.

Vêtu d'une tunique d'intérieur, décoiffé, Chéchonq apparut.

— Je suis extrêmement mécontent, assena le juge.

— Moi aussi, rétorqua sèchement le grand intendant. Pourquoi autant de policiers surveillent-ils ma demeure ?

— Ils assurent votre protection.

— Renvoyez-les !

— Vous n'avez rien compris, grand intendant. Je donne les ordres au nom du roi, et vous obéissez.

— M'interdiriez-vous d'aller et de venir ?

— Cacheriez-vous des assassins ?

— Fouillez la villa et ses dépendances !

— J'en avais précisément l'intention.

— Ensuite, vous me présenterez vos excuses !

— Une enquête criminelle s'accompagne de multiples investigations, la plupart infructueuses.

— Eh bien, ne vous gênez pas !

— Vu votre position, vous n'avez pas commis la folie d'abriter des comploteurs passibles de la peine de mort. Mais je préfère connaître l'identité de toutes les personnes qui entrent chez vous et en sortent. Ainsi, vous éviterez les tentations malsaines et Thèbes un éventuel scandale.

— Vous perdez la raison, juge Gem !

— Je vous soupçonne d'être à l'origine des faux renseignements parvenant en nombre à la police. Les vérifier exige beaucoup d'efforts inutiles.

— Les Thébains ne cherchent qu'à vous aider.

— Non, à m'égarer ! Et je ne suis pas dupe. Cessez ce petit jeu stupide, ou vous vous en repentirez.

— Indignes d'un juge, vos menaces ne m'impressionnent pas.

— Vous avez tort, car je ne plaisante pas. Il s'agit d'une affaire d'État, et quiconque s'opposera à la loi sera broyé.

— Me voici rassuré, puisque je n'ai nullement l'intention de m'y opposer.

— Détenez-vous des informations concernant le scribe Kel, la prêtresse Nitis et le comédien Bébon ?

— Pas la moindre.

— Si vous apprenez quelque chose, faites-m'en part immédiatement.

— Était-il besoin de le préciser ?

Excédé, le juge Gem se retira.

Thèbes se liguait contre lui et les forces de police. Impossible de fouiller chaque maison et de surveiller en permanence chaque pouce de terrain. Il fallait attendre une faute de la part des fuyards.

69.

Le spécialiste du *Livre de sortir au jour* se réjouissait de partager un excellent repas avec son ami intime le grand chancelier Chéchonq et d'évoquer l'architecture finale de ce recueil de 165 chapitres, héritier des *Textes des Pyramides* et des *Textes des Sarcophages*. La première partie était consacrée aux funérailles, la deuxième au voyage du défunt vers les paradis, la troisième au tribunal des divinités et à la révélation des mystères aux « justes de voix », et la quatrième rassemblait des formules de connaissance, dotées de la puissance du Verbe. Les bénéficiaires choisissaient un certain nombre de chapitres, illustrés d'admirables vignettes, et ces extraits valaient pour la totalité. Fin théologien, Chéchonq s'intéressait à chaque détail et offrait à l'érudit de nouvelles formulations d'idées très anciennes. Ainsi, il soulignait l'importance de la fusion symbolique de Râ, soleil du jour et lumière créatrice, et d'Osiris, soleil de la nuit et lumière de la résurrection.

Bien penser n'empêchait pas de bien manger ! Les justes ne participaient-ils pas à un éternel banquet dont les aliments étaient apportés par les barques solaires ? Vêtu d'une robe de lin immaculée, discrètement parfumé, chaussé de sandales neuves, le technicien sortit de sa villa en songeant au papyrus qu'il terminerait bientôt. Un travail de haute précision, réclamant une parfaite connaissance des textes et une main sûre.

Plongé dans ses réflexions, il traversa une petite palmeraie, proche de la vaste demeure de Chéchonq.

Soudain, un bras lui serra la gorge et lui coupa le souffle.

— Ne résiste pas et ne crie pas. Sinon, je t'égorge.

La vue du couteau de boucher ôta toute velléité de combattre. L'agresseur entraîna son otage à l'intérieur d'une cabane de jardinier où se trouvait son complice, armé d'un gourdin.

Saisie d'effroi, la victime du rapt faillit s'évanouir.

— Ressaisis-toi, l'ami, tu n'es pas encore mort !

— Vous... Je vous reconnais ! Vous êtes un cuisinier !

— Je l'étais, admit Bébon.

— Je ne suis pas riche, je...

— On ne s'intéresse pas à tes biens, trancha Kel, mais à ton ami Chéchonq. Tu vas nous donner le meilleur moyen de pénétrer chez lui.

— Impossible !

Bébon brandit l'impressionnant couteau de boucher.

— Alors, adieu !

— Écoutez-moi, je vous en supplie ! La demeure de Chéchonq est bouclée par un cordon de policiers. Le juge Gem a placé le grand intendant sous étroite surveillance et filtre les entrées comme les sorties. En dépit de ses protestations et de sa colère, Chéchonq ne peut s'opposer aux décisions de ce magistrat qui le déteste.

— Qui le déteste ? s'étonna Kel. Le grand intendant ne serait-il pas le complice du juge ?

— Son pire ennemi, voulez-vous dire ! Il le croit capable de protéger le scribe assassin et...

Le spécialiste s'interrompit, son regard vacilla.

— Seriez-vous... ce scribe-là ?

— Je n'ai tué personne.

— C'est la vérité, affirma Nitis, dont l'apparition subjugua l'ami de Chéchonq.

— La prêtresse, le scribe et le comédien... Vous êtes vivants !

— Et toi, intervint Bébon, tu nous racontes des histoires ! Le grand intendant et le juge sont de mèche et nous tendent un piège. Toi, tu sers d'appât !

— Non, je vous jure que non !

Le couteau devint menaçant.

— Chéchonq désire vous rencontrer et vous aider. Il fait parvenir au juge quantité de faux renseignements et, suivant ses recommandations, la population thébaine refuse de prêter main-forte à la police.

— Je vous crois, dit Nitis. Nous devons rencontrer la Divine Adoratrice au plus vite, et seul le grand intendant nous mènera jusqu'à elle.

— En ce moment, il en est incapable ! Le juge Gem l'observe en permanence.

— Ne pourrait-il déjouer cette surveillance ?

— Sa marge de manœuvre me paraît étroite.

Bébon n'éprouvait guère de confiance envers cet érudit affolé.

— De quoi parlez-vous lors de vos déjeuners, toi et ton ami Chéchonq ?

— Du *Livre de sortir au jour*. Il s'intéresse aux formules de connaissance, et je lui soumets diverses formes de rédaction. Les hiéroglyphes ne contiennent-ils pas les secrets de la création ?

Nitis et Kel se regardèrent. Ils venaient d'avoir la même idée.

— Donne-moi ta palette et un calame.

Le scribe écrivit le texte codé.

— Lis-le à haute voix.

Le spécialiste fronça les sourcils.

— Je... je ne comprends pas un mot !

— Voilà la cause de nos malheurs. Montre ce texte au grand intendant, et qu'il le remette à la Divine Adoratrice. Sans doute le déchiffrera-t-elle.

— Est-ce tellement important ?

— L'avenir de l'Égypte en dépend.

— Bien entendu, vous exigez une réponse... Où vous retrouverai-je ?

Kel lui révéla l'emplacement du local que Nitis avait loué à Thèbes.

— Je vous promets d'agir au mieux, déclara le spécialiste. Je... je peux partir ?

Le scribe hocha la tête, et Bébon regarda s'éloigner leur précieux otage.

— Il nous dénoncera et nous enverra le juge Gem à la tête d'une armée, prédit le comédien. Puisque notre mission est accomplie, sortons de cette nasse avant qu'il ne soit trop tard.

— Je reste, décida Kel.

— Moi aussi, déclara Nitis.

— C'est de la folie !

— Seule la Divine Adoratrice peut proclamer mon innocence, rappela Kel. Et nous devons demeurer à sa disposition.

Bébon renonça à lutter. Il ne se sentait pas de taille à convaincre ce couple d'obstinés.

70.

Kel et Nitis dormaient enlacés, Vent du Nord montait la garde à l'extérieur du local, Bébon tournait en rond. Ils avaient regagné leur abri séparément, réussissant à éviter les patrouilles. « Simple répit », pensait le comédien. Bientôt, ils tomberaient entre les mains du juge Gem. Et son complice, le grand intendant, n'alerterait pas la Divine Adoratrice.

Bref, l'échec total, la prison et la mort. Les Thébains ne lèveraient pas le petit doigt, et ce magistrat acharné obtiendrait enfin son triomphe.

On gratta à la porte.

Armé de son couteau de boucher, le comédien s'en approcha.

Nouveau grattement.

Pourquoi Vent du Nord ne se manifestait-il pas ? Soit l'âne avait été neutralisé, soit le visiteur n'était pas un ennemi.

Bébon entrouvrit.

À la lueur de la lune, il découvrit le visage anxieux du spécialiste du *Livre de sortir au jour*.

— Vous êtes seul ?

— Évidemment ! J'ai eu du mal à vous trouver. Laissez-moi entrer.

Méfiant, Bébon fouilla le technicien et s'aventura sur

le seuil. Les alentours semblaient déserts, Vent du Nord sommeillait.

Nitis et Kel se réveillèrent.

— Avez-vous vu le grand intendant ? demanda le scribe.

— Je lui ai montré le texte codé. Il est incapable de le déchiffrer, mais il le soumettra dès que possible à la Divine Adoratrice.

— Ne s'entretient-il pas avec elle chaque jour ? s'étonna Nitis.

Le spécialiste hésita.

— Pour vous prouver la sincérité et la confiance du grand intendant, je vous confie un secret d'État. Officiellement, la Divine Adoratrice est mourante et ne reçoit plus personne. Chéchonq la rencontre en secret, loin des yeux et des oreilles.

— Autrement dit, le juge Gem la croit incapable de nous aider ! s'exclama Kel.

— Ne bougez surtout pas d'ici et attendez les instructions de Sa Majesté.

***

Une interminable journée s'écoula très lentement. De manière à ne pas intriguer les commerçants voisins, Bébon et Vent du Nord feignirent d'effectuer des livraisons, et ils rapportèrent de quoi boire et manger.

Et la nuit tomba.

Bébon recommença à tourner en rond. Tantôt, il croyait à l'honnêteté de l'érudit ; tantôt, il cédait aux idées noires. Nitis et Kel ne prononçaient pas de paroles inutiles et vivaient chaque instant de leur amour comme s'il s'agissait du dernier.

Vent du Nord gratta à la porte.

Leur allié s'engouffra dans le local, en proie à une excitation visible.

— Le grand intendant a montré le texte codé à la Divine Adoratrice, annonça-t-il d'une voix tremblante. Deux clés sont nécessaires, elle n'en possède qu'une, celle des ancêtres.

— Où se trouve la seconde ? demanda Kel.

— Au cœur de la nécropole d'Occident, sous la forme de quatre vases dédiés aux fils d'Horus [1].

— Sa Majesté connaît-elle leur emplacement précis ?

— Malheureusement non. Un seul homme pourrait vous renseigner : le momificateur principal.

— Contacte-le immédiatement !

— Désolé, nous sommes brouillés.

— Cause de la discorde ?

— Ce sinistre personnage ne songe qu'au profit. Voilà longtemps que le grand intendant aurait dû le remplacer ! Mais le travail est bien fait, et personne ne se plaint. Officiellement grabataire, la Divine Adoratrice ne saurait le convoquer à Karnak. Et il ne répondra pas au grand intendant, car il a probablement volé ces vases d'une valeur inestimable, façonnés à l'intention du prédécesseur de Chéchonq, ex-membre du service des interprètes et grand amateur de langage codé. « Mon chef-d'œuvre, avait-il confié à notre souveraine, je l'ai inscrit sur ces vases. »

« Enfin, pensa Kel, l'affaire prend bonne tournure ! »

Le technicien parut abattu.

— Hélas ! vous vous heurtez à une impasse. Le momificateur ne parlera pas. L'enquête concernant la disparition de ce trésor n'a pas abouti, et ce voleur gardera son secret.

1. Les vases dits « canopes ».

— Moi, avança Kel, il ne me connaît pas. Procure-moi des vêtements de luxe et un lingot d'argent.

— Compteriez-vous... l'acheter ?

— Proposes-tu une autre solution ?

— Je vous préviens, ce bandit est rusé et méfiant ! À votre place, je renoncerais.

— À ma place, tu serais mort depuis longtemps. Gâcher la chance qu'offrent les dieux me conduirait au néant.

Nitis ne formula pas d'objection.

— Et moi, précisa Bébon atterré, je vais jouer ton porte-sandales ?

— Comment as-tu deviné ?

— Nous ne parviendrons même pas à traverser le Nil !

Le spécialiste intervint.

— Les soldats ne contrôlent pas la totalité des bacs. Le grand intendant en possède trois, et l'un d'eux est réservé à ses visiteurs étrangers. Un dignitaire libanais, accompagné de son serviteur et de son âne, ne devrait pas être inquiété.

Les poings sur les hanches, Bébon ne dissimula pas son étonnement.

— Tu as des idées, maintenant ! Ce sera tout ?

— Euh... non. Le batelier sera informé et discutera avec l'officier de garde, au débarcadère. Il lui expliquera que vous parlez à peine l'égyptien et que vous voulez visiter les parties accessibles des temples de millions d'années. Un guide, également prévenu, vous accompagnera. En réalité, il vous conduira auprès du momificateur principal. Ensuite, à vous de jouer.

— Merci du conseil !

— Nous ne nous reverrons probablement pas. Puissent les dieux continuer à vous protéger.

— Les vêtements et le lingot ? s'inquiéta Bébon.

— Le grand intendant le sortira demain du trésor de Karnak. Soyez au marché du port quand le soleil atteindra le sommet du ciel. Un grand Nubien, vendeur de balais, vous les remettra. Je suis heureux de vous avoir connus et, à titre personnel, je vous souhaite bonne chance.

Après le départ du technicien, Bébon explosa.

— Superbe, un piège superbe ! Belles paroles, belles intentions, beau plan et beau trio de naïfs croyant à l'impossible !

— Grâce à toi, observa Kel, nous en avons pris l'habitude. Si l'ami du grand intendant était à la solde du juge, nous serions déjà arrêtés.

— En flagrant délit de vol de lingot, sous les yeux de la population de Thèbes, ce sera beaucoup mieux ! Cessons de rêver, je vous en supplie, et quittons cette ville.

— Nous venons d'obtenir des renseignements décisifs, jugea Nitis. Renoncerais-tu à les exploiter ?

— Il s'agit probablement de pures inventions !

— Je pense le contraire.

Bébon s'assit, effondré.

— Un piège, je vous dis.

71.

Le momificateur principal de la nécropole thébaine était à la fois envié et détesté. Envié, parce que de nombreux pots-de-vin complétaient son salaire ; détesté, car il accomplissait une sale besogne en extrayant les viscères de cadavres, opération indispensable avant de transformer la dépouille en corps osirien et support de résurrection.

Et puis il exploitait à merveille la situation, particulièrement favorable en raison de la pénurie de tombes ! L'administration l'autorisait à vendre des sépultures entières ou des parties de celles-ci à des particuliers en quête d'une dernière demeure. Chaque transaction lui rapportait gros, et il touchait des rémunérations occultes lorsqu'il effectuait des momifications de première classe, exigeant de nombreux produits et un outillage varié. Aussi abandonnait-il les pauvres et les petits bourgeois à ses assistants. Sommairement embaumés, ils seraient desséchés par le sable du désert. Lui savait manier les scalpels, le fer recourbé servant à extraire le cerveau, les produits dissolvants, les conservateurs et les parfums. Ces substances coûteuses, parfois rares, faisaient l'objet d'un commerce florissant.

La mort enrichissait le momificateur principal, certain de ne jamais manquer de clients désireux d'avoir une momie parfaite et une confortable demeure d'éternité. Le moment était venu d'augmenter ses tarifs.

— On vous demande, l'avertit son assistant.

— Un fonctionnaire de la rive est ?

— Non, un étranger richement vêtu.

— Un futur acheteur... Laisse-le patienter un moment. Celui-là, il paiera le prix fort !

***

À la surprise de Bébon, le plan prévu s'était déroulé sans anicroche. Le vendeur de balais, les vêtements, le lingot d'argent, le préposé au bac, le guide... Pas une fausse note. Au débarcadère, le contrôle n'avait été qu'une formalité.

Kel et lui se retrouvaient dans un endroit sinistre, une sorte de village formé des ateliers de momification. D'étranges odeurs agressaient les narines, et les employés, le dos voûté, se déplaçaient en silence. Vent du Nord lui-même semblait mal à l'aise.

— Le piège, estima Bébon, c'est maintenant ! On va nous transformer en momies. Tu as vu la tête de ces bonshommes ? Ils me glacent le sang.

— Nous touchons au but, affirma Kel, imperturbable.

— Drôle de fin, au milieu de ces embaumeurs !

Un quadragénaire au front bas vint les chercher.

— Le patron vous attend.

Les murs de son antre étaient recouverts de noir de fumée. Sur des tables basses, d'inquiétants outils au tranchant aiguisé.

Le momificateur examina le scribe de la tête aux pieds.

— Renvoie ton domestique.

Bébon ne fut pas mécontent de retourner à l'air pur.

— D'où viens-tu ? demanda le maître des lieux à son visiteur.

— Je suis riche, très riche, et je paierai un bon prix ce que je désire.

— Louables intentions ! Et que désires-tu ? Une momification de première classe et une tombe ancienne chargée de magie, je suppose ?

— Tu te trompes, je veux un trésor.

Le momificateur fut intrigué.

— C'est toi qui te trompes d'interlocuteur.

— Rassure-toi, mes renseignements sont exacts. Je veux les quatre vases canopes appartenant au prédécesseur du grand intendant Chéchonq.

— Ah, cette vieille histoire ! Ils ont été égarés.

— Toi, tu connais leur emplacement.

— Je ne suis pas un voleur !

— T'ai-je accusé ? Simple transaction commerciale : tu vends, j'achète.

— Je ne possède pas ce trésor-là.

— Refuserais-tu de l'échanger contre deux lingots d'argent ?

Un long silence succéda à cette question. Le momificateur peinait à maîtriser son émotion et tentait d'imaginer l'ampleur de sa nouvelle fortune.

— Une vieille histoire... Mais la mémoire pourrait me revenir.

— Prends ton temps, recommanda Kel.

— Deux lingots d'argent... Tu te moques de moi ! Montre-les.

— Je te donne le premier.

Les yeux du momificateur sortirent de sa tête. Il caressa la merveille.

— Le second, précisa Kel, tu le recevras après m'avoir remis les quatre vases.

— Et si je me contentais de celui-là ?

— Tu n'en profiterais pas longtemps. Mes amis détestent les malhonnêtes.

— Je plaisantais, voyons ! Allons chercher ton dû.

Le momificateur guida le scribe jusqu'à la nécropole proche du temple de Deir el-Bahari. Là avaient été creusées d'immenses tombes, comportant des superstructures en brique crue et de vastes cours à ciel ouvert donnant accès à de nombreuses chambres souterraines. Les parois étaient couvertes de scènes inspirées des mastabas[1] du temps des pyramides, prolongeant ainsi la tradition de l'âge d'or.

— Voici la demeure d'éternité du prédécesseur de Chéchonq, précisa le momificateur. Son sarcophage repose au fond d'un puits très profond. Après l'inhumation, il fut rempli de sable, rendant les richesses du défunt inaccessibles. Mais il existe un autre puits relié au caveau par un couloir voûté. Je crois me souvenir que les quatre vases ont été cachés là.

— Passe en tête.

Le momificateur ôta quelques briques et, d'une cache, sortit une corde à nœuds. Il la fixa solidement à une poutre et entama la descente.

Hésitant, Kel le suivit.

À aucun moment, il ne devait relâcher sa vigilance car son guide n'avait forcément qu'une idée en tête : se débarrasser de lui. Il ne croyait pas au second lingot et se contenterait de la fortune si facilement acquise.

1. Nom donné aux tombes de l'Ancien Empire. Ce mot arabe, signifiant « banquette », évoque la superstructure de ces monuments.

Le scribe atteignit le fond du puits secondaire. En partait un couloir étroit.

— Tu es arrivé juste à temps, révéla le momificateur. La semaine prochaine, je comptais le remplir de sable.

— Et tu aurais perdu les vases ?

— Pour qui me prends-tu ? J'avais prévu une autre cachette.

— Sors-les.

Le technicien fit pivoter l'une des pierres du couloir.

— Viens voir.

Les quatre canopes reposaient à l'intérieur d'une niche. En albâtre, d'une rare élégance, les vases étaient d'authentiques chefs-d'œuvre.

À l'instant où Kel extrayait le premier, le momificateur s'enfuit en courant. Il grimpa à la corde avec une rapidité extraordinaire et, parvenu à l'orée du puits, la ramena à lui.

— Tu auras une belle sépulture ! cria-t-il à l'intention du scribe. Sous la masse de sable qui va t'ensevelir, personne n'ira te rechercher.

Le malfaisant ne savoura pas longtemps son succès.

Soudain, un choc violent à la nuque, la vue brouillée et l'évanouissement.

Le coup de gourdin de Bébon avait été fort et précis. Écartant du pied le corps inerte, il remit la corde en place.

— Tu es toujours en bas, Kel ?

— J'ai les quatre vases !

— Remonte doucement, ne les casse pas !

L'opération s'effectua sans difficulté.

— Vent du Nord et moi avons dû neutraliser les deux assistants de cette ordure, expliqua Bébon. Ils ont manqué de promptitude. Eux et leur patron souffriront de solides migraines.

Le comédien reprit le lingot d'argent.

— Nous le redonnerons au temple, décida Kel.

Bébon redoutait cette rigueur morale. Malheureusement, pas question de discuter.

Le scribe déposa délicatement les vases dans les sacoches de Vent du Nord, et le trio se dirigea vers l'embarcadère.

72.

Grâce à l'efficacité des hommes du grand intendant, le retour à Thèbes s'était effectué en toute sérénité. À l'extrémité du quai et à l'abri des regards, Kel avait troqué sa tunique luxueuse contre un pagne de paysan. Prenant chacun un chemin différent, le scribe et le comédien, aux côtés de Vent du Nord, regagnèrent leur refuge où les attendait Nitis.

Au regard du scribe, elle comprit.

— Tu as réussi !

Les deux amants s'enlacèrent avec fougue, Bébon sortit rapidement les vases des sacs et pria Vent du Nord de monter la garde à l'extérieur.

— Quand vous aurez terminé vos effusions, dit le comédien, nous nous mettrons au travail.

À tête d'homme, le premier vase contenait le foie du défunt. Portant le nom d'Imset, il ouvrait à l'âme le chemin du ciel du sud. À tête de babouin, le deuxième, Hâpy, abritait la rate et l'estomac, et garantissait un heureux passage à l'occident. Le troisième, Douamoutef, à tête de chacal, recélait les poumons et la trachée-artère. Il correspondait à la lumière du nord. Enfin, Kebehsenouf à tête de faucon protégeait les intestins, les vaisseaux et les conduits extraits du cadavre par l'embaumeur. Sa puissance permettait de vivre l'orient.

Ensemble, les quatre fils d'Horus participaient au

processus de transmutation de la dépouille mortelle de l'individu en corps osirien immortel. Associés, ils recomposaient l'intérieur de l'être d'Osiris et le ramenaient à la vie lors de la célébration des rites.

Restait à découvrir le code dont ces quatre vases-là étaient porteurs.

Kel lut les textes, parfaitement clairs.

Ces génies bienfaisants repoussaient les agresseurs visibles et invisibles, veillaient en permanence sur le « juste de voix », le conduisaient à un nouvel éveil et préservaient sa vie au-delà de l'épreuve de la mort.

Pas l'ombre d'une écriture cryptée.

À la déception initiale succéda la volonté de percer le mystère.

— Le destinataire de ces objets maîtrisait les hiéroglyphes, rappela Kel. Essayons d'inverser le sens de lecture.

Peine perdue.

À tour de rôle, Kel et Nitis tentèrent vainement d'appliquer des grilles de décryptage.

Pas le moindre résultat.

— Nous nous trompons de méthode, estima la jeune femme. Et si le secret se trouvait dans les signes eux-mêmes ?

Bébon et Kel approchèrent les torches des vases. La lumière mit en relief les hiéroglyphes.

— Regardez bien ! Le *I*, initiale d'Imset, le *H*, celle de Hâpy, sont gravés beaucoup plus profondément que les autres lettres.

— *IH*, allusion au sistre des divinités ? s'interrogea le scribe.

— Les noms des deux derniers fils d'Horus ne comportent pas cette anomalie, observa la prêtresse. Mais leur signification me semble riche d'enseignements ! Douamoutef est « Celui qui vénère sa Mère », à savoir Isis-Hathor qu'incarne la Divine Adoratrice, dont l'un des actes rituels majeurs consiste à manier les sistres afin de repousser le mal.

— Et Kebehsenouf ? demanda Bébon, impressionné.

— Il est « Celui qui rafraîchit son frère », Osiris ressuscité par l'eau céleste.

— Nous ne sommes guère avancés, déplora le comédien.

— Au contraire ! En procurant ces éléments à la Divine Adoratrice, elle pourra sans doute nous fournir l'ultime clé, soit son propre sistre, soit l'eau de régénération du lac sacré. Il ne nous reste qu'une étape à franchir avant de connaître la vérité.

— Étape malheureusement infranchissable, estima Bébon. Le juge Gem a transformé Karnak en camp retranché. À l'évidence, il veut isoler la Divine Adoratrice, même mourante, et ne pas lui permettre de nous secourir.

— J'ai une idée, affirma Kel.

Le comédien se mordit les lèvres. De nouveau, on pouvait craindre le pire !

Et Bébon ne fut pas déçu. Le plan du scribe relevait de la pire démence.

— Seule difficulté, conclut-il : le transmettre à Chéchonq.

— Insurmontable !

— Tu détiens la solution, avança Nitis.

— Je ne franchirai pas le cordon de police ! objecta Bébon.

— Toi, non. Mais ton amie Aurore devrait y parvenir.

Revoir une jolie femme ne déplaisait pas au comédien. Ils évoqueraient d'agréables souvenirs et savoureraient le moment présent ; pour le reste, l'apicultrice déciderait.

***

Le juge Gem déprimait.

Encore une dizaine de rumeurs et de dénonciations à vérifier ! À Thèbes, des centaines de gens avaient repéré le scribe Kel et ses complices dont le nombre variait considérablement selon les témoignages. Et toutes ces investigations ne donnaient aucun résultat !

On se moquait de lui. À l'instigation du grand intendant, la ville entière se liguait contre le représentant de l'État et l'empêchait de mener sa mission à bien. S'attaquer directement à Chéchonq ? Inutile. Les Thébains vénéraient la Divine Adoratrice et admiraient son Premier ministre.

Bébon, un espion au service de Hénat, chargé d'infiltrer le réseau de Kel ? Espoir déçu ! Il aurait déjà vendu le scribe et touché une forte prime.

En terrain hostile, impuissant malgré le déploiement de policiers et de soldats, le juge éprouvait parfois une sorte de vertige. Sans douter de la culpabilité de Kel, il se demandait si le scribe n'avait pas été manipulé. Les documents codés en possession du magistrat demeuraient muets, et certaines explications manquaient.

Le pouvoir l'aurait-il manipulé, lui aussi ? Invraisemblable ! La chaleur, la fatigue et les échecs étaient à l'origine de ces divagations, indignes du chef de la magistrature.

Gem se remit au travail et consulta la liste des visiteurs du grand intendant, hélas tous identifiés ! Pourtant, les comploteurs devaient prendre contact avec lui. Aussi le juge s'appuya-t-il sur sa principale vertu : la patience.

***

Bébon était un vaurien et un menteur, mais aussi un merveilleux amant. Et Aurore ne regrettait pas de lui avoir cédé, une nouvelle fois. Elle avait passé une nuit à la fois exaltante et amusante, et aurait souhaité pouvoir retenir encore cet imprévisible comédien.

À l'issue de ces moments de plaisir, comment lui refuser le service demandé, d'autant qu'elle appréciait la jeune femme qui l'avait aidée à transporter des pots de miel ?

Au couchant, l'apicultrice se présenta aux policiers gardant la villa de Chéchonq.

— J'apporte une commande au grand intendant, déclara-t-elle.

— Attends ici, on prévient son majordome.

Importuné alors qu'il préparait un banquet, ce dernier ne cacha pas son irritation.

— De quoi s'agit-il ?

— Je veux voir le grand intendant.

— Pour quel motif ?

— Je le lui dirai moi-même. Si tu tiens à ton poste, ne me renvoie pas.

Troublé, le majordome préféra ne pas prendre de risques et osa déranger son patron, lequel reconnut l'apicultrice.

— Je ne t'ai rien commandé, s'étonna Chéchonq.

— Rappelez-vous, dit Aurore avec gravité, vous aviez besoin d'un pot de mon meilleur miel. Ne contient-il pas d'irremplaçables vertus ?

— Je me souviens, en effet, et je saurai les apprécier.

Chéchonq n'avait pas mis longtemps à comprendre. Ne laissant à personne le soin d'ouvrir le pot, il y trouva une plaquette en bois couverte de hiéroglyphes de la main de Kel.

La proposition du scribe était ahurissante.

Le grand intendant la soumettrait néanmoins à la Divine Adoratrice, qui la jugerait forcément inacceptable.

73.

Modestement vêtue, Nitis se présenta à la grande porte de Karnak en compagnie de Vent du Nord. Venus par des chemins séparés, Kel et Bébon la rejoignirent.

Le comédien se demandait pourquoi il participait à cette aventure démente. Ils n'avaient pas la moindre chance de réussir, perdraient le bénéfice de leurs succès antérieurs et seraient ramenés à Memphis dans un bateau prison. Nul argument n'avait dissuadé le scribe et la prêtresse d'accomplir cette folie.

— Halte ! ordonna un garde.

— Je livre des objets précieux à la Divine Adoratrice, déclara Nitis d'une voix sereine.

La beauté de la jeune femme émut le soldat, mais il devait respecter les consignes.

— Rends-toi à l'accès des fournisseurs. La police vérifiera ton identité.

— Quand tu auras vu ce trésor, tu me laisseras passer.

Kel et Bébon sortirent les vases canopes des sacs de Vent du Nord. Chacun en éleva deux vers le ciel.

— Regardez, clama Kel, regardez les fils d'Horus ! Ils recréent la vie de leur père Osiris, et nous venons les offrir à la Divine Adoratrice !

Le silence envahit le parvis. Frappés de stupeur, les gardes reculèrent. En quelques instants, une foule de badauds vint assister à l'événement.

Un gradé fut le premier à se reprendre.

— Seriez-vous des ritualistes ? Vous n'en avez pas l'apparence !

— Laisse-nous passer, insista Nitis.

— Hors de question ! Les ordres sont les ordres.

— Prends garde à la colère des dieux.

— Tu parles comme une prêtresse ! Une prêtresse… et deux hommes, le scribe et le comédien !

Les Thébains affluaient.

Le gradé en tremblait d'émotion. Il venait d'identifier Kel l'assassin et ses deux principaux complices !

La prime serait à la mesure de l'exploit.

— Arrêtez-les, ordonna-t-il à ses subordonnés, et qu'on prévienne le juge Gem.

Les soldats s'approchèrent, hésitants. Les quatre vases canopes n'émettaient-ils pas une énergie dangereuse ?

— Vous ne risquez rien, assura le gradé. Ils ne sont même pas armés !

Bébon savourait ses derniers instants de liberté, regrettant de n'avoir pas su convaincre ses amis de revenir à la raison.

Brandissant lances et épées, les soldats les encerclèrent.

Soudain, un bruit étrange et grave.

La grande porte en bois doré de Karnak s'ouvrait lentement. Et tous les regards se tournèrent vers la frêle silhouette qui apparut sur son seuil.

Vêtue d'une longue robe blanche moulante, le cou orné d'un large collier en or, la Divine Adoratrice portait la couronne de cérémonie : coiffe imitant une dépouille de vautour, symbole de la déesse Mout, surmontée de deux petites cornes évoquant Hathor et de deux hautes plumes à la base desquelles naissait un soleil.

La plupart des Thébains n'avaient jamais vu leur

souveraine. Heureux et admiratifs, ils s'inclinèrent en signe de respect.

Nitis, Kel, Bébon et même Vent du Nord s'agenouillèrent.

Les soldats, eux, s'écartèrent. La gorge sèche, dépassé, le gradé rentra dans le rang.

— Majesté, dit la prêtresse, nous vous faisons offrande de ces quatre vases appartenant à l'un de vos serviteurs, et dont il avait été spolié. Puisse la justice de Maât continuer à régir la cité sainte de Thèbes.

— Relevez-vous, décréta la Divine Adoratrice, et soyez mes hôtes.

Bébon n'en croyait pas ses yeux : le plan se déroulait à la perfection !

— Interpellez immédiatement ces criminels ! fulmina le juge Gem, essoufflé, fendant la foule à coups de coude.

Des grondements s'élevèrent.

Le grand intendant Chéchonq retint le magistrat.

— Contrôlez-vous, Sa Majesté vient d'accorder l'hospitalité à ces porteurs d'offrandes, désormais intégrés à la hiérarchie des ritualistes.

Le magistrat repoussa Chéchonq, l'animosité de la foule s'amplifia.

— Arrêtez ces criminels ! exigea de nouveau le juge.

Les armes baissées, les soldats demeurèrent figés.

— Calmez-vous, conseilla le grand intendant à Gem. Les paroles de la Divine Adoratrice ont force de loi, et ces trois ritualistes sont placés sous sa protection. Leur porter atteinte déclenchera la fureur de la population, et je ne parviendrai pas à l'éteindre.

Le juge enrageait.

Ils étaient là, à portée de main, et pourtant inaccessibles !

Gem s'adressa à la Divine Adoratrice.

— Majesté, livrez-moi ces criminels !

Le regard de la souveraine fit taire le magistrat.

Elle se retourna, et Vent du Nord fut le premier à la suivre en franchissant le seuil du temple. Nitis, Kel et Bébon lui emboîtèrent le pas, formant une procession.

Et la grande porte de Karnak se referma.

74.

— Je vous assigne à résidence, annonça le juge Gem au grand intendant, et je vais ordonner à la troupe d'envahir ce temple et d'arrêter les criminels.

— Double erreur, estima Chéchonq. Si vous m'empêchez de remplir correctement ma fonction, la gestion de la province sera désorganisée, et le roi vous le reprochera. Quant à vous attaquer à Karnak, le domaine de la Divine Adoratrice, n'y songez pas ! Vous provoqueriez un soulèvement populaire et commettriez un crime de lèse-majesté que le pharaon ne vous pardonnerait pas.

Le grand intendant avait malheureusement raison.

— Puisque vous connaissez la résidence du scribe Kel, suggéra Chéchonq, vous devriez lever le dispositif militaire et policier qui importune tant les Thébains.

— Le temple sera surveillé en permanence, prévint le magistrat, et aucun des trois délinquants ne pourra en sortir !

— Nul n'en doute, admit le grand intendant. Viendrez-vous dîner chez moi, ce soir ?

— Je ne crois pas.

— Vous avez tort, mon cuisinier prépare des rognons en sauce inégalables. Même au dernier moment, vous serez le bienvenu.

Le juge Gem éprouvait des sentiments contradictoires. D'un côté, il pestait de ne pouvoir appréhender ce trio dont il avait fini par retrouver la trace, à la suite d'une longue traque ; de l'autre, il se consolait en les voyant prisonniers de Karnak.

Et la patience lui dictait sa conduite.

Quoiqu'elle ne fût pas mourante, la Divine Adoratrice ne vivrait peut-être pas très longtemps. Celle qui lui succéderait souhaiterait sans doute se débarrasser de ces hôtes encombrants et les remettrait à la justice.

***

Subjugué, Bébon aurait aimé jouer le rôle d'un dieu dans l'immense salle hypostyle ou près du lac sacré, le plus grand d'Égypte. Pointés vers le ciel, les obélisques dissipaient les ondes nocives et captaient les énergies créatrices, expressions de la puissance divine.

À lui seul, le domaine sacré de Karnak était une véritable ville, sans cesse en activité. Mais il fallait différer son exploration, car la Divine Adoratrice, Kel et Nitis avaient hâte de percer enfin le mystère du texte codé.

L'élégance souveraine de la vieille dame éblouit le comédien. Reine, elle l'était depuis sa naissance. Et le dieu Amon n'aurait pu trouver meilleure épouse.

À l'ombre d'un kiosque, au bord du lac, des sièges, une table basse, un papyrus et du matériel d'écriture. Ici, la Divine Adoratrice s'était entretenue avec Pythagore avant de l'initier à certains mystères. Favori rongeait un os, Jongleur dégustait des figues.

— À présent, leur dit-elle, racontez-moi votre histoire en détail.

Principal accusé, Kel prit la parole en premier ; puis Nitis apporta des précisions. Quand vint le tour de Bébon, il n'avait rien à ajouter.

— Écrivez le texte codé.

Sous le contrôle de Nitis, Kel s'exécuta. Ils l'avaient tant étudié que la mémoire ne risquait pas de leur manquer.

La Divine Adoratrice demanda à deux ritualistes de lui apporter le sistre-Puissance et un vase en forme de cœur, rempli d'eau du lac sacré.

— Les ancêtres détenant le code étaient les fils d'Horus, et leur disparition nous empêchait de découvrir la vérité. En les retrouvant, vous me donnez la possibilité d'utiliser mes propres clés. À l'évidence, cet assemblage de hiéroglyphes est le produit d'un envoûtement. Nous devons d'abord le dissiper.

La Divine Adoratrice mania le sistre au-dessus du texte.

Des sons aigrelets et métalliques déchirèrent les oreilles de Bébon. Les gestes lents de la vieille dame déclenchaient un véritable vacarme, à peine supportable.

Puis le calme revint.

Le texte, lui, demeurait identique. La magie du sistre, capable de déclencher la puissance animatrice d'Amon et d'apaiser les forces destructrices, avait-elle été efficace ?

— Un organe échappe à la protection des fils d'Horus, précisa la Divine Adoratrice : le cœur. Jamais il n'est déposé dans un vase canope. Siège de la conscience et de la pensée, il doit être extrait du corps, lavé et rendu imputrescible. Ensuite, le momificateur le replace dans le thorax ou le remplace par un cœur de pierre, sous la forme du scarabée des métamorphoses. Il nous faut donc purifier ce texte en le débarrassant de ses obscurités.

La souveraine de Karnak versa de l'eau sur les signes.

Déçus, Nitis et Kel n'aperçurent aucune modification.

À trois reprises, et sans précipitation, la Divine Adoratrice recommença.

Le vase en forme de cœur était vide.

Constatant l'échec, Bébon éprouva une sorte de désespoir. L'aventure se terminait de manière désastreuse.

De façon presque imperceptible, certains signes commencèrent à s'effacer. Le processus s'accéléra, et ne subsistèrent qu'une cinquantaine de hiéroglyphes.

Une première lecture offrit des résultats partiels. Kel brisa les derniers obstacles : plusieurs mots devaient être déchiffrés à l'envers.

Alors apparut la vérité, celle qui avait causé tant de crimes.

Nous, reine Ladiké, proclamait la fin du texte, *changerons la destinée de l'Égypte en détruisant les anciennes coutumes et le trône du pharaon. La frontière nord-est du pays sera ouverte grâce aux officiers grecs, et le pays libéré de l'oppression d'Amasis. Que l'empereur de Perse agisse avec prudence et attende mon signal. Ensemble, nous triompherons.*

— Ladiké est l'ancien nom de la reine Tanit, rappela la Divine Adoratrice. Ainsi, la trahison gangrène le cœur de l'État !

— Avertissons au plus vite le pharaon, préconisa Kel.

— Je crains qu'il ne soit trop tard.

— Majesté, avança Nitis, convoquez le juge Gem et persuadez-le de partir immédiatement pour Saïs. Il montrera ce texte au roi et empêchera le pire.

75.

Le ciel de Saïs était bouché.

Migraineux, le roi Amasis n'avait pas envie de se lever. Et ce triste temps ne l'incitait pas à se consacrer aux affaires de l'État.

À peine dégustait-il son petit déjeuner que le chef des services secrets, Hénat, demanda audience.

— Majesté, la situation est grave !

— Quoi encore ?

— Un rapport d'un de nos agents implantés en Palestine. Le service des interprètes a malheureusement mis beaucoup de temps à le traduire et à me le transmettre.

— Une révolte de Bédouins ?

— L'armée perse déferle vers nous.

— Tu te moques de moi !

— Ravitaillé par les nomades de l'isthme de Suez, l'ennemi progresse à grande allure.

— Ce rapport ne serait-il pas pure invention ?

— Un second parle d'une attaque maritime. Les Phéniciens et le tyran Polycrate de Samos auraient collaboré avec les Perses.

— Invraisemblable ! Jamais mes alliés grecs ne m'auraient trahi.

Amasis se fit servir une coupe de vin rouge et s'habilla lui-même à la hâte, décidé à convoquer un conseil de guerre. La puissance militaire égyptienne écraserait l envahisseur.

— Renoncez, préconisa la voix glaciale de la reine Tanit. Tout est fini.

Le roi crut avoir mal compris.

— Que voulez-vous dire ?

— Votre armée ne se battra pas.

— Vous êtes folle !

— Depuis de nombreuses années, j'attendais cet instant, révéla Tanit, les yeux enfiévrés. Tu n'as rien vu et rien compris. Moi, la Grecque bafouée, trompée et méprisée, j'ai su convaincre tes alliés de se détacher peu à peu d'un médiocre pharaon et de se rallier à l'empereur des Perses. Crésus et son épouse Mitétis, ravie de venger son père que tu as assassiné, m'ont procuré une aide décisive. En tant qu'ambassadeur, il a persuadé les princes grecs de t'abandonner. Et c'est également Crésus qui a préparé l'invasion, en achetant les chefs des tribus bédouines et les Palestiniens. Les Perses n'ont rencontré aucune résistance, leur armée de terre et leur flotte progressent vite et atteindront bientôt le Delta.

Amasis éprouvait de la peine à respirer.

— Ma marine de guerre, dix fois supérieure à la leur, la détruira ! Mon infanterie et ma cavalerie anéantiront leurs troupes. Phanès d'Halicarnasse conduira les mercenaires à une éclatante victoire !

Tanit eut un sourire cruel.

— Pauvre naïf ! Tu as vendu la défense de ton pays aux Grecs sans même t'en apercevoir. Phanès et les officiers supérieurs m'obéissent au doigt et à l'œil. Ton général en chef a livré à Crésus les clés du dispositif de défense égyptien, et pas un mercenaire ne se battra contre son nouveau maître, l'empereur de Perse.

— Oudja commandera mes amiraux !

— Le chancelier sait où se trouve son intérêt. Comme il tient à la vie et à ses privilèges, il a choisi de livrer la totalité de la flotte égyptienne à la marine perse. Aucun bateau ne sera coulé, et Cambyse se montrera magnanime envers les dignitaires qui se soumettront. Ce palais ne t'appartient déjà plus.

Une violente douleur déchira la poitrine d'Amasis.

— Oudja... Oudja m'a trahi, lui aussi !

— Il s'est adapté, ironisa la reine, et deviendra un fidèle serviteur de l'empereur. Quant à ton chef des services secrets, Hénat, je l'ai rendu sourd et aveugle. Privé du service des interprètes, il n'a songé qu'aux querelles internes et à son médiocre combat contre le juge Gem. S'il se montre raisonnable, nous lui réserverons un poste honorifique. Le magistrat, lui, sera destitué. À l'antique justice de Maât, que tu as si souvent piétinée, se substituera celle des Perses. Enfin, l'Égypte disparaîtra !

— Notre fils, Psammétique... Il soulèvera la population et résistera !

— Cet écervelé aurait-il envie de se suicider ?

— Tanit... Il s'agit de notre fils !

— À lui de choisir son camp. S'il se trompe, il mourra.

La douleur s'intensifia. Manquant d'air, Amasis fut contraint de s'asseoir.

— Quelle joie de te voir souffrir et t'effondrer ! Fasciné par les Grecs qui te méprisent, tu auras mené l'Égypte à la décadence et à la ruine. Demain, elle ne sera qu'une province de l'Empire perse. Le jour où j'ai détruit ton casque de général victorieux, j'ai anéanti ta magie. Et l'affaire du scribe assassin m'a magnifiquement servie. Cet innocent récalcitrant et ses complices auront droit à une belle exécution en place publique.

— Tanit… Ce n'est qu'un cauchemar ! Vous ne me haïssez pas à ce point !

La reine éclata de rire.

— Paresseux, ivrogne, coureur de filles, guerrier déchu, crédule incapable de juger son entourage… Tu mérites ton sort.

— Saïs, ma capitale ! Elle résistera jusqu'au bout.

— Phanès[1] l'offrira à Cambyse, et chacun s'inclinera devant l'empereur perse. Compte sur moi : il jouira d'un accueil triomphal.

Les yeux d'Amasis se révulsèrent, les traits de son visage se contractèrent, il n'eut même pas la force de porter les mains à sa poitrine et s'écroula.

La reine le ferait inhumer dans le tombeau prévu à son intention, de manière à ne pas choquer la population, encore attachée aux anciennes coutumes. Les Perses imposeraient vite les leurs.

En sortant de la chambre de son défunt mari, Tanit se heurta à Hénat.

— Majesté, je dois revoir le roi de toute urgence !

— Amasis est mort.

— Mort ! Et ces nouvelles terrifiantes…

— Explique-toi.

— C'est incompréhensible, les Perses n'auraient pas rencontré d'opposition et se dirigeraient vers Saïs !

— Sachons reconnaître notre défaite, mon brave Hénat. Nous épargnerons ainsi quantité de vies humaines.

— Majesté, cela signifierait… l'occupation perse !

— Souhaiterais-tu leur résister ?

1. La trahison du général Phanès d'Halicarnasse, la collaboration d'Oudja-Hor-resnet et la complicité active de Crésus sont des faits historiques.

La réflexion fut brève.

— Je ne vois pas comment !

— Alors, accepte la réalité, et tu resteras directeur du palais.

Hénat acquiesça.

— Prépare l'arrivée de Cambyse, ordonna Tanit. Je veux une réception somptueuse.

76.

Au cœur de la nuit, la Divine Adoratrice emmena Nitis au lac sacré[1] de la déesse Mout, en forme de croissant de lune.

La vieille dame et la jeune prêtresse contemplèrent les eaux argentées que faisait onduler un vent frais.

— Voici la matrice du monde, révéla la Divine Adoratrice. Mout est à la fois la mère et la mort, la mère qui nous donne l'existence terrestre et la mort qui nous ramène à la vie du cosmos. En cette nuit angoissante, elle a décidé de se manifester sous sa forme la plus redoutable.

Jaillissant des ténèbres, une lionne vint boire l'eau du lac. Le silence était absolu, Nitis entendit les claquements de sa langue.

Rassasié, le fauve tourna la tête en direction des deux femmes. Ses yeux devinrent rouge sang, son corps se cabra, elle semblait prête à l'attaque.

La main de la Divine Adoratrice saisit le poignet de Nitis, lui interdisant de bouger.

La confrontation parut interminable.

La lionne émit un grognement, gratta le sol de ses griffes, se détourna et disparut.

— À de nombreuses reprises au cours de mon règne, révéla la souveraine de Karnak, je l'ai soumise. Elle s'est couchée à mes pieds, je l'ai caressée, et j'ai retourné sa

1. L'*icherou*.

puissance contre les démons. Aujourd'hui, je ne réussis qu'à l'empêcher de nous dévorer. Sa fureur reste entière, elle nous annonce souffrance et destruction. Nos gouvernants ont trahi Maât, l'heure de la vengeance des dieux approche. L'œil de Râ brûlera notre monde et la lionne se nourrira du sang des humains.

— Ne pouvez-vous pas empêcher ce désastre, Majesté ?

— Nous avons déchiffré trop tard le papyrus codé.

— Peut-être le juge Gem arrivera-t-il à temps et convaincra-t-il le roi de briser le complot !

La Divine Adoratrice demeura muette.

***

Détendu, Bébon s'habituait à sa nouvelle existence thébaine. Depuis le départ du juge Gem, le temple de Karnak n'était plus ceinturé de policiers. Allant et venant à sa guise, le comédien rendait de fréquentes visites à Aurore et transportait volontiers ses pots de miel.

Il n'avait pas mis longtemps à découvrir les meilleures tavernes de la ville et à nouer des relations d'affaires avec de joyeux drilles, amateurs de femmes et de bons vins. Cependant, courir les chemins et jouer le rôle des dieux lui manquait. Ce n'était qu'une question de patience, puisque le roi Amasis, dûment éclairé, se débarrasserait de la reine, ferait exécuter les comploteurs et infligerait aux Perses une cuisante défaite.

En fin de compte, cet insensé de Kel avait eu raison de lutter contre la fatalité. Uni à jamais à Nitis, devenue prêtresse de Hathor et suivante de la Divine Adoratrice, il occupait le poste de scribe des archives et se gavait des vieux textes conservés à la Maison de Vie de Karnak. Filant le parfait amour, ces deux-là sortaient rarement de l'enceinte du temple. Inutile de leur parler d'un retour à Saïs. Et Vent du Nord, classé âne d'élite, s'embourgeoisait.

Convié à un banquet par le grand intendant, Bébon s'abandonna au coiffeur, au manucure et au parfumeur avant de se coiffer d'une perruque à la mode et de se vêtir d'une superbe tunique beige clair. Vu le talent du cuisinier de Chéchonq, il s'était contenté d'une légère collation à midi. Parmi les invités se trouveraient certainement quelques ravissantes Thébaines, curieuses de connaître les péripéties de sa vie aventureuse.

La déception fut cruelle.

Seuls figuraient la Divine Adoratrice, Chéchonq, Nitis et Kel. Et l'atmosphère ne semblait pas aux réjouissances.

— J'appelle les divinités au repas du soir, pria la Divine Adoratrice. Puissent-elles se rassembler autour de nous et se satisfaire de l'aspect subtil des nourritures offertes.

Prélevant une parcelle de chaque plat, elle composa le menu destiné à l'invisible.

Soudain, Bébon ressentit d'étranges présences. Pourtant sceptique, il dut admettre que le vœu de la vieille dame avait été exaucé.

— Sachons apprécier ce moment de paix où l'au-delà et l'ici-bas sont en communion, recommanda-t-elle. À présent, nous pouvons boire et manger.

La Divine Adoratrice fit circuler une coupe de vin et partagea le pain. Ainsi, Osiris, sang de la vigne et céréale ressuscitée après la mort du grain, entretenait-il la vie.

Chéchonq ne goûta pas à la délicieuse marinade de poissons.

— J'ai d'affreuses nouvelles, annonça-t-il, la voix remplie de sanglots. Cambyse, l'empereur des Perses, a écrasé la maigre armée rassemblée par Psammétique, le fils du roi Amasis. Ils sont morts tous les deux.

— Saïs aurait-elle été conquise ? demanda Nitis.

— Saïs et les autres villes du Delta. Memphis elle-même vient de tomber. Le général Phanès d'Halicarnasse a pactisé avec l'ennemi et le chancelier Oudja accepte de collaborer. Afin de briser tout esprit de résistance, Cambyse a tué le taureau Apis. Désormais, la loi du plus fort s'imposera à l'Égypte.

Des larmes coulèrent sur les joues de Nitis et de Kel. Bébon, lui, sut jouer la comédie de l'homme impassible.

— Les Perses poursuivent leur conquête, ajouta Chéchonq. Leur prochain objectif, c'est Thèbes.

— Nous résisterons ! promit Kel.

— Nous n'en avons pas les moyens, trancha la Divine Adoratrice. Et Cambyse n'osera pas s'attaquer à Karnak. Vous, en revanche, devez partir. À toi, Nitis, je remets un coffret contenant les tissus sacrés destinés à apaiser la lionne dangereuse. Il contient aussi le linceul d'Osiris utilisé pendant la célébration des mystères. Grâce à lui et à ton savoir de prêtresse de Neit, tu préserveras notre sagesse et transmettras nos valeurs. Toi, scribe Kel, tu seras initié cette nuit, et tu connaîtras les secrets du ciel, de la terre et de la matrice stellaire. Une nouvelle vie te fera respirer, et tu formeras un fils spirituel capable de lutter pour notre liberté. À l'aube, vous quitterez Karnak ensemble. Seul un couple comme le vôtre triomphera du malheur.

— Où irons-nous, Majesté ? demanda Nitis.

— En Nubie. Un sauf-conduit de ma main vous permettra de franchir la frontière d'Éléphantine. Ensuite, vous prendrez la piste en bordure du Nil. Un signe du ciel vous permettra d'atteindre un village dont le chef vénère le dieu Amon. Vous y serez en sécurité et préparerez le retour de Maât en Égypte.

77.

À l'issue d'une nuit d'initiation, Kel n'éprouvait aucune fatigue. Son esprit s'était ouvert aux réalités spirituelles enseignées à Karnak depuis des siècles. L'heure approchait de quitter le temple et la Divine Adoratrice. Il songeait à son patron du service des interprètes, assassiné parce qu'il n'aurait pas dû retenir le papyrus codé et tenter de le déchiffrer. Mais la reine et ses complices avaient décidé de supprimer tous ses collègues, de manière à rendre l'Égypte sourde et aveugle, et à permettre aux Perses de préparer leur invasion à l'insu du roi Amasis, trop confiant en ses alliés grecs. Et lui, Kel, avait servi de parfait coupable, sur les conseils de son « ami » grec Démos, éliminé par la suite.

Les dieux se vengeaient d'un pouvoir qui avait négligé la voie de Maât. Aux côtés de Nitis, le scribe continuerait à lutter en rassemblant des opposants aux Perses. Même si leurs chances de succès paraissaient bien minces, ils ne renonceraient pas.

— Je vous accompagne, déclara Bébon. Vent du Nord et moi avons besoin de nous dégourdir les jambes.

— Ce voyage s'annonce dangereux.

— Tu me vois rester seul ici ? En Nubie, nous fabriquerons de beaux masques et je monterai une troupe de divinités capable de jouer les grands mythes !

Les deux amis se donnèrent l'accolade.

Vent du Nord prendrait la tête d'une compagnie d'ânes

robustes, chargés de nourriture, de gourdes, de vêtements, de produits de toilette, de matériel d'écriture et d'armes.

— Il faut partir, dit la Divine Adoratrice à Nitis.

— J'aurais tellement aimé rester auprès de vous !

— Ton destin est ailleurs. Tu formes avec Kel un couple digne de régner. Pourtant, vous devrez lutter dans l'ombre sans tirer nul bénéfice de vos efforts et sans jamais vous décourager. À l'exception de Bébon, n'ayez pas d'ami et ne comptez que sur vous-mêmes. Le temps du malheur et de l'opposition advient, et vous seuls incarnez l'espérance.

Nitis, Kel, Bébon et Vent du Nord s'inclinèrent devant la souveraine.

Et la caravane s'ébranla en direction du sud.

***

— Demain, Majesté, annonça le grand intendant, les Perses seront à Thèbes.

— Il est temps de te mettre à l'abri, estima la Divine Adoratrice.

— Vous me connaissez : je suis un sédentaire. M'éloigner de vous serait un châtiment insupportable.

— Cambyse ne nous épargnera pas, Chéchonq. Il nous tuera et tentera de détruire Karnak. Grâce aux dieux, une partie du temple subsistera, mais les fidèles d'Amon seront massacrés.

— J'ai tenté de vous servir fidèlement et de contribuer au bonheur de cette province. Fuir serait méprisable.

Habituée à maîtriser ses émotions, la vieille dame se contenta d'un regard de reconnaissance qui bouleversa le grand intendant.

— Rendons-nous à ma chapelle funéraire de Medinet

Habou[1], exigea-t-elle. Là, j'accomplirai l'acte ultime de mon règne en adoptant Nitocris, la dernière Divine Adoratrice.

En traversant le Nil, la souveraine remercia les dieux de lui avoir accordé tant de faveurs. Au cours de sa longue vie, l'épouse d'Amon s'était évertuée à capter sa puissance bénéfique et à la répandre autour d'elle.

Les murs de la chapelle étaient couverts de colonnes de hiéroglyphes reprenant les thèmes principaux des *Textes des Pyramides*. La vieille dame décrivit à la jeune Nitocris les rites principaux qui l'élevaient à la plus haute fonction spirituelle du pays et lui parla longuement des devoirs de sa charge. Ainsi la transmission s'effectuait-elle hors du temps et de l'espace humain, comme si l'invasion perse[2] n'existait pas.

— Nout, la déesse Ciel, entoure les vivants du cercle de ses deux bras, rappela la Divine Adoratrice. Elle sera notre sauvegarde magique, et notre être sera protégé de tout mal. Notre *Ka* ne se détachera pas de nous.

La mère et la fille spirituelle regagnèrent Karnak. Favori et Jongleur firent la fête à leur maîtresse.

Et ce fut du toit du temple, baigné de soleil, qu'elles assistèrent à la ruée des Perses, dévastant tout sur leur passage et s'attaquant en hurlant à la grande porte en bois doré, après avoir piétiné le cadavre du grand intendant Chéchonq.

— J'ai peur, avoua la jeune Nitocris.

1. Elle a malheureusement été détruite, mais l'on peut encore admirer les monuments d'éternité d'autres Divines Adoratrices. Et le sarcophage d'Ankh-nes-néfer-ib-Râ, chef-d'œuvre de l'art égyptien, fut retrouvé par l'expédition française de 1832. Les pouvoirs publics le jugeant inintéressant, il aboutit au British Museum. D'une importance capitale, ses textes, trop méconnus, évoquent la destinée spirituelle de la Divine Adoratrice.

2. Après avoir ordonné la destruction de la chapelle d'Ankh-nes-néfer-ib-Râ, Cambyse fit brûler sa momie.

— Serre-toi contre moi et ferme les yeux, ordonna la Mère.

Bientôt, les pas des assassins résonneraient dans l'escalier de pierre. Les yeux levés vers le ciel, la Divine Adoratrice prononça les formules de transformation en lumière.

***

La frontière d'Éléphantine et la première cataracte franchies, la caravane menée par Vent du Nord s'enfonçait en Nubie.

Ne manquant de rien, Bébon trouvait le voyage agréable mais commençait à s'impatienter. Ce fameux signe se faisait attendre !

Perché au sommet d'un arbre, un oiseau de grande taille, au très long bec, les observait. À leur approche, il déploya ses longues ailes et tournoya au-dessus d'eux.

— C'est le *ba*, l'âme immortelle de la Divine Adoratrice, déclara Nitis. Il se nourrit des rayons du soleil et nous guidera vers notre destination.

De fait, l'oiseau ne les quitta plus et les conduisit jusqu'à un village où s'étaient réfugiés les soldats de la garnison d'Éléphantine et des civils, conscients de ne pouvoir s'opposer aux Perses. Tous, néanmoins, désiraient entrer en résistance et reconquérir peu à peu le terrain perdu. Ils avaient choisi un chef auquel ils amenèrent les nouveaux arrivants.

Bébon fut consterné.

— Non, ce n'est pas vous !

— C'est bien moi, affirma le juge Gem, et vous n'avez plus rien à craindre, puisque la vérité a été établie. En arrivant à Memphis, j'ai appris la mort d'Amasis. La victoire des Perses étant inéluctable, retourner à Saïs eût été stupide. On m'aurait éliminé sur-le-champ. J'ai donc décidé de rassembler ceux qui avaient suffisamment de courage pour continuer la lutte. À mon âge, l'entreprise me semblait pesante. Vous, vous êtes jeunes et saurez assumer le commandement.

Bébon s'apprêtait à émettre de sérieuses objections lorsqu'une magnifique Nubienne, vêtue d'un pagne en fibres de palmier purement décoratif, lui offrit une boisson rouge.

— De la tisane de karkadé, expliqua-t-elle. Sa fraîcheur dissipe les idées noires et donne de l'énergie. Toi, je le sens, tu es un guerrier de première force.

Bébon ne démentit pas.

— Où trouves-tu cette plante ?

— À l'écart du village.

— J'aimerais voir ton jardin.

— Allons-y.

Le juge Gem s'assit sur une natte.

— Notre comédien appréciera sa nouvelle vie ! Moi, je me suis lourdement trompé. Et quand la justice s'égare, un pays court à sa perte. Je réparerai mon erreur en combattant sous vos ordres, scribe Kel, et nous chasserons les barbares des Deux Terres.

Au terme d'un dîner frugal auquel ne participa pas Bébon, trop occupé à herboriser en compagnie de son initiatrice, Kel et Nitis gravirent une dune que doraient les rayons du couchant. Vent du Nord se coucha à leurs pieds.

Le regard tourné vers une Égypte martyrisée, ils se promirent de la libérer[1].

1. En 405 av. J.-C., le pharaon Amyrtée, s'appuyant sur des réseaux de résistance, parvint à expulser l'envahisseur. L'Égypte pharaonique connut alors sa dernière période de liberté et de souveraineté jusqu'en 342, date de la deuxième occupation perse (iranienne). Lui succédèrent les invasions grecque (333), romaine (30), chrétienne (en 383 apr. J.-C., un édit ordonne la fermeture des temples), byzantine (395) et arabe (639). Les dynasties se sont éteintes, leur message demeure.